2015年
第 1 期
（总第 1 期）

中东问题研究

MIDDLE EAST STUDIES

2015 No.1 (Vol.1)

西北大学中东研究所

社会科学文献出版社
SOCIAL SCIENCES ACADEMIC PRESS (CHINA)

本刊得到"教育部长江学者特聘教授"基金、
西北大学 211 工程项目、
陕西高校人文社科基地项目
资助

《中东问题研究》编委会

主办单位 西北大学中东研究所
封面题字 彭树智
学术顾问 （以姓氏笔画为序）
王铁铮　朱威烈　刘鸿武　李绍先　杨　光
肖　宪　张倩红　彭树智　潘　光
编　　委 （以姓氏笔画为序）
丁　俊　丁士仁　马丽蓉　马明良　马明贤
马晓霖　马福德　王新刚　王　泰　王林聪
王锁劳　车效梅　叶　青　毕健康　刘中民
安春英　孙德刚　李伟健　李荣建　吴　磊
何志龙　张　宏　陈天社　金忠杰　哈全安
姚大学　姚继德　唐志超　黄民兴　韩志斌
薛庆国　冀开运　戴晓琦
主　　编 黄民兴
执行主编 韩志斌
执行编辑 闫　伟
编 辑 组 （以姓氏笔画为序）
申玉辉　闫　伟　李　玮　李福泉　赵广成
蒋　真

卷首语

《中东问题研究》正式出版了。作为目前国内唯一一本专门以中东地区为研究对象的辑刊，这是一件值得中国所有从事中东研究的学者高兴的事情！

"中东"（the Middle East）是一个政治地理名词，一般指西亚北非地区。最早提出这一概念的是19世纪中叶的英国印度事务部。然而，"中东"概念开始流行是在1902年，当时著名的美国战略家马汉认为，它包括了从苏伊士运河直到新加坡的辽阔地域。因此，"中东"是一个欧洲中心论词汇，欧洲人根据距离欧洲的地理位置远近把从地中海到东亚的广阔地区划分成近东（the Near East）、中东和远东。而这一概念的真正流行是在二战后。

关于"中东"的定义有不同说法。狭义的中东包括今天的西亚北非18国，即北非的埃及和巴勒斯坦、以色列、黎巴嫩、叙利亚、伊拉克、也门、沙特阿拉伯、阿拉伯联合酋长国、卡塔尔、巴林、阿曼、科威特、约旦、土耳其、伊朗、阿富汗和塞浦路斯等17个西亚国家（有的定义不包括阿富汗）。广义的中东则包括了整个西亚北非地区，即非洲的所有阿拉伯国家，有突尼斯、利比亚、阿尔及利亚、摩洛哥、苏丹、索马里、吉布提、科摩罗和毛里塔尼亚等。冷战结束后，"中东"的定义进一步发生了变化。曾在里根政府任职、后出任布什政府驻阿富汗大使的美国新保守主义者扎勒米·哈利勒扎德提出了"大中东"概念，它包括了传统的中东地区（含北非）、阿富汗、巴基斯坦、高加索和中亚，这些地区在历史上都曾经与狭义的中东地区有过密切的交往。在英国，中东研究甚至包括了西非和东非。这意味着向早期"中东"概念的某种复归。

本刊的研究范围包括了狭义的中东（西亚北非18国）、北非、中亚和高加索地区，但以狭义的中东地区（以下所述"中东"均为狭义的中东）为主，同时涉及相关的理论探讨和动态介绍。

中东地区地理位置重要，素称"三洲五海之地"。该地区是亚欧非三大洲的接合部，周围环绕有黑海、地中海、红海、阿拉伯海、里海和海湾等国际海域，这些海域大大便利了中东与世界各地的联系。沟通上述海域的博斯普鲁斯海峡、达达尼尔海峡、苏伊士运河、曼德海峡和霍尔木兹海峡等，是重要的国际航道。中东地区因此成为沟通大西洋和印度洋的要道、联系东方和西方的纽带，是丝绸之路的终点。

中东地区的地形以高原为主，同时沿海分布有平原，而沙漠面积广大，其中的绿洲适宜人类居住。中东气候炎热，常年干燥少雨，多数国家水资源匮乏，耕地资源较少。中东多数国家的矿产资源较为单一，而最为丰富的是油气资源，主要生产国有海湾国家（海湾六国、伊朗、伊拉克）、利比亚、阿尔及利亚、苏丹。

中东是一个文化多元的地区，主要民族有阿拉伯人、波斯人、土耳其人、普什图人、犹太人和库尔德人，主要宗教有伊斯兰教、犹太教和基督教（三大一神教）。

中东地区较为丰富的生物资源为早期文明的诞生创造了有利条件，两河流域形成了世界最早的城市、文字和文明，而古埃及文明则以金字塔著称。除了以上两大文明中心，在中东其他地区也兴起了一系列别具特色的地方文明，如腓尼基、迦南、犹太、埃兰、赫梯、波斯、阿拉伯等，它们发展起了航海和国际贸易，发明了字母，最终兴起了三大一神教，建立起一系列帝国。中东因此成为"文明的摇篮"。

作为三大洲海陆交通的要道，丝绸之路的必经之地，加上当地发达的文明，中东历来是民族入侵和迁移频繁发生之地，是农业文明与游牧文明冲突的典型地区，因此战争频繁。近代以来，中东更成为英法殖民主义扩张的重要地区，直到二战后中东国家才全部获得独立。然而，复杂的地区矛盾和各国内部的社会、经济、政治问题，导致二战后中东地区冲突不断，战争频发，成为最重要的国际热点地区。阿以冲突、海湾战争、伊拉克战争、阿富汗战争等一系列军事冲突和伊斯兰复兴运动，不仅深刻地影响本地区的安全和发展，而且影响整个世界经济和安全形势，牵涉到大国利益。

综上所述，中东研究是一门重要、复杂而深奥的学科，它不但具有重要的理论价值，而且有着极其重大的现实意义。作为区域研究的分支之一，中东研究涉及相关国家的历史、政治、经济、社会、文化、宗教、军事、国际关系等领域，具有明显的多学科性，需要不同学术领域学者的参与。

冷战结束以来，全球化成为世界潮流，中国与包括中东在内的世界各地区的联系日益密切。这种联系涉及政治、经济、社会、文化、宗教、军事等各个领域，既有官方又有民间，这就要求我们不断加强对中东地区的研究，更好地服务于国家和社会的需求。因此，《中东问题研究》可以为我们提供一个良好的学术交流平台，进一步促进中国中东研究的发展和学术新秀的成长。我们也希望与《西亚非洲》和《阿拉伯世界研究》等相关刊物建立良好的合作关系，实现我们的共同目标。

《中东问题研究》主编　黄民兴
2015 年 3 月 27 日

中东研究的九何之问

彭树智*

《中东问题研究》2015年第1期即将出版了。《中东问题研究》为中东学界提供了一个新的交流场所，开辟了一块新园地。科研百花将在此盛开，科研硕果将在此结成。这是令人满怀期望和欣喜的事。

2014年，西北大学中东研究所度过了它的"知天命"之年。在这五十年间，它先后出版过《中东资料编译》《伊斯兰动态》《中东问题参考资料》《中东》和《中东研究》。2015年，它又将出版《中东问题研究》，在"中东"与"研究"之间，增加了"问题"二字，把"问题"这个科学研究的关键词置于书刊名称的中心位置。对于中东研究事业，这又是一件意味深长的事。

问题为何物？问题是人类的自觉意识，可称之为问题意识。科学研究中的问题意识，产生好奇心和兴趣感，产生独立思考的质疑批判精神。问题意识始终导引着研究的思维方式和研究发展方向。问题意识的自觉程度，决定着研究成果的质量高低。疑惑或问题，如《论语·季氏》所说："疑思问，忿思难，见得思义。"科学研究的生命活力始终是直面问题，即发现问题、提出问题、分析问题和解决问题。问题意识与科学研究，如影随形，不可分离。有建树的学者，总是把自觉的问题意识视为科学研究的生命。如果头脑中没有问题意识，学者的学术生命就结束了。

科学研究中问题意识的自觉，从根本上说，是人类文明交往自觉的问题，它受着文明交往互动规律的制约，它属于人类文明交往中的"知物之明、知人之明和自知之明"范畴。因此，我在思考这个规律性问题时，把它归结为"九何而问"：何时？何地？何人？何事？何故？何果？何类？何

---

* 彭树智，西北大学中东研究所教授，名誉所长。

向？何为？"九何而问"是对问题意识自觉性的细化，是从时间、空间、人间、事件、原因、结果、类别、走向和行为九个方面的连续性追问。问题从时间上讲，是时代声音的回响。问题从本质上讲，是事物矛盾的表现。处事治学要从实际出发，也就是从实际问题出发，以解决实际矛盾为归宿。"九何而问"也可以作为中东问题的研究思路导向。

"九何而问"是问题意识的一般性总概括，如果具体到中东研究，就要有中东研究的"九何之问"了。中东研究的"九何之问"可以这样发问：第一层面之问是地区总体之问：何谓中东？何来中东？何去中东？第二层面之问是国家民族宗教之问：何国？何族？何教？第三层面之问是现状历史理论之问：何题？何史？何论？以下对这三个层面的"九何之问"稍加展开论述。

一　中东地区总体之问

说起中东地区概念，似乎是约定俗成、不言自明而不成其为问题的事。然而，实际上问题并不那么简单。作为地缘政治概念，"中东"始终成为持续细化、深入研究和不断重新审视的问题。时代在变化，历史在发展，人类在进步，中东地区的政治、经济、文化、社会内涵和外延，比过去任何时期都要丰富；中东地区的时间、空间和人间领域因科技的进展而联系更加宽广；中东地区的内外交往因素也随之复杂而多变。正因为如此，中东问题研究者都有这样的体验：在研究中东各类问题之后，往往会发现自己的思路又回到了地区研究总体这个原点上。1982年3月，商务印书馆出版了我的《阿富汗三次抗英战争》，从此我进入了中东研究领域。1987年2月和1992年4月，西北大学出版社先后出版了我的《现代民族主义运动史》和《东方民族主义思潮》，我的研究领域扩大到中东地区。1991年，我在河南大学出版社出版的《中东国家和中东问题》的绪论中，曾从中东地缘政治、自然及人文社会生活等方面，研究了中东地区问题。经过了近三十年的中东断代史、国别史、伊斯兰教与中东现代化专题的研究，特别是2000~2007年商务印书馆出版了我主编的13卷《中东国家通史》之后，到2010年人民出版社出版我主编的《中东史》，在绪论中又回归到"何谓中东"这个中东地区的"原问"上来。这是一个深度回归，回归本体，获得了自觉。

回归中东"原问"就是回归中东地域总体，总体的三个"原问"，除了

"何谓中东"之外,还有"何来中东"和"何去中东"。这种总体三问实质上是全面的哲理层面之问。它如同古代西方哲学中人的原问一样:我为何人?我从何处来?我向何处去?中东地区是一个广泛的概念,它既包括地域性,又包括时代性,但中心应为中东人群,是三者综合的统一体。中东地区又是一个动态的概念,它不仅仅是自然地理、政治地缘、人文社会生活状况的独立叠加,而且是时间、空间、人间普遍交往互动的地区整体性社会形态。中东地区整体层面的哲理性轮廓,以一区多样、同区异国、常区时变的形态显现出来。它体现着一与多、同与异、常与变的互动演进关系。"何谓中东?何来中东?何去中东?"这三何之问,是从称谓、来源和去向这三方面的源流走向和名称上提问的,进而言之,是从人类文明交往的哲理角度提问的。这三何之问是把文明史、哲学史、中东研究、哲学研究结合起来,从较高的历史观点,对中东地区总体问题进行思考,其意义在于汇总这一地区历史和现实中不断连续性的文明创造,把许多个别孤立事件连接成一个整体,给予每个独立事件在文明交往链条上以确定的位置。为了使中东地区研究更具全面的整体性,继《中东国家通史》的西南亚和北非埃及内容之后,西北大学中东研究所科研群体继往开来,正在进行北非其他中东国家史的写作。总之,全面、整体、互动是何谓中东、何来中东、何去中东这三个问题的辩证性哲理特征。

二 中东地区国家民族宗教之问

中东地区不是中东国家的简单相加,而是这些国家互动之化合。中东研究的对象是中东地区,属于综合性地区研究,而地缘政治居于关键地位。现代民族国家的建构、现代化改革与传统创新、经济社会文化的全面发展、各民族国家内部和外部交往,特别是现代性与伊斯兰性之间交往融汇,成为国家、民族、宗教三问中问题丛生之林。在全球化时代,中东与外部世界的交往,面临着直接碰到的外国介入很深的政治现实状况,又有从过去继承下动荡不已的内部政治秩序变迁。在这种内外交往既定的复杂条件下,中东国家、民族、宗教之间良性与恶性、和平与战争、冲突与和解、分裂与合作问题,如乱麻交织,需要研究者理顺和思考,从中多多发现文明交往互动的规律性东西,从而自觉地取得更多更有创造性的科学成果。

如果说第一层面的中东地区三问是地区哲理层面，那么第二层面的中东地区三问就是属于地区政治和社会层面。国家、民族和宗教三者是这个层面的相互联系、彼此依存、相互作用的重大因素，而国家作为人民认同体和内外交往的行为体，起着至关重要的作用。人类文明可以作为一个研究单位，但它是通过王国、帝国、民族国家体现的，三者结合起来，用文明交往自觉贯通三者，才能反映世界历史发展的规律性。我在主编的许多著作中，都以国家为书名体现研究思路。如《中东国家和中东问题》《阿拉伯国家史》《中东国家通史》等，其缘由在此。民族国家就是主导民族和其他民族组成的多民族政治共同体。即使同一阿拉伯民族，也有沙特、阿曼、埃及、伊拉克、利比亚等不同国家阿拉伯人的区分。这正如同一伊斯兰文明，也有阿拉伯—伊斯兰、土耳其—伊斯兰、伊朗—伊斯兰等许多亚文明的区分一样。政治层面的问题当然不限于国家问题和一般的民族、宗教问题，还有政治制度、政党、政治组织、政治思潮等方面的问题。在中东地区，民族主义思潮问题不但同建立发展民族国家相联系，而且具有时代性、民族性和宗教性相结合的鲜明特征，并且赋予政治文化以浓郁的色彩。[1] 中东社会结构、宗教文化传统、历史发展阶段等社会固有特征和自身的政治民主化紧密相关，其中的问题是如何找到符合各国国情，以实现自己的民主化政治发展之路。总之，复杂、曲折、艰辛是何国、何族、何教中东三问的政治社会特征。

三　中东现状历史理论之问

谈起中东研究，其出发点是中东的现状问题。中东的现状是矛盾丛生、动荡不宁、战乱不已，诸多老大难问题正是中东研究者的好奇、兴味、乐趣和职责之所在。我初入中东研究领域之时，即有这样的感受："在人们的视野里，早已被中东地区神秘的过去、动荡的现实和迷茫的未来所吸引。"中东研究者在入门时首先要明确的问题是"为何"；而入门之后，进一步要

---

[1] 文化为一国内在的文明血脉，它与外在世界思潮的内合外源，方有国人的自觉。这正如鲁迅在《坟·文化偏至论》中所说："外之既不后于世界之思潮，内之仍弗失固有之血脉，取今复古，别立新宗，人生意义致之深邃，则国人之自觉至，个性张，沙聚之邦，由是转为人国。"从国家建设层面看思潮，应关注内外交往互动关系。

明确的问题是"何为"。西北大学中东研究所五十年所庆时，我曾有寄语："何为知天命？就是知自然和社会客观发展规律性和发挥人的主观能动性的内在有机统一。"第一，就是"知天职使命，即知以研究中东问题为天职志业，并且为此而学习、学问和学思，为此而尽责、尽力和尽心的使命担当。"第二，就是知"以问题意识为导向，从现状出发，追溯历史源流，站在历史的基点上，审视现实，进而展望将来的研究思路和学术理念。"还有一知，即知理论思维，以我个人有限的体悟，就是"知事明理，以自知之明、知人之明、知物之明，交往自觉，全球文明的文明交往自觉观，去观察人类文明与中东文明之间的互动联系"。这三知就是我体会的中东研究者的"何为"之道。

"何题""何史""何论"是中东研究的路径与理念层面。中东研究立足和面对中东现状问题，而深入研究现状问题必须深知该问题的历史背景与发展线索，进而运用独立的理论思维得出创造性见解。"何题"是选择何种研究课题。以我之见，是选择有开拓性的、有一系列问题可供长期研究的大课题，作为学术生命的生长点，然后持之以恒地在此课题的生长点上生根、开花、结果。"何史"是何种历史观念，即历史感；"何论"是理论思维，是思想的穿透力。这两点是现状问题研究者最不可缺少的科学品质。要使现实问题研究到位，必须穷究该问题的历史根源，以及现实发展的流向，提高研究问题的自觉性。黑格尔在研究哲学问题的讲话中，提出回归哲学史的本体，从而获得自觉，就是理论思维的自觉。我自己探研中东问题时，也是从历史发展过程中回归人类文明互动交往自觉。这确实是一个回归本体源流之道。联系是交往的哲学概念，而现状—历史—未来本身就是事物发展相互联系的互动环节。它启示现状研究者需要历史自觉。① 另一方面，要深化现状问题研究，必须有理论思维的引导，方能站得高、看得远，所得结论不但自得独创，而且能经得起时间的考验。这是一种研究现状问题的理论自觉。用王安石的"不畏浮云遮望眼，只缘身在最高层"的诗句，可以形象地说明历史自觉和理论自觉对科学研究中问题意识的重要意义。

---

① 埃及前驻华大使穆罕默德·贾拉尔 2015 年 3 月在福建泉州举行的 "21 世纪海上丝绸之路国际研讨会"上说：中国和阿拉伯国家的历史交往，是 "两大文明间进行联系沟通的典范"，让"历史成为未来的向导"一语，已有历史自觉的体悟，表明中东人在思考文明交往的历史规律性。

以上三个层面的中东研究九何之问，是我在《中东问题研究》辑刊创刊之际的一些思考。实际上，学术即是学问，学问为学而问，为问而学，学习和问题共生共进，如《荀子·大略》所云："诗曰：'如切如磋，如琢如磨'，谓学问也。"切、磋、琢、磨，就是学习中对问题的精研深究；也就是《中庸》中的"博学之、审问之、慎思之、明辨之、笃行之"的学习观。此种学习观，在我即将出版的《老学日历》一书中，把它补述为"学行记"：博学而约取，审问而问学，慎思而自得，明辨而鉴裁，笃行而为公。这样"审问"和"问学"互动，并且把约取、自得、鉴裁与为公置于从博学到笃行的整体实践运动链之中了。

中东问题是地区研究问题，它不能脱离全球问题，更与人类文明进程息息相关。中东地区从古到今是东西方文明交往频繁、各种矛盾复杂交织之地，其实质是人类文明交往中良性与恶性互动的矛盾运动的表现，核心是文明交往自觉问题。中东地区各类问题的发现、提出、分析和解决，都有赖于深入研究人类文明交往互动规律性问题及其在该地区的各种具体表现。从这个大处着眼，从具体表现的内容与形式分析着手，细心研究交往而通和避免交往而恶，耐心积累对话、谈判、协商、和解、利益相融以及互信、互让、互相尊重、共同发展的经验和智慧。文明交往的历史告诉我们，善于妥协的民族，往往少有大的震荡，并且才有实质的进步。现在伊朗核武谈判正在进行，我想起了2014年5月11日伊朗总统哈桑·鲁哈尼的电视讲话："我们希望告诉世界，不要轻视伊朗；他们必须尊重伊朗。"中东地区历经盛衰荣辱，各民族自尊和尊严理应受到尊重。文明历程有发生、发展、繁荣、衰落和复兴阶段。现在，中东正在走向民族复兴，这是中东"何去"的走向趋势，其路径是交往的文明化，是对文明交往规律认识、理解、践行的自觉。这是一个需要几代人持久研讨深究的特大课题。中东在思考，世界在思考，中国学者也在思考。对此，作为中国的中东问题研究者，理应沉下心来，独立思考，不可人云亦云，不可跟在别人后边亦步亦趋，不可失去质疑批判精神。要有问题意识和创造精神的自觉，也要有求真的韧性追求和虚心学习的求知识于全世界之道。这是我们的职责所在，我们理应做出自己的贡献。

在中华文明宝库中，对于问题研究有许多智慧哲言。现摘录三段，以作为本文的结束：

1. 问知求教："今众人之所以欲成功反为败者，生于不知道理而不肯问

知而听能。"(《韩非子·解老》)

2. 互相通问以明智:"士苟欲深明博察、以垂荣名,而不好问讯之道,则是伐智本而塞智原也。"(刘向:《说苑·建本》)

3. 研穷辨析:"研穷义理之精微,辨析古今之同异。"(陈亮:《甲辰答朱元晦秘书》)

2015年3月24日于北京松榆宅完稿,29日再修改

目录 Contents

中东政治与外交

阿拉伯剧变与中东威权政治的转型
——历史长时段视角下阿拉伯剧变若干问题的
研究与思考 ………………………………………… 王　泰 / 3
英国在塞浦路斯的军事基地研究…………………… 孙德刚 / 41
"伊斯兰国"的威胁与对国际安全的思考 ………… 王　黎　王英良 / 62
从族际沟通到族际冲突
——"3.11宣言"前后伊拉克复兴党与库尔德人的
族际政治交往 ……………………………………… 韩志斌 / 77

中国与中东关系

中国对伊拉克问题的外交政策 ……………………… 刘中民　范　鹏 / 93
比较视角下的中美对也门的援助：回顾与展望 …………… 江　涛 / 117
中东华侨华人若干问题研究 ………………………………… 冀开运 / 139
引人瞩目的中土关系 ………………………………………… 谢立忱 / 174

古代埃及历史

古埃及托勒密王朝的社会结构与专制王权 …………………… 郭子林 / 193
古埃及和谐文化探源 ……………………………………………… 赵克仁 / 211

中亚研究

试论中亚历史上文明交往研究中的一些关键问题 ………… 黄民兴 / 229

书　评

伊朗"三环外交"战略透视
　　——兼评冀开运教授的《伊朗与伊斯兰世界
　　关系研究》 …………………………………………………… 赵广成 / 241

英文摘要 ……………………………………………………………………… / 257
西北大学中东研究所学术简讯（2015年1~6月）………………………… / 266
《中东问题研究》约稿启事 ………………………………………………… / 268

CONTENTS

Middle East Politics and Diplomacy

- Transition of Arab Upheavals and Authoritarian Politics in Middle East
    —*Studies and Thoughts to Issues of Arab Upheavals from Long-term Historical Perspectives*　　　　　　　　　　　*Wang Tai* ／ 3
- British Military Bases in Cyprus　　　　　　*Sun Degang* ／ 41
- Prospects of Islamic State and its Perceived Menace
　　　　　　　　　　　　　Wang Li, *Wang Yingliang* ／ 62
- From Ethnic Communication to Ethnic Conflict
    —*Ethnic Political Interaction between Iraqi Baath Party and Kurds during Period of "March 11" Declaration*　　　　*Han Zhibin* ／ 77

Relations between China and Middle East

- China's Foreign Policy on Iraqi Issues　　*Liu Zhongmin*, *Fan Peng* ／ 93
- Comparative Analysis between Chinese and American Aid to Yemen:
    Retrospect and Prospect　　　　　　　　　　*Jiang Tao* ／ 117
- Studies on the Overseas Chinese in the Middle East　　*Ji Kaiyun* ／ 139
- Noticeable Turkey-China Relations　　　　　　*Xie Lichen* ／ 174

Ancient Egyptian History

- Social Structure and Despotism of Ptolemaic Dynasty in Ancient Egypt

  Guo Zilin / 193
- Origin of Harmonious Culture in Ancient Egypt   *Zhao Keren* / 211

Central Asia Studies

- A Trial Analysis of Some Key Problems in Studies of Civilization Exchange of Central Asia   *Huang Minxing* / 229

Book Review

- Iranian Tri-circles Diplomacy: A Theoretical Analysis to Ji Kaiyun's Book Studies of the Relations between Iran and Islamic World

  Zhao Guangcheng / 241

- Abstract   / 257
- Academic News for the Institute of Middle East Studies, Northwest University (January-June, 2015)   / 266
- Call for Papers to Middle East Studies   / 268

中东政治与外交

阿拉伯剧变与中东威权政治的转型*

——历史长时段视角下阿拉伯剧变若干问题的研究与思考

王 泰**

摘 要：阿拉伯剧变既是中东政治、经济、社会等多重矛盾长期积累后的爆发，也是国际政治经济格局调整的大背景下，中东国家推行新自由主义发展模式所致根本缺陷的必然反映。剧变既体现出无组织、新媒体、青年化、多样性等偶然性特征，也兼具中东威权政治转型过程中长期性与艰巨性特点。从剧变的本质及中东政治转型的历史沿革考察，此次剧变应视为阿拉伯世界的一场民主革命。此外，剧变所衍生出的阿拉伯君主制国家统治的稳定性问题、"土耳其"模式是否适用于阿拉伯国家的政治转型问题以及由此美国的中东战略调整等问题，是其具有地缘政治意义与影响的外溢性效应。对于阿拉伯剧变所产生的乱局及其未来发展前景，我们必须综合考虑中东政治转型中的历史、宗教、文化与现实等多重因素，用大历史眼光审视国家与社会、军队与政治、民生与民主等关系问题，探究中东国家走向政治可持续发展道路的理性之路。

关键词 阿拉伯剧变 中东政治 威权政治转型 民主化

"一只蝴蝶，轻轻离开一朵鲜花，抖动翅膀，在浩瀚的亚马逊河谷翩翩起舞，其渺小的踪迹很容易被斑驳的阳光及细碎的水影所隐没。但是，由

---

* 本文为笔者参与教育部重点研究基地重大课题"中东现代威权政治与民主化问题研究"最终成果的一部分，也是2013年度国家社科基金项目"近代以来埃及宗教与政治关系的历史考察"（批准号13BSS004）以及2010年度国家社科基金重大招标项目"非洲阿拉伯国家通史研究"（项目号10&ZD115）（埃及卷）的阶段性成果，并得到2012年度内蒙古高校"青年科技英才计划（青年科技领军人才）"建设项目的支持。

** 王泰，博士，内蒙古民族大学世界史研究所教授。

于某种五官难以感知的声波共振,这殊难察觉的蝶舞居然在几周后唤醒一股巨大的张力,推动洋流排山倒海直击数千里之外的大西洋彼岸……2010年12月17日,突尼斯失业大学生穆罕默德·布瓦吉吉在绝望中引火焚身,不治而亡。他以反叛教义的极端方式,为生存和尊严自戕抗争,旋即在突尼斯、埃及、北非、西亚乃至整个中东诱发翻天覆地的社会与政治海啸:29天,突尼斯总统本·阿里弃国出逃;18天,埃及总统穆巴拉克被迫辞职;也门总统萨利赫在示威者和兵变部队夹击下几近下台;巴林、沙特、约旦、阿曼陆续出现罕见的抗议风潮;一向控制很严的阿尔及利亚和叙利亚面对拼死抗争,不得不相继取消紧急状态法。最让人惊愕的是,这场海啸居然催生利比亚空前内乱和西方主导的又一场地区局部战争!"

2011年,突如其来的阿拉伯剧变刚刚爆发,著名中东问题专家马晓霖以一种近乎散文式的笔调,用气象学上的"蝴蝶效应"就此做出上述描述。2014年,局势动荡进入第四个年头,一波三折的过渡与重建,触目惊心的冲突与对抗,无数生命在剧变中消逝。这一场由中东"旧制度"到"大革命"的剧变把我们对于威权主义政治的拆解——不同的历史背景、相同的政治文化、多种类型的统治模式、不可持续的政治继承、最为低效的政治参与以及美国式"双重标准"的促进民主计划等——紧密地联系在一起,似乎预示着某种威权统治难以逃脱的历史宿命。目前,转型仍在继续,只不过结局(或者还远远不到说结局的时候)根本不同,有的已经开始向民主化的制度建构稳步前进,有的则出现了向传统的军队威权式统治"回潮倒水"的可能,也有的仍然在进行一场暂时看不到结局和终点的民族战争。绝大多数国家政治动荡、经济滑坡、社会分裂。总之,没有这一场剧变,似乎对于中东威权政治与民主化问题的研究,无论如何都不会完美。

一 阿拉伯剧变发生的原因与特征

从剧变发生的原因来看,它既是转型过程中中东经济政治社会等多重矛盾问题长期积累、综合发酵所致,也是当前国际格局深刻调整背景下,资本主义世界进入新世纪后遭遇第一次全球性发展危机的一个必然结果,它客观上宣告了西方推行的所谓新自由主义发展模式在中东的破产。

1. 剧变是全球性金融危机对地中海南岸影响的具体体现,也宣告了西方推动的新自由主义计划在中东的破产

21世纪初,随着"9·11"事件以及美国接连发动对阿富汗、伊拉克战争,2008年国际金融危机爆发,世界格局进入大发展、大变动、大调整时期,这对世界、中东以及中国产生了重大深远的影响。2013年3月23日,国家主席习近平在参观俄罗斯国防部时指出,当今世界,和平、发展、合作是时代潮流,但国际格局深入调整,世界仍然不平等、不平衡、不平静,传统威胁和非传统威胁交织,一些地区局势动荡持续蔓延。① 笔者认为,这三个"不"非常恰当地概括出当前国际格局变动的不确定性特点。新加坡李光耀公共政策学院教授、亚洲与全球化研究所所长黄靖指出,当前世界格局变动进入新的不确定期,其主要表现如下。

第一,发达资本主义国家自2008年以来陷入整体性发展危机,但仍存在强大的自我调节能力。我国驻英大使刘晓明指出,当前西方资本主义主要面临着经济发展"失调"、政治体制"失灵"、社会融合机制"失效"、思想道德"失范"等四大困境。一方面,危机和困境确实对西方造成较大打击;另一方面,西方仍具备较强实力,生产力还有进一步释放的空间。面对危机,西方国家也在进行反思,并抓紧调整和改革。② 第二,发展中国家呈现群体性崛起之势,但可持续发展之路受到诸多限制和挑战。一方面,中国、俄罗斯、巴西、印度等"金砖国家"一枝独秀,经济增长强劲,对国际经济格局重塑造成冲击;另一方面,这些国家因经济的快速发展导致各种矛盾上升,进入高危的社会转型期。第三,亚太地区的战略平衡出现了根本性的转变。一方面,美国在安全格局中强势依然,特别是其高调宣布"重返亚洲"和"东亚战略再平衡";另一方面,亚太各国不同程度地进入了以中国经济为中心的运行轨道。亚太各国的外交政策出现双轨导向:在安全问题上以美国马首是瞻;在经济发展上以中国为政策标杆。各国普遍"两面下注",增加了国际局势的不确定性。第四,以中国为代表的新兴大国与以美国为首的安全同盟之间在安全问题上缺乏制度安排,由此导致"安全悖论"的局面。一方面,中印等新兴大国为确保其安全利益,迅速发展军力;另一方面,美国及其安全同盟

---

① 《习近平参观俄罗斯国防部》,新华网,http://news.xinhuanet.com/2013-03/24/c_124495586_2.htm。
② 刘晓明:《对西方资本主义困境的观察与思考》,《人民日报》2013年4月12日。

竭力保持军事优势,视新兴大国的军事发展为潜在威胁。其结果是:国际安全环境呈现出恶化趋势。[1]

在国际格局变动的不确定性增强的情况下,全球性金融危机进一步加剧了中东阿拉伯国家的社会矛盾。首先,由国际金融危机引起的世界经济滑坡,大大抑制了全球的石油需求。国际油价一路狂跌,这对依赖石油出口的埃及、利比亚等国造成了严重的经济打击。其次,全球金融危机导致欧美失业群体扩大,直接导致出境旅游者的减少。首当其冲的就是以旅游或侨汇为支柱性产业的中东国家,如埃及、土耳其、突尼斯、摩洛哥、约旦、黎巴嫩等。由于石油和旅游两大支柱经济同时受到打击,这些国家曾经引以为傲的经济自由化迅速转化为一场噩梦,国家财政收支的减少更是直接削弱了其应对危机的能力。最后,最重要的且几乎是压垮骆驼的最后一根稻草是:国际信贷危机所带来的商品价格,尤其是食品和农产品价格的急剧上升,对长期依赖食品进口的中东国家来说无疑是雪上加霜,这严重影响到民众的生活。生活必需品价格的飞涨,引起了此起彼伏的民众抗议,而这些国家的政府,既无法在经济体制内抑制市场炒作,也没有财力补助民众,听任民众生活受影响。在贫困、饥饿、失业的多重压力下,越来越多的中东民众怀着愤懑之情,加入了街头抗议的队伍。而集结的人群,使得相互之间的情绪感染急速完成。在这样的氛围之中,原本潜伏的朦胧的"相对剥夺感"很快浮出水面并逐渐清晰,很容易地把其中的主要原因归结为专制体制与政府的贪污腐败。于是,要求推翻政权,建立新体制的愿望被统一起来了。[2]

从中东内部来看,中东特别是阿拉伯国家深受新自由主义之害,政治、经济、社会全方位陷入发展困境。地区大国埃及就是典型之一。冷战结束标志着全球发展进入了一个新阶段,其突出特征是新自由主义的兴起和全球化的扩散。为了免除多达数以百亿美元计的债务,从1991年开始,埃及在国际货币基金组织、世界银行等专家的建议下开始进行结构改革。[3] 金融自由化、私有化、解除管制、开放市场、为外国直接投资提供国民待遇等一系列结构调整计划在埃及得到执行。但是新自由主义给埃及带来的不只是经济调整,

---

[1] 黄靖:《战略大视野下的中美新型大国关系》,《联合早报》2013年4月15日。
[2] 陈敏华:《集群式革命之"阿拉伯之春"》,《阿拉伯世界研究》2013年第3期。
[3] 详见王泰《埃及经济发展战略与发展模式的历史考量》,《西亚非洲》2008年第5期。

而且是裙带资本主义的盛行、社会日益的两极分化以及大多数埃及人丧失了基本医疗卫生和教育的机会。对此,加拿大学者马耀邦不无讽刺地提到,"作为一个极为贫困的国家,在实施了国际货币基金组织强加的经济改革数年后,埃及竟被标榜为新自由主义的典范之一","正是在新自由主义及其市场原教旨主义理论的指导下,金融投机商将谷物价格抬高至一种天价,从而导致大规模暴动。……由于城市中心区得到大量投资,而农村的农业发展遭遇忽视,埃及等许多国家很快沦为粮食极度匮乏的国家。更糟糕的是,根据国际货币基金组织推行的经济改革和世界贸易组织规则,第三世界的农民遭受西方国家得到补贴的农产品的不公平竞争,这进一步加剧了社会动荡和粮食危机"。[①]因此,随着穆巴拉克政权的垮台,新自由主义在全世界开始信誉扫地。对于那些信奉新自由主义的领导人和拥护新自由主义的国家,这应当是一记警钟。

总之,2008 年爆发的世界金融危机,如果说给地中海北岸国家带来了主权债务危机,导致像希腊这样的国家的政府由于面临财政危机而濒临破产,那么它给南岸国家带来的却是由于经济低迷而诱发的粮食危机,并由此"突变"为一场威权主义统治的整体合法性危机。

2. 剧变是阿拉伯世界内部政治社会多种矛盾的总爆发

尽管事件来得突然,原因也是多方面的,但毫无疑问,政治改革不彻底是一个重要因素。从宪政的角度讲,上述这些国家均为实行议会制总统制的共和国。但是,由于相似的国情和历史经验,它们虽然建立了宪政,执行的却是一党执政,甚至国家总统多年来由同一位政治强人把持,宪法规定的有关议会、政党乃至公民的基本权利和自由无法得以实现和保证。

突尼斯制宪议会早在 1959 年 6 月就通过共和国第一部宪法,规定突尼斯是自由、独立的主权国家,实行共和制政体;1975 年 3 月,通过宪法修改草案,宣布布尔吉巴为共和国终身总统;1988 年 7 月,通过宪法修正案,删改"终身总统"等 8 项条款,增加了"竞选议员年龄","总统职位空缺时由议长担任临时总统职务"等内容;1998 年 10 月通过修改宪法和选举法,降低总统候选人的参选年龄,扩大参选范围,总统任期五年,可连任两届。在这一宪法的框架下,从 1989 年 4 月本·阿里当选总统到阿里政府被推翻,阿里已经连任 4 届,统治达 23 年之久。也门情况类似,1989 年

[①] 〔加〕马耀邦:《中东剧变与美国、新自由主义》,《国外理论动态》2011 年第 6 期。

11月30日，原北方、南方领导人萨利赫和比德在亚丁签署了统一宪法草案；1990年5月21日，双方议会通过了该草案；1991年5月，全国就统一宪法举行公民投票，98.3%的选民赞成统一宪法；2001年2月，也门举行全民公决，通过了宪法修正案，将总统的任期由5年延至7年，并赋予总统解散议会的权力。阿里·阿卜杜拉·萨利赫在1978年就当选北也门总统，1990年南、北也门统一，萨利赫出任总统委员会主席。1994年9月议会通过宪法修改案，取消总统委员会，改为总统制，同年10月，萨利赫当选总统，1999年、2006年连任至今。利比亚1969年革命成功后，当年12月曾颁布临时宪法。1973年，卡扎菲发动"文化革命"，宣布停止执行一切现行法律。1977年3月发表的《人民权力宣言》规定：《古兰经》为利比亚的社会法典；人民直接行使权力是民众国政治制度的基础；保卫国家是每个公民的职责；利比亚信奉自由、社会主义和阿拉伯统一等原则；革命领导人是全国的最高政治领袖和精神领袖。目前卡扎菲已经连续执政42年。[①]

  进入21世纪，特别是在"9·11"事件和伊拉克战争后，美国提出大中东民主计划，认为中东之所以出现伊斯兰极端主义，根本原因在于政治体制的专制、独裁，因而要求对中东各国（包括其盟国）进行根本的民主化改革。2005年初，先是尚未建国的巴勒斯坦举行了阿拉法特去世后民族权力机构主席的首次大选，然后是伊拉克人不顾恐怖威胁及谋杀的危险勇敢地走向投票站，参加了自萨达姆政权被推翻之后的第一次议会选举。2005年2月初，沙特也进行了历史上第一次市政选举。2月中旬，黎巴嫩举行了要求"主权""独立"的街头运动，导致亲叙利亚政府倒台并最终成功地将叙利亚驻军赶出黎巴嫩。一时间，西方政界和媒体惊呼"中东民主浪潮兴起"，"阿拉伯的春天"已经到来。时任英国首相布莱尔称赞说，在美国和英国的推动下，中东出现的"变革的涟漪"为这片愚昧的穆斯林土地带来了民主[②]。这种背景下，包括埃及、突尼斯、利比亚、也门等在内的中东威权政府发现自己面临着严峻的民主挑战和变革困境。一方面，在世界民主化浪潮和国内反对派持续不断的巨大压力下，他们不得不进行一定程度的

---

① 据新华社综合资料。
② 英国《卫报》，2005年3月10日。

改革（包括政治改革和经济改革），以减轻民主化压力，满足反对派要求；另一方面，长期以来国内政治、经济等形成的盘根错节的利益关系又使得他们不愿或者不能彻底去改革宪政。突尼斯早在1994年就产生独立以来首届多党议会（当然执政的宪政民主联盟占压倒性多数）。1999年10月，又举行了独立后首次多党参加的总统选举。不过紧接着又出现了严重的倒退，在2002年5月举行的独立后首次全民公决通过的宪法修正案中，竟然取消了对总统连任次数的限制，并将总统候选人的年龄上限增至75岁，继续为阿里执政连任造势。2005年7月，突尼斯举行首次参议员选举，成立参议院。2006年，本·阿里在保持宪政民主联盟执政地位的基础上推进有控制的多党民主进程，引导反对党参政、议政，逐步扩大新闻自由，减轻西方国家在民主、人权方面的压力。[①] 利比亚情况略有不同，经过多年被国际社会孤立，利比亚政治发生了较大变化，最为明显的就是卡扎菲摘掉了美国所谓"流氓国家"的帽子而重返国际社会。他开始推行有利于利比亚经济社会发展的一系列改革政策，甚至把国名中的"民众"（Jamahiriya）解释为"大众资本主义"，受到了西方的普遍欢迎。但是他仍然拒绝任何形式的政治改革，坚称利比亚的"民众国制度"是世界上最为民主和发达的制度，是其他民主体制应该效仿的榜样，而选举则是退步，因为利比亚人民现在正掌握着权力。

总的来讲，近年来在中东威权的共和国内出现了这样的局面：政府在民主化改革方面小推小改、不推不改，甚至倒退。每当遭遇较大的压力时，就不惜出动安全部队进行限制，依然通过强有力的政治、军事控制来维护政局稳定。

正是由于对政治改革不再抱有希望，经济改革又接连遭遇失败，各国反对派活动开始迅速发展。据统计，仅2007年上半年，埃及的群众性抗议和示威活动就发生了283次；2008年同期，达到600次。尽管这些活动被称为"没有组织性并且大部分与政治势力无关"，主要是民众为了表达对经济政策失败的不满。但它呈现出以下两个明显的不同以往抗议活动的特征：第一，无组织性由此导致的混乱性，在个别情况下出现暴力倾向；第二，因为没有组织者，政府也就缺乏相应的对话者。令人遗憾的

---

① http://baike.baidu.com/view/19505.htm.

是,政府对这些抗议活动仍旧采取了传统的处理方式,出动警察进行镇压。一旦怨恨的持续集聚以某种民变的形式爆发,政权再采取妥协、拖延则为时已晚。其实,早就有个别西方学者指出,如果埃及政府不能继续向前推动改革,国家很可能会发生类似伊朗的革命或者"起义"[①];还有的学者借用哈贝马斯的"合法性危机"概念暗示,如果埃及的政治统治精英不能兑现其对于埃及现代化和民主化的承诺,那么埃及政府就很有可能会被国内的伊斯兰势力所推翻[②]。预言的可怕恰恰在于它逼近事实,2011年春天发生的事情再一次验证了中东作为"世界政治的流沙"绝非言过其实。

3. 阿拉伯剧变既具有鲜明的"个性"特征,也体现出传统意义上革命的共性特征——艰巨性、复杂性

前者又可以分为两类,一类是"事件性"的,具有偶然性和时代性;另一类是"结构性"的,具有必然性,表现为阿拉伯世界的民族性、地域性和政治文化上的伊斯兰性。这些因素综合起来,预示着未来趋势发展面临多重的选择性和不确定性。

首先,剧变体现出的"事件性"(偶然性)特征主要包括:无组织特征、新媒体特征、青年人特征、多样化特征。刘中民在《阿拉伯国家剧变的共性与差异》一文中指出,剧变具有缺乏独立领导阶层和政治理念的草根性特征。抗议浪潮的主体为中下层民众,缺乏独立的政治理念和统一的组织、宗旨、口号、纲领及目标。这也恰如评论所言:"阿拉伯革命的主要谜团之一是它的理念","革命没有在任何情况下推出统一的政治口号。暴动者一致提出的要求只有一个,那就是更换年迈的领袖。在其余问题上则没有志同道合的迹象。"

以青年为主体力量,具有政治不成熟的特点。在阿拉伯抗议浪潮中,占阿拉伯世界人口60%的青年构成了变革的"推动力量",但也存在着政治不成熟、缺乏领导能力的弊端。"'谷歌'青年仍处在一种政治无知状态。

---

① 例如美国学者 Barry Rubin 在其《埃及政治中的伊斯兰原教旨主义》(*Islamic Fundamentalism in Egyptian Politics*, updated edition, New York: Palgrave Macmillan, 2002.)新修订版中就提出这样的疑问。

② Okbazghi Yohannes, *Politics Economy of an Authoritanrian Modern State and Religious Nationalism in Egypt*, Lampeter: The Edwin Mellen Press, 2001.

阿拉伯年轻人对阿拉伯起义的成功发挥了重要作用，但他们普遍不受信任。……他们几乎没有准备建立政党和自己承担责任。"

网络、手机等新型媒体发挥了重要辅助作用。在阿拉伯抗议浪潮中，网络、手机、微博等新型媒体在信息传递、社会动员等方面发挥了重要作用。西方媒体指出，这类革命只有在拥有互联网的情况下才变得有可能，因为互联网能够迅速使民众集结起来。"不过，新媒体的作用相对于阿拉伯国家长期累积的政治、经济与社会矛盾而言，仅仅发挥了辅助作用，而非决定性因素。"

抗议浪潮在不同国家引发政治危机的程度及形式不同。具体而言，可以根据其烈度和影响因素的不同划分为三种类型。第一种是以民众和平示威为主的政治与社会动荡。在突尼斯和埃及，虽然抗议浪潮引发了一定程度的动荡，但由于"市民社会和中产阶层相对成熟，其较强的民族凝聚力能够保障其国家不致在政治变革中走向内战或分裂"。第二种是民众抗议向部落冲突演变，直至发生内战并引发国际干预的局部战争。在利比亚，盘根错节的部族矛盾和教派矛盾导致国家认同与民族凝聚力异常脆弱，并极易在政治变革中滑向部族和教派冲突，甚至走向内战。当前叙利亚的形势也具有这种特点。第三种是民众抗议与教派冲突相交织，并渗透着外部势力的复杂较量。巴林民众抗议的主体力量是占人口多数的什叶派，其目标是推翻逊尼派政权，但其背后则是沙特与伊朗的意识形态与地缘政治较量。而美国基于自身利益考虑所采取的双重标准也默认了沙特主导的海湾合作委员会对巴林的干预。①

其次，中东威权政治的转型具有长期性特点，不可能一蹴而就，其关键的问题在于自由化与社会化的培育程度。应该承认，剧变本身就是长期以来自由化、多元主义以及社会化的结果。中东威权政治的转型具有艰巨性特点，会有多种可能的结果，民主化只是其中的一个选项，而重新回到威权统治也将是选项之一，下文还要提到。在这个意义上，从"阿拉伯之春"到所谓的"阿拉伯之秋"有其历史的逻辑。中东威权政治的转型具有复杂性特点，其中最突出的就是这一过程不可避免地会深深打上伊斯兰的烙印，这是由中东政治发展的内在结构（体系、文化、功能）所决定的，

---

① 刘中民：《关于中东变局的若干基本问题》，《阿拉伯世界研究》2012 年第 2 期。

解决存在于威权与民主之间的矛盾必然要面对宗教与世俗之间的冲突。笔者曾就埃及的世俗政权与宗教政治的关系提到，与第二次世界大战后广大发展中国家政治发展一般意义上的政治分野（即所谓的左、中、右派）不同，在现代化发展道路的意识形态、指导思想上，中东国家不仅有着一般政治学意义上的激进与保守之分、威权与民主之别，而且还带有浓厚的宗教学意义上的世俗与神权之争。它不仅面临着要不要"发展"和"民主化"的问题，而且还面临着"怎么"去发展和实现民主化的问题。这是中东国家国内多种政治力量在长期交往博弈中形成的特点，也预示了它们在实现民主化的任务方面远比其他国家和地区更加复杂而艰巨①。

二 剧变是阿拉伯世界的一场民主革命

从纵向的历史发展进程来考察，本次剧变是中东和阿拉伯世界发展道路继19世纪到20世纪中期世俗的民族主义、20世纪下半期各国发展主义到伊斯兰主义之后以民主和民生为诉求的第三次转型②。近现代以来，伴随中东从传统威权主义到新威权主义演进的历史轨迹，中东发展道路的追寻与选择已经经历了两次艰难的转型。对此我们不妨结合中东社会政治思潮的演进做一详细的考察。

1. 第一次转型是从阿拉伯民族主义到阿拉伯社会主义，以坚持世俗化取向为特征的民族主义为重点，威权主义政权在这一时期获得合法性而普遍建立

从19世纪后期到20世纪中期，是中东民族主义觉醒和民族国家体系构建的关键时期。正如彭树智先生所言，民族主义思潮作为"东方国家和地区思想文化领域内的主要倾向，它集中反映了这一时期东方社会、经济、

---

① 王泰：《埃及现代化进程中的世俗政权与宗教政治》，《世界历史》2011年第6期。
② 中国国际问题研究所郭宪纲认为，本次剧变标志着第一次世界大战后兴起的世俗救国思潮和改造社会的实践遭受重大挫折和失败。与此同时，作为中东地区另一支重要力量的伊斯兰原教旨主义组织，在这场动荡中或冲锋陷阵，或居于幕后推波助澜，或静观其变，待机而动。不过，由于伊斯兰原教旨主义不合乎当代潮流，某些组织从事恐怖活动，形象不佳，难以乘势而为。处在历史十字路口的阿拉伯世界何去何从，是移植西方民主政体还是另辟蹊径，成为摆在各国面前的重大历史抉择。郭宪纲：《阿拉伯世界第三条道路的选择》，《国际问题研究》2011年第5期。

政治和文化的相互关系。东方民族主义思潮从意识形态的角度，更多地从政治思想和文化思想领域反映了东方社会的独特面貌"①。揭橥中东民族主义的思想家就是被称为伊斯兰改革主义先驱的阿富汗尼。目睹英军在印度的种种暴行，面对伊斯兰世界被西方殖民主义分裂和撕碎的现实，游走于亚欧非三大洲的思想者阿富汗尼率先祭出"伊斯兰改革主义"的大旗，振臂高呼穆斯林的团结，并且他并不拒绝西方文明的某些部分，不仅以其"宗教民族主义"②的主张彪炳于史册，而且也成为事实上的最早探索和思考"伊斯兰发展模式"③的先知先觉者。无独有偶，同样是阿富汗的马赫茂德·塔尔齐，作为19世纪和20世纪之交中东民族主义的杰出代表，其思想主张和实践，不仅反映了阿富汗的民族自觉，而且通过《光明新闻》也代表了同时代土耳其、埃及的民族主义运动的先声，是一个真正不可能被遗忘的所谓"被遗忘了的民族主义者"④。

大约在同一时期，一种前所未有的力量横空出世，这就是影响一直延续至20世纪六七十年代的阿拉伯民族主义。前有著名的埃及民族主义思想家，以"伊斯兰民族主义"为特征的拉希德·里达和被誉为"阿拉伯民族主义第一位理论家"⑤的阿布德·拉赫曼·卡瓦克比。接踵而至的是阿佐利和沙乌卡特、拉巴斯、阿拉伊利等，他们最杰出的贡献在于经过第一次世界大战的洗礼，使作为完整的意识形态的阿拉伯民族主义最终形成，其最鲜明的特征就是在把阿拉伯人和土耳其人的关系分开的基础上，进一步厘清了伊斯兰教和阿拉伯民族的关系，一种非伊斯兰的世俗化的民族主义倾向初露端倪。到20世纪五六十年代，阿拉伯民族主义终于走向高潮，其杰出的代表即"革命的阿拉伯民族主义"思想家米歇尔·阿弗拉克、"阿拉伯民族主义的精神之父"萨提·胡斯里以及阿拉伯世界的民族英雄——埃及总统纳赛尔。阿拉伯民族主义经过半个多世纪抽象的原则在他们那里终于实现了理论化、现代化、体系化，并完成了从理论到实践的转化，他们不仅坚持了民族主义的世俗化原则，尤为难能可贵的是把社会主义引入民族

---

① 彭树智：《东方民族主义思潮》，人民出版社，2013，"卷首叙意"第3页。
② 彭树智：《东方民族主义思潮》，人民出版社，2013，第240页。
③ 彭树智：《东方民族主义思潮》，人民出版社，2013，第248页。
④ 彭树智：《东方民族主义思潮》，人民出版社，2013，第160页。
⑤ 彭树智：《东方民族主义思潮》，人民出版社，2013，第252页。

主义，体现了在民族解放运动如火如荼的年代，他们对于民族振兴和国家发展道路做出的深层思考。

在土耳其，泛奥斯曼主义消沉之后，以凯末尔名字命名的"凯末尔主义"是"在东方出现的又一个自成体系的民族主义理论"①。从长时段的历史视角考察，以共和主义、民族主义、平民主义、革命主义、世俗主义和国家主义为核心的六项原则，不仅显示了反对帝国主义、大奥斯曼主义和强化土耳其人的民族自豪感的智慧，更重要的是它具有浓厚的"民主主义的内容"，并彰显了土耳其人的创新精神，对于以君主政治和传统威权为支柱而构建的中东意识形态来说，不啻是政治沙漠中的一片绿洲。

十月革命的炮响把马克思主义由理想变为现实，随着俄国苏维埃政权的建立及其影响，共产主义开始向全世界传播，推动了第一次世界大战后殖民地半殖民地人民的民族民主解放运动走向新高潮。当时主要作为英法殖民统治地区的中东同样受到了这股革命浪潮的冲击和影响，但社会主义在中东的早期命运并不乐观②。严格意义上来讲，20世纪中东出现的形形色色的社会主义思潮属于民族主义的范畴。如果说，20世纪中期之前的民族主义思潮作为中东国家民族解放运动的指导和理论，起到了重要的思想准备和精神引领的作用；那么，第二次世界大战之后，伴随着中东民族国家体系的构建，具有浓厚地区特色或者所谓的"阿拉伯社会主义"则意味着阿拉伯国家发展道路和社会制度的历史选择。1947年4月，以阿弗拉克为党主席的叙利亚阿拉伯复兴党成立，正式提出了"统一、自由和社会主义"的主张，从此，社会主义在实践上与民族主义联系在一起，在中东特别是阿拉伯国家产生了深远的影响。在西亚，"复兴社会主义在塑造叙利亚和伊拉克地区政治、区域经济和民族文化格局过程中发挥了举足轻重的作用"③。在北非，1952年7月革命后不久，纳赛尔提出"自由、社会主义和统一"的口号，1961年后宣布在埃及全面实施社会主义。由于埃及的特殊地位以及纳赛尔在整个阿拉伯世界中反殖民主义、反帝国主义、反君主政治的言行，纳赛尔主义成为地区影响最大的政治社会思潮，其发展模式也成为各

---

① 彭树智：《东方民族主义思潮》，人民出版社，2013，第213页。
② 详见王泰《十月革命在中东的历史回响——〈金字塔报〉所见的共产主义在埃及的早期传播及其历史命运》，《内蒙古民族大学学报》（社会科学版），2009年第4期。
③ 王铁铮主编《全球化与当代中东社会思潮》，人民出版社，2013，第99页。

国竞相效仿的榜样，苏丹、阿尔及利亚、利比亚、索马里等国家先后宣布奉行社会主义。

不管"自由""统一""社会主义"如何排序或者其地位与作用如何（例如，社会主义究竟是目的还是手段？），事实上，或许还具有讽刺意味的是，这三大任务对于阿拉伯人来讲一个也没有实现。其一，标榜"自由"的纳赛尔政府以及后来的萨达姆领导下的伊拉克和老巴沙尔领导下的叙利亚都是典型的"独裁的集权主义政府"，他们创造性地完成了由老威权主义政治文化向新威权主义政治文化的转化，并使之一直延续至21世纪初。其二，不要说"统一"，就是阿拉伯的"团结"都大成问题。中世纪著名的阿拉伯史学家伊本·赫尔顿（1332～1406）所总结的社会"团体精神"的缺失在当今成为阿拉伯民族的致命弱点。除了在十月战争时期，阿拉伯世界曾经动用石油武器、团结一致共同行动反对美国、荷兰，此后此种"齐步走"的决心和行动就风光不再；无论在对待埃以和谈、伊拉克侵略占领科威特以及海湾战争的问题上，还是从地区峰会上领导人公开的争吵到今天对待阿拉伯剧变的种种不同态度，阿拉伯世界给我们留下了太多分裂的印象。其三，说到"社会主义"，五六十年代由轰轰烈烈的埃及"国有化"运动和土地改革掀起的社会主义建设高潮并没有持续太久，很快就随着阿拉伯政治彗星纳赛尔的陨落而成为明日黄花。

2. 第二次转型是从形形色色的发展主义到伊斯兰（复兴）主义的转变

20世纪70年代以后，"到底该建设一个什么样的国家"这样的问题，即使在社会主义的激情消退之后，依然是中东各国发展面临的最大的问题。对内，总是要发展，人民生活水平亟待提高，现代化的历史任务无比艰巨而复杂；对外，总是要交往，但大国的争夺愈演愈烈，主导权很少能掌握在中东人民自己手中。面对内外多重矛盾的对抗与纠结，中东国家纷纷开始探索自己富有特色的现代化之路，于是各种各样的发展"主义"话语应运而生。[①] 但是，也必须看到，中东在世界政治、经济中的特殊地位，还表现在它独特的历史、文化方面，尤其是宗教的影响与作用。而发展道路的选择从来就难以回避宗教文化的规定性。客观地说，以第三次中东战争失利和伊朗伊斯兰革命成功为标志，阿拉伯世界的发展主义普遍遭遇失败，

---

① 王铁铮主编《全球化与当代中东社会思潮》，人民出版社，2013，第9页。

而具有浓厚宗教特点的大众伊斯兰复兴运动兴起,威权主义开始遭遇质疑和挑战,许多国家出现自由化、民主化迹象。

这些威权主义的"发展主义"在理论形态上既不同于之前的阿拉伯民族主义,也不同于继起的伊斯兰复兴主义大潮,大多是着眼于某一个国家内部的发展以及发展中如何对待伊斯兰教的问题。体现了在推进现代化的进程中,在中东文明内外交往过程中,中东的政治家、思想家和知识分子对其国家发展战略的探索和文化立场的坚守。20世纪下半期,作为中东最早建立共和制并实行政教分离的国家(如前所述,在其立国的基因内部还潜藏着民主化因素),土耳其遭遇到了前所未有的发展困惑——先是接二连三的军人干政,然后是宗教政党的异军突起。然而,自20世纪80年代以来,土耳其在经济上的成功和社会的稳定证明了伊斯兰在抵制极端主义、维护政府稳定方面发挥着不可替代作用。2002年以来,纯粹的伊斯兰政党——正义与发展党单独执政,并且取得了经济建设、国家发展非常骄人的成绩,也似乎在暗示中东其他国家,只要坚持民主的道路,伊斯兰完全可能引领国家走出发展的误区和陷阱。

萨达特和穆巴拉克治下的埃及给我们展示了另外一种不同的境况,这就是新自由主义思潮的影响。从萨达特启动有限的多元主义政治改革,到穆巴拉克时期在经济模式上选择"华盛顿共识",埃及完全是在美国支持下的世界银行和国际货币基金组织专家的指导下进行经济调整,高调走向市场化、自由化、私有化,与此同时,巨大的社会不公和政治腐败随之而来。事实证明,新自由主义给埃及带来的与其说还有一定的成绩,倒不如说埋藏下了巨大的隐患。

20世纪,哈桑·班纳的现代伊斯兰复兴主义思潮在他的祖国埃及由于穆斯林兄弟会遭到世俗政权的打压而未能实践,但在埃及的邻国——苏丹,哈桑·图拉比却有机会进行这样一场"伊斯兰实验",不过也是一场短暂的实验。苏丹的经济政治和南北现状最终使他由一个宗教的理想主义者蜕变成为一个宗教的空想主义者。与土耳其比起来,恰好相反,这场"伊斯兰实验"的失败告诉我们决定社会发展走向的,最终是该社会的经济基础和物质条件,而不是某种思潮。

1997~2004年担任伊朗总统的哈塔米,坚信伊朗可以建立具有伊朗特色的发展道路和民主政治。他对内支持在伊朗建立公民社会的主张,在具有浓厚威权主义政治文化的中东可谓石破天惊之举,因为对于严格控制的威权政府来说,公民社会常常意味着民主化在大众和社会层面的实现;而对外他倡导不同文明之间的对话,在彰显了伊朗作为中东大国对什叶派伊斯兰文明充满自信的同时,也隐含着伊朗应该有学习其他文明(包括西方文明)先进部分的历史自觉。以他名字命名的"哈塔米主义"或许不仅是伊朗改革派的旗帜,"在全球呼唤和平、发展、合作的时代"也代表着伊朗未来的发展方向。

与以上各种思潮具有强烈的个人性特征不同,后犹太复国主义是由一批以色列的号称"新史学派"的知识分子群体在对犹太复国主义批判与反思的基础上提出来的。犹太复国主义曾经作为犹太人建国的理论和思想,本质上是一种民族主义思潮;令人遗憾的是在以色列建国之后,它逐步演化成为压迫、欺凌巴勒斯坦阿拉伯人的工具,异化成为某种具有种族主义特征的大以色列主义。这些新史学派的历史学家依据新的可靠的档案资料对"以色列的国家性质和发展朝向"[①] 等问题提出了批判性看法,在关于以色列的历史阐释、舆论宣传和国民教育、以阿关系、以美关系等一系列重大问题上无疑提出了极具建设性的观点,但也唯其如此,它才顺理成章地完成了对犹太复国主义的解构。

20世纪60年代末以来,在敏感多事的中东地区乃至整个幅员广阔的伊斯兰世界,出现了一场声势浩大、带有群众性的伊斯兰复兴运动。伊斯兰原教旨主义作为一种意识形态,已成为影响国际政治的重大思潮之一。目前,伊斯兰原教旨主义组织已遍布全球,在中东比较著名的组织有埃及穆斯林兄弟会、黎巴嫩真主党、巴勒斯坦伊斯兰圣战组织、阿尔及利亚伊斯兰拯救阵线、巴勒斯坦伊斯兰抵抗运动("哈马斯")、阿富汗塔利班组织等。他们纷纷以复兴伊斯兰为旗帜,要求回到《古兰经》和《圣训》的原始教义上去,按照伊斯兰教法行事,重新建立一个政教合一,严格按照伊斯兰传统价值标准的社会,其来势凶猛,行为激烈,在整个世界政治中产生了深远的影响。

当代伊斯兰复兴思潮独特而重要的政治和文化意义还在于它是伊斯兰社会传统中自发产生并构建的一道抵御西方强势政治、文化冲击的防波堤,

---

① 王铁铮主编《全球化与当代中东社会思潮》,人民出版社,第293页。

只是这道防波堤表现出来的不是被动消极防御而是主动积极出击。从时间上来说，当代伊斯兰复兴运动的兴起与经济全球化的扩张有着内在深刻的一致性，而不是偶然的重合；从形式上来说，伊斯兰复兴运动是以民族化、本土化对抗西方化、美国化（当然全球化不是西方化，更非美国化，但在中东大多数国家和人民看来很大程度上是如此）。

打着伊斯兰的旗号，实质上与伊斯兰教并无多大关系的中东恐怖主义，其起源、种类、诉求、发展、趋势，都是伊斯兰世界完全背离时代主题的"一股逆流"[①]。尽管它"低于历史水平，低于任何批判，但依然是批判的对象"[②]。问题在于，恐怖主义的存在并在短期内难以消灭，同样是该思潮对中东境遇的一种客观反映。向恐怖主义说"不"，是包括中东人民在内的全人类共同的责任，但"只要伊斯兰国家在国际政治和国际经济体系中的地位仍处于边缘化的弱势地位、中东问题得不到公正的解决，只要美国继续推行错误的反恐怖战略，只要中东国家政治、经济和社会问题依然存在，中东恐怖主义就会在一定时期和一定条件下激化"[③]。美国推动的全球化给中东带来了多少好处不好评估，但恐怖主义却通过打击美国而率先实现了全球化，真是时代的绝妙讽刺！

尽管伊斯兰复兴主义思潮早就成为中东群众性的政治运动，但还是有一部分伊斯兰的思想家认为在这个不幸的时代，伊斯兰复兴并不具有普遍的意义，他们就是以著名的知识分子卡尔达维为首的伊斯兰中间主义的提倡者。他们自称构成的是一个中间主义学派，主张对宗教文本，如《古兰经》和"训奈"以及大量的有关伊斯兰的传统的法律、社会、政治思想进行合理化的解释。但他们的取向并不仅仅是文本，而是以对现代中东广大穆斯林境遇的深度关怀为特征，不仅是关怀他们的宗教和信仰，而且涉及穆斯林的社会、政治、文化、经济和心理等。此外，他们认为改善中东穆斯林的境遇不仅同伊斯兰观念、精神、生活方式的真正复兴、平等联系在一起，而且与穆斯林是否具备理性的知识、对现代世界的理解联系在一起。由于中间主义倡导正本清源，致力于社会公正、互信和谐，呼唤保护环境和适度开发，逐渐成为全球化时代最具价值内涵的思想。与其主张相似的"新伊斯兰主义""后伊斯

---

① 王铁铮主编《全球化与当代中东社会思潮》，人民出版社，第8页。
② 马克思：《黑格尔法哲学批判》导言。
③ 王铁铮主编《全球化与当代中东社会思潮》，人民出版社，第13页。

兰主义""伊斯兰宪政主义"等思潮纷纷涌现,在强大的伊斯兰复兴主义思潮之外汇聚成一股股清新涓流。而作为世界主要文明体系之一的伊斯兰国家,其核心价值观的走向是继续片面强调战斗的"圣战"观,还是转向温和中正的伊斯兰中间主义道路,已经引起人们的高度关注。

3. 第三次转型就是本次以威权政权的集群式倒台和政权更迭为主要表现的剧变,它以建构民主政治改善民生为诉求,毫无疑问是阿拉伯世界一场规模巨大而前所未有的民主革命,即便可能是一场不成功的民主革命

威权统治走向关键点,一些国家的威权政权纷纷被推翻。从世界范围来讲,它是20世纪七八十年代以来全球化背景下民主化浪潮的继续,也可以说是民主化的"第四波",对于阿拉伯世界的政治发展将具有里程碑式的意义。

当前国内外学界、政界围绕中东变局的性质存在多种观点。首先是"民主革命说",认为中东剧变的性质就是一场"民主革命"或者"阿拉伯之春",阿拉伯民众"是在为自由、尊严、公正而斗争,是为了用民主取代各自国家的专制制度而斗争",民众抗议、要求当权者下台,用一个全新的政治制度取而代之,这种抗议就是革命。① 北京大学中东研究中心主任王锁劳认为,"这是一次以实现'政体'转变为目标的'阿拉伯革命',即从一党专政和一人独裁的政治体制转变为多党选举执政的民主体制"②。博联社总裁马晓霖也认为,"这是一场基于民生,而非民主,源自内力,而非外力的阿拉伯民主革命。……即使……宗教势力上台,那也是民主选举的结果。从历史上看,这是第一次颠覆威权政体,也是阿拉伯近百年来一次大的革命。以前的革命是反帝反殖反封建,推翻外来压力或腐朽卖国的王权。但这次不一样,最大的成就是颠覆了一系列的'假共和',总统共和制的国家领导者纷纷下台"③。

此外还有"起义和暴动说",认为阿拉伯抗议浪潮并非革命,更非民主革命,只是形态各异的起义和暴动。④ "政治危机说",中国社会科学院西亚

---

① 哈维尔·巴仑苏埃拉:《阿拉伯革命的七个关键问题》,转引自刘中民《关于中东变局的若干基本问题》,《阿拉伯世界研究》2012年第2期。
② 王锁劳:《有关北非中东剧变的几个问题》,《外交评论》2011年第2期。
③ 陈晓晨:《阿拉伯剧变仍处裂变期》,《第一财经日报》2011年12月30日。
④ 阿列克谢·马拉申科:《历史缓慢前进》,(俄罗斯)《独立报》2010年4月27日,转引自刘中民《关于中东变局的若干基本问题》,《阿拉伯世界研究》2012年第2期。

非洲研究所王京烈认为中东变局是波及中东广大地区,具有多米诺骨牌效应的一系列政治危机,表现为民众集会和示威游行、宗教色彩的冲突与抗议以及示威游行引发武装冲突和外部干预等多种形式。① "社会运动说",姚匡乙大使认为在中东形势动荡中,虽然掺入部落、教派冲突,其间甚至有分裂主义、极端宗教势力和恐怖主义趁机作乱,但总体而言,这是一场自下而上的、群众自发的社会变革运动,是长期积累的政治社会矛盾的总爆发。② 不过,他也认为,阿拉伯动荡"尽管是内生性的政治社会运动",但由于"推翻强人统治,在广义看,是民主化进程中的一大进步"。③ 安惠侯大使从四个方面认为阿拉伯变局宜定性为"社会和政治动荡"④。上海外国语大学中东研究所所长刘中民认为,"从历史的角度看,中东剧变是一场席卷阿拉伯世界的地区性政治与社会运动,它是继20世纪五六十年代的阿拉伯民族主义运动、七八十年代的伊斯兰复兴运动之后发生的第三次地区性的政治与社会运动"⑤。从总体上看,西方和阿拉伯学界更倾向于"民主革命说"。当中东变局仅局限于突尼斯和埃及时,"民主革命说"及"民族民主革命说"在中国学界引起共识,但随着利比亚战争的爆发以及也门、巴林、叙利亚局势的恶化,多数人认为中东变局的性质尚有待进一步观察。也有专家认为,西亚北非动荡是"9·11"事件和伊拉克战争以来该地区最重大的形势变化,是多年来各种内外矛盾积重难返的总爆发,"大乱"是其基本表现形式,总性质尚难定论。⑥

笔者认为,这次规模巨大、几乎波及整个阿拉伯世界的政治剧变,虽然22个阿拉伯国家中,2个未发生动荡,多数国家发生动荡后很快平息,5个国家遭到严重冲击,只是占了不到1/4,而且还出现了民族冲突、宗教斗争、部落矛盾、外力干预、恐怖主义等现象,但从性质上来讲,它终究是一场阿拉伯世界的民主革命,尽管可能是一场未成功的民主革命。

首先,要求民主是阿拉伯剧变的基本诉求之一(另外一个主要诉求是

---

① 王京烈:《解读中东政治危机》,《西亚非洲》2011年第6期。
② 姚匡乙:《中东形势巨变以及中国的中东政策》,转引自刘中民《关于中东变局的若干基本问题》,《阿拉伯世界研究》2012年第2期。
③ 姚匡乙:《中东剧变与中国中东政策》,《阿拉伯世界研究》2012年第4期。
④ 安惠侯:《阿拉伯国家政治和社会动荡的前因及后果》,《阿拉伯世界研究》2012年第1期。
⑤ 刘中民:《关于中东变局的若干基本问题》,《阿拉伯世界研究》2012年第2期。
⑥ 董漫远:《西亚北非变局及影响》,《国际问题研究》2011年第5期。

改善民生），推翻专制和独裁的威权统治与其说是剧变的表现形式，还不如说就是它的实质内容。埃及和利比亚统治长达半个世纪之久的军人政权，穆巴拉克、本·阿里、萨利赫、卡扎菲等长达三四十年的老人政权相继被推翻，在世界民主发展史上，无论如何都是重要的大事件；然而，革命并不到此就戛然而止，随着强人政权被推翻的还有他们长期以来执行的宪法、严格控制公民自由的紧急状态法；另外，实质上的一党专制被多党竞选所替代，甚至公民可以为自身权利做真正意义上的全民公决；等等。从上述这些政体变化的角度出发，阿拉伯剧变无论如何都是具有典型意义的革命。

其次，"革命就是流血牺牲掉脑袋"，话虽简单，道出来的却是真理。从历史的角度看，民主革命常常伴随着民族的、宗教的冲突甚至战争。1640年爆发的英国资产阶级革命不仅是一场典型的民族内战，而且还伴随着克伦威尔对爱尔兰的远征，以及后期三次对荷兰的战争。1789年开始的法国资产阶级大革命更是与战争、杀戮相始终，伴随着革命进程的发展、倒退、高潮，又有多少人被送上断头台！英国、俄罗斯则与奥匈帝国联手对大革命进行干预和入侵，欲将革命扼杀在摇篮之中，从而把法国的大革命引发为一场几乎扩及欧洲的战争。所以，我们大可不必为阿拉伯剧变过程中出现了民族的、宗教的冲突就去否定剧变的革命性质，因为随着旧制度的被推翻，在新制度未建构起来之前，原来在旧制度下掩盖着的诸多矛盾和问题必然要暴露和爆发出来，并进而演化为冲突与战争。仔细考察卡扎菲在利比亚的统治，班加西地区和的黎波里塔尼亚地区在经济上的巨大差距、卡扎菲对东部石油竭泽而渔的剥削方式，以及存在于部落之间的矛盾等其实一直就存在，只不过在卡扎菲的强势统治和打压下，这些问题便"不成其为问题"，一旦卡扎菲倒台，几乎所有矛盾和问题便集中显示出来。

最后，民主革命不一定必须取得成功，并建立起某种被想象的民主体制。革命失败也是一种结局，但这并不就否定革命的性质。回想1848年的欧洲革命，1871年的巴黎公社，不都是以失败而告终的吗？当叙利亚内战进入第四个年头，当埃及的世俗与宗教矛盾上演成为2013年7月根本逆转的局势，军方再度出手镇压穆斯林兄弟会，很多人惊呼"阿拉伯之春"已经演变成为"阿拉伯之秋"或者"阿拉伯之冬"了。且不说"春""冬"

之间原本存在着的自然逻辑，但就从革命的逻辑来看，这也是一种合乎情理的历史过程。早就有学者指出，所谓威权统治的"转型"，可能会导致三种后果，一种是理想的状态，随着威权主义制度开始解体，民主制度得以建立；第二种即某种形式的威权统治的回归，第三种则是以革命的出现来界定的。用所谓的"阿拉伯之冬"来否定"阿拉伯之春"，就像因为东欧的剧变、苏联的解体而否定 1917 年十月革命的伟大意义一样，其实是一种历史虚无主义的态度，或者是一种"双重标准"，只能蒙蔽真相。

三 剧变对地缘政治的外溢性效应

剧变不是也不可能只是阿拉伯共和制国家自己的事情，它对地缘政治与国际局势产生的外溢性效应正在逐渐显现，这种效应反过来也将继续影响地区的民主化进程。从宏观上来看，以下三个热点问题需要做深入细致的审视：阿拉伯君主制国家何以能够保持相对稳定（政治的继承与换代如何可持续）；所谓的"土耳其模式"之于阿拉伯国家，究竟可能还是不可能（一个典型的关于伊斯兰与民主关系的政治文化课题）；美国又是否能够真正采取超然态度，其中东民主化战略将会做出怎样的调整与变动（有关外部促进民主计划的问题）。

1. 变还是不变：阿拉伯君主国相对稳定及其面临的挑战

阿拉伯剧变中，有一个奇怪的现象，就是虽然绝大多数阿拉伯国家都发生了动荡，但程度却有很大不同。从发生剧变国家的政权类型看，它们均属共和制世俗威权政权。那些阿拉伯君主国虽不同程度地受到民众抗议浪潮的影响，除巴林外，大都平稳过关。因此，有学者认为，这次剧变确切来说是"阿拉伯共和制国家剧变"[①]。学术界普遍认为，这场剧变推翻了民主化问题上的"中东例外论"，但阿拉伯君主制国家的稳定则使"中东例外论"演变为"阿拉伯君主制例外论"（Arab Monarchical Exceptionalism）。众所周知，近代以来，随着世界其他地区君主制特别是绝对君主制的消失，

---

① Sean L. Yom, F. Gregory Gause Ⅲ, "Resilient Royals: How Arab Monarchies Hang on," *Journal of Democracy*, Volume 23, Number 4, October 2012, p. 74.

阿拉伯世界成为世界君主制国家比例最高的地区①，而且这些国家大多仍实行的是绝对君主制。君主制国家的政治现代化问题，被美国政治学家萨缪尔·亨廷顿称为"国王的困境"（king's dilemma）。亨廷顿对其前景做出了悲观的预测："君主制国家的政治体制都陷入一种根本性的困境。"② 然而，与世界其他地区君主制的境遇不同，阿拉伯君主制政权不仅长期存续，而且其稳定性高于共和制世俗威权政权。这一有悖世界政治现代化一般规律、挑战政治学主流知识传统的现象，一直困扰着学术界。③

我国学者丁隆从传统的政治合法性、地租型经济、以家族和部落为核心的政治联盟、外部力量支持、集权力量的制度性优势以及反对派弱小等六个方面分析了这些国家的政权合法性问题及其保持政权稳定的主要原因④。问题在于这些君主国所面临的挑战，包括其陈旧的政治治理方式、单一资源的地租经济模式导致经济和民生问题突出、部分国家族际和教派矛盾突出、美国支持的不确定性等，虽然在阿拉伯剧变浪潮中或安然无恙，或涉险过关，但阿拉伯剧变作为一次民主革命运动，必将唤醒阿拉伯君主制国家民众的民权和民主意识，对其政治前景产生深远影响。而沙特、卡塔尔等国在阿拉伯剧变中采取了"双重标准"，它们一方面积极支持利比亚、叙利亚反对派的"革命"，另一方面压制本国以及巴林的民众抗议，说明其支持民众争取自由、民主是假，而利用阿拉伯剧变浪潮，借利比亚、叙利亚反对派之手推翻与己不睦的利比亚和叙利亚政权是真。这种内外有

---

① 22个阿拉伯国家中有8个君主制国家，即海湾合作委员会6个成员国，以及约旦和摩洛哥。其中，摩洛哥王国自1660年起便由阿拉维家族统治；约旦哈希姆王国由原汉志酋长侯赛因·阿里的次子阿卜杜拉于1946年建立；沙特阿拉伯王国由原内志酋长阿卜杜·阿齐兹·沙特在统一阿拉伯半岛后于1932年建立。20世纪六七十年代，海湾地区的原英国保护国陆续宣布独立，建立君主制国家。这8个君主制国家国情千差万别。从人口看，2010年，除摩洛哥（3200万）、沙特（2600万）以外，其他国家人口均较少，人口最少的卡塔尔尚不足100万。从经济看，非产油国摩洛哥人均国内生产总值为4800美元，约旦5400美元，海湾产油国则均在2万美元以上，最高的卡塔尔达17.9万美元。参见 Rex Brynen（et al.），Beyond The Arab Spring: Authoritarianism & Democratization in the Arab World, Boulder, CO: Lynne Rienner, 2012, p. 174. 丁隆：《阿拉伯君主制政权相对稳定的原因探析》，《现代国际关系》2013年5期。
② 〔美〕塞缪尔·P. 亨廷顿：《变化社会中的政治秩序》，王冠华等译，三联书店，1989年，第161页。
③ 丁隆：《阿拉伯君主制政权相对稳定的原因探析》，《现代国际关系》2013年5期。
④ 丁隆：《阿拉伯君主制政权相对稳定的原因探析》，《现代国际关系》2013年5期。

别的政策,不仅有损王室的公信力和合法性①,也再次使阿拉伯世界的分裂暴露无遗。面对剧变,君主国究竟变还是不变?的确是个问题,如果不变,鉴于突尼斯、埃及、利比亚的教训,一旦革命风暴再起,恐怕王冠掉落一地;如果变,传统的体制机制又如沉疴在身,变革难度之大可以想象,绝非一日之功。另外,从全球经济依存度角度看,用石油美元"购买"合法性和政治稳定只是解决一时之急,其隐患是长期而重大的。目前,亚洲占了海湾六国的出口总额的57%,六国出口石油的2/3都销往亚洲。国际能源署(IEA)2012年预计,到2035年,90%的波斯湾出口石油都会销往亚洲国家。因此,有专家就指出,一旦以中国和印度为首的亚洲国家地区整体经济下滑,很可能引爆第二场阿拉伯之春,届时波斯湾的君主国都不会幸免②。

2. 可能还是不可能:土耳其模式对阿拉伯国家的适用性问题

"阿拉伯之春"爆发后,土耳其不仅没有受到波及,相反一枝独秀,而且接连打出强劲的外交牌:与以色列翻脸,支持巴勒斯坦"入联",帮伊朗缓解与美关系,到埃及、利比亚推销民主……土耳其成了赢得阿拉伯民众好感的"主角"。③

应该承认,近十多年来,与其他伊斯兰国家相比,土耳其国内政局相对稳定,经济发展很快,宗教与世俗之争也逐渐淡化。土耳其埃尔多安的正义与发展党以"伊斯兰和民主之间持久的婚姻"形象,出现在中东那些独裁政府被推翻了的国家面前。有中东问题专家认为,中东剧变以来阿拉伯民众呼唤民主和发展,与20世纪90年代相比,土耳其模式有着广泛的民众基础和广阔的市场。政权更替后结束流亡回到国内的埃及宗教长老格尔达威和突尼斯宗教领袖加努什,都表示在今后的国家发展中要走土耳其之路,甚至黎巴嫩的真主党和巴勒斯坦的哈马斯都做出与伊朗拉开距离、靠近土耳其的姿态。穆巴拉克被推翻后出任埃及武装部队最高委员会主席的穆罕默德·侯赛因·坦塔维指出,"土耳其的经验最接近埃及人民的经历,我们可以从土耳其模式中获得灵感"。而土耳其经济和社会研究基金会发布

---

① 丁隆:《阿拉伯君主制政权相对稳定的原因探析》,《现代国际关系》2013年5期。
② 《中东阿拉伯之春将再引爆?》,BWCHINESE中文网,http://www.bwchinese.com/article/1052719.html,2015年4月25日。
③ 《土耳其想当中东"第一主角"》,《环球时报》2011年9月21日。

的关于土耳其区域形象的报告显示,中东动荡以来,土耳其在中东地区赢得的正面评价日趋稳定化和结构化,它仍是区域国家学习的"模板"。《金融时报》调查表明,即便在黎巴嫩这样一个真主党占绝对优势的国家,93%的民众依然对土耳其怀有好感,迥然不同于 90 年代中亚国家对土耳其民主的漠然。①

如果说以上说法体现出阿拉伯剧变后的"民主市场真空"和对"土耳其模式"的某种迫切"需求",那么,与此相对照的是,现在的土耳其与 20 世纪 90 年代相比,更有能力,也更为主动地推广该模式,西方也迫切需要和积极支持该模式。剧变以来,土耳其迅速调整了外交方向,总理埃尔多安对埃及、突尼斯、利比亚进行了访问,致力于销售土耳其民主进步模式,并对叙利亚发出最后警告。西方则充当了土耳其模式的幕后推手,美国国务卿希拉里·克林顿指出:"中东北非的民众从土耳其模式中获益并付诸实践,具有重要意义。"另外,在土耳其模式与伊朗模式之争中,土耳其具有比较优势。伊朗模式的诞生出乎西方的预料,受到西方的打压;土耳其模式历史较长,并得到西方的推崇。最根本的区别是伊朗模式是极端、本土、神权性质的;土耳其模式则是仿效西方的,是世俗主义与伊斯兰主义之间长期作用、相互平衡的产物。

我们姑且承认存在着所谓的"土耳其模式"②,但它究竟是否适合阿拉伯国家却仍是个谜。笔者认为,至少有以下四个因素导致阿拉伯世界不会轻易效仿土耳其模式来改造自己的国家。第一,阿拉伯国家历史上长期遭受奥斯曼土耳其帝国统治,直到近代以来才逐渐取得民族独立,到了当代,土耳其又加入北约,与欧洲套近乎,积极为加入欧盟做准备,充当欧洲势力在伊斯兰世界的马前卒,又使阿拉伯国家觉得很反感,因此他们在情感上对所谓的"土耳其模式"不愿接受。"阿拉伯人在线"网站说土耳其是一个"大块头的怪物""多种混合体",使人很难对土耳其是什么样的国家做出准确定位。在阿拉伯人的历史中,有 400 多年是受土耳其人统治的,当时的奥斯曼帝国至今仍被阿拉伯人"怀恨"在心,一些历史教科书中写道,今天阿拉伯人的落后全是在奥斯曼帝国统治时期造成的。第二,除了在伊

---

① 李秉忠:《"土耳其模式"刍议》,《欧洲研究》2012 年第 5 期,http://www.21ccom.net/articles/qqsw/qyyj/article_2013012475759.html。
② 究竟是否存在一种"土耳其模式",该问题在学术界还有很大争议。

斯兰教的政治文化认同方面二者有相似性之外，无论从民族到地域，还是从历史到传统，阿拉伯国家在国情上与所谓的"土耳其模式"都不相符合。埃及穆斯林兄弟会发言人就表示："土耳其的模式无法复制到埃及，每个国家都有自己不同的情况，我们不会跟在其他国家后面亦步亦趋。"① 第三，阿拉伯共和制威权统治在疾风骤雨的革命风暴中被推翻，伊斯兰政党在乱局中你方唱罢我登场，但包括军队在内的世俗力量还是过于强大，在双方的政治博弈中世俗力量对于"土耳其模式"的适用其实是不被允许的——埃及局势在2013年的演绎充分地证明了这一点。第四，土耳其对自己这一条世俗化与伊斯兰民主相结合的道路已经探索近百年，而具备某种发展模式的"雏形"严格意义上也不过是在后冷战时代才开始的，如果从正义与发展党2002年执政算起，也不过十三四年的时间，作为一种模式还远未定型化，2013年发生的塔克西姆广场事件说明所谓的"土耳其模式"本身并不成熟。

伊斯坦布尔智库伊达姆主席锡南·于尔根在英国《金融时报》撰文批评土耳其去年的广场动乱。他指出，埃尔多安强调国家意志的重要性，重申政府合法性的主要来源是选举及其骄人的政府业绩。但他未考虑"程序合法性"，而这恰好是土耳其近期动荡的根源。就是说，埃尔多安评判民主合法性的标准是物质上的，而程序合法性是基于行为过程本身。程序合法性关注的是法治如何实施，决策过程的透明如何确保，媒体自由如何保护，以及政策制定过程中民众参与度如何保证。程序合法性也与政治体系容忍和应对异见的能力存在内在联系。对自由民主政体而言，程序合法性与民主合法性的其他支柱同等重要。它是自由民主政体与非自由民主政体的本质区别所在。土耳其民主的成熟度已经超越这样一种浅薄民主的契约程度。埃尔多安或许仍是土耳其最受欢迎的政客，但他只要仍拒绝完全实施法治、并实现政策制定透明化，他的政府就在一天天丧失合法性。正因如此，仅凭赢得选举已无法平息土耳其的政治动荡了。土耳其政府前进的唯一道路，就是承认其对民主合法性的解读存在关键缺陷，并着手解决这种缺陷。②

---

① 《土耳其想当中东"第一主角"》，《环球时报》2011年9月21日。
② 锡南·于尔根：《土耳其式"半吊子"民主没有出路》，http://www.ftchinese.com/story/001055513#s=d，2014年3月28日。

3. 管还是不管：包括民主促进计划在内的美国中东战略的调整及其影响

近年来，越来越有迹象显示西方已经难以独自主导中东。安惠侯大使认为，美国在中东仍居主导地位，但其主导能力减弱。① 西方专家也认为，现在中东出现了"四大根本变化使得美国以老方式主导这一地区变得不再现实，甚至不再可取。这四大变化是阿富汗和伊拉克战争的败笔、大衰退、阿拉伯之春以及美国能源独立的前景"②。第一，过去10年，美国及其盟国已经认识到，尽管其强大军队能够在中东地区推翻一个它不满意的政权，却非常不善于建设一个新政权。阿富汗和伊拉克仍然处于深层次的不稳定状态，饱受冲突蹂躏。第二，金融危机对中东而言，意味着人们不再可以想当然地认为西方拥有"承受任何负担"的实力。欧洲军事开支正在迅速减少，美国也已开始削减军事预算。奥巴马对于在中东背上新的负担戒心重重。第三，所谓的"阿拉伯剧变"导致穆巴拉克这样的传统盟友倒台，不仅引起了该地区其他长期盟友（特别是沙特阿拉伯和以色列）的反感和震惊，也使美国认识到，中东人民的命运最终将依靠自己解决。西方对各种政治势力（包括伊斯兰主义以及逊尼派和什叶派的宗派主义）感到担忧，但这些势力不可能永远被美国招安或压制。最后，美国的页岩气革命降低了美国对中东石油的依赖，确实大大夯实了其采取超然态度的底气。

阿拉伯世界的剧烈动荡，对美国而言，既是挑战，也是机遇，但从目前来看，挑战大于机遇。③ 在战略收缩的大背景下，美国的中东政策因"阿拉伯之春"后的中东变局而被迫调整。总体而言，美国对中东政策的调整分为四个阶段。

第一阶段：观望阶段。伴随着"阿拉伯剧变"的蔓延亲美政权领导人纷纷倒台，如：穆巴拉克被迫辞职、本·阿里逃亡海外、萨利赫黯然下野，这种政治变化使美国在中东地区地缘政治影响力受到一定的冲击。此外，"阿拉伯剧变"的突然爆发，各国局势的混乱使美国在"阿拉伯之春"初期

---

① 中国国际问题研究所主编《第四届中国—阿拉伯国家关系研讨会论文集》，世界知识出版社，2011，第58页。
② 〔英〕吉迪恩·拉赫曼：《西方主导中东的时代进入尾声》，《金融时报》2013年6月20日，http://news.xinhuanet.com/world/2013-06/20/c_124881466.htm，2013年11月13日。
③ 唐志超：《中东变局与阿拉伯世界的未来》，http://opinion.china.com.cn/opinion_60_16860.html。

决定实行观望。对于民众街头革命的呼声,美国方面力求在民主与维护地区稳定之间寻找平衡点,追求支持当地政府的稳定状态,并没有全力支持抗议者。

第二阶段:调整阶段。随着局势的发展,美国逐渐对中东局势有了新的认识,"阿拉伯之春"并没有过多地波及美国利益核心部分。因此,开始发挥功利主义和机会主义的中东政策,对中东国家采取了"双重标准"的做法,旨在将中东变局的祸水引向叙利亚、伊朗等国家,煽动这些国家的人民以埃及人民为榜样。而温和的伊斯兰主义政治派别上台之后,美国政府找到了在动荡的局势中可以进行合作的政治实体,试图在新一轮中东政治力量洗牌中发挥重要影响力,捞取地缘政治资本。因此,奥巴马政府开始对中东政策进行根本调整。2011年5月19日,奥巴马发表了对于中东政策的演讲,将支持中东北非地区的政治改革和民主运动提升为美国外交的"首要任务",表示将采取一切措施来推动这一地区国家的民主转型。总体来看,美国此时的中东战略就是把美国的利益和价值观结合起来,区别对待各种民主运动。但当情况背离美国利益时,美国政府会采取不同的立场。

第三阶段:修复阶段。经历调整阶段过后,美国对中东政策并没有收到满意的效果,相反逐渐失灵。美国在中东地区地缘政治利益的几大支柱国家均对美国产生了不满与质疑。沙特方面对于美国军援叙利亚反对派以及是否动武犹豫不定大为不满。而埃及军方也对美国采取刻意疏远态度,以显示出独立性与自主性。以色列则对美国与伊朗的接触表现出谨慎质疑的态度。在中东和平进程方面,奥巴马政府也未能做出持续有效的努力,以色列与哈马斯多次爆发武装冲突。特别是,中东地区民众反美情绪持续上升。2012年9月,影片《穆斯林的无知》在中东地区引起轩然大波,多国民众进行了抗议活动,美国驻利比亚大使被杀。因此,2013年新任国务卿克里上任以来便数次访问中东多国进行斡旋与调解,并修复美国前一阶段中东政策所带来的负面影响与漏洞,力求恢复美国在中东地区的影响力。克里出访中东,标志着美国为有限度重返中东做准备。

第四阶段:有限度重返阶段。修复阶段所要解决的实质性问题仍然存在,如:利比亚宗教、部族纷争激烈,埃及政局平静的外表下暗潮涌动,叙利亚局势仍处于动荡之中,伊朗核问题稍现曙光但问题仍多,以色列与哈马斯武装冲突骤起,而这些问题必须要经过切实的行动方能达成。2013

年中后期,美国面临着叙利亚内战与伊朗核问题依次摊牌的节点,美国的中东政策在这一阶段开始转向释放影响力阶段,进行积极的外交努力。2014年初,逐渐壮大的伊拉克极端宗教武装攻城略地,严重危害了美国的国家利益与中东地区的安全局势,考验着美国在伊拉克乃至中东地区的政治责任感。这一系列危局,迫使美国不得不将当前主要精力再次聚焦中东,进行有限度的重返。此种重返以美国对伊拉克极端武装发起多轮空袭为标志,而伊拉克坚定拒绝美军地面部队的介入则体现出美国政策的限度性。

综上来看,自"阿拉伯之春"爆发以来,美国中东政策的转变看似幅度较大,实则是根据中东局势的变化而被动的变化。首先,奥巴马政府的政策主旨是维护美国的世界霸权,在亚太地区遏制中国的崛起的同时搭上东亚地区的经济高速列车。但在美国国力恢复缓慢的大背景之下,奥巴马政府只能牺牲一部分地区的影响力以分配外交战略资源。因此,在中东地区的战略收缩实为中东政策的主线,并没有明确的、切实的、积极的中东政策。然而,中东局势自"阿拉伯之春"后波谲云诡,在没有对中东地区长远战略考量的背景下,美国对中东政策"头疼医头,脚疼医脚"的持续变化也在情理之中。其次,虽然在中东地区处于战略收缩态势,但美国并不想放弃全球霸权,中东地区的地缘政治影响力也是美国全球霸权的一部分。因此,美国从本质上讲短时间内不会彻底离开。对一系列重要问题,美国有能力也希望发挥其影响力;对一些涉及美国重大利益的问题,如巴以冲突、伊朗核问题、极端宗教武装等,美国依然处于主导地位。

在当前中东局势依然变化骤现、不甚明朗的大格局下,美国的中东政策表面上依然有功利主义与机会主义的因素存在。但在事关美国核心利益的重大问题下,美国对中东国家依然会持续发挥地缘政治的影响力。而对于教派冲突、伊斯兰极端武装等问题,美国政策主要以稳定态势为主,将作用力寄托于事发国家,自己并不会牵扯过多精力。从长远看,无论共和党还是民主党上台,美国主要政治力量依旧会重视国内问题超过国际问题,重视亚太与欧洲问题超过中东问题,在美国核心利益不遭受侵犯的原则下,施行实用主义外交政策,在中东地区持续战略收缩以保留低限度的地缘政治影响力。

奥巴马的目标能否实现,美中东政策能否实现华丽转身,仍值得怀疑。美能否在价值观和安全、利益之间实现平衡,美是否会选择与传统地区盟友"彻底决裂",美是否能经受得了中东的"大乱",地区最忠实的盟友以色列是否会配合奥巴马的中东"新思维",所有这些问题都是大大的问号。

四 用大历史眼光审视中东威权政治的转型

对中东而言,如果说21世纪的第一个10年是以"9·11"事件为标志而开始的,那么第二个10年,在一定意义上,可以说是以震惊世界的阿拉伯剧变而开始的。100多年来,中东从殖民主义时代的民族主义觉醒到全球化时代走向民主思潮的激荡回旋,一方面为我们展示了各国人民一直在努力寻找属于自己的发展道路和发展模式,世界上没有哪一个国家或者地区经历过类似中东这种痛苦的探寻过程;但另一方面,这种探寻也明白无误地告诉我们,今天的中东,特别是阿拉伯国家,究竟何去何从,依然没有一个十分明确的方向。

1. 威权政治转型和民主化的一个基本前提

威权体制下自由化的萌芽与培育程度是威权统治转型和民主化的一个基本前提。尽管中东诸国历史进程和政治环境的差异,使得各国在政治民主化进程中表现为明显的不同步性。然而,在过去的几十年中,对民主化的关注已经显得越来越重要,在一批阿拉伯国家实行的民主化改革和政治讲话的中心议题中都体现出了这一点。[①]

土耳其20世纪50年代通过议会选举的形式实现了不同政党之间的权力更替,首开政治领域民主化转型成功的范例。萨达特上台后的新政举措在政治领域的核心内容即政治生活的自由化,1974年的"十月文件"和1976年多党制的实行,标志着埃及政治民主化的长足进步。约旦在侯赛因国王的主持下,颁布《国民宪章》,规定了约旦的政治民主化和自由化进程,确定了多党制的政治制度,规范了选举法,多党制议会也对国王控制的内阁形成了明显的制约。进入90年代,为了适应国内民众日益高涨的民主呼声,叙利亚在阿萨德政权后期也开始调整国内政策,实行具有自身特色的政治制度,推行新经济政策,并放松对民众生活的诸多控制,扩大议会的权限,

---

① Howard Handelman and Mark Tessler, *Democracy and its Limits – lessons from Asia, Latin America, and the Middle East*, University of Notre Dame Press, p. 262.

减少对国内政治反对派的民主活动的监督,巴沙尔在继承其父威权统治的基础上,继续推动国内政治经济社会的现代化进程。沙特在这期间也实行了政治改革,制定了《基本法》和《地方组织法》,成立了国家协商会议,尽管这只是有限的政治改革,但毕竟是君主制国家在政治领域迈出的重要一步。[①]

2. 威权政治转型和民主化的两条历史道路

威权政治转型和民主化的两条历史道路或者说是两种变革方式即改革或革命。从政治变革的角度看。改革与革命从来就是孪生兄弟,如果不改革,或者不能成功的改革,那么结果往往就是革命。自上而下与自下而上相互依存。

从马克思主义革命学的角度分析,如果统治者不能照旧统治下去,而且被统治者也不愿再被照旧统治下去,那么社会革命就会发生。从中东政治演变的现实分析,它直接体现为选举政治与街头政治的关系。相对于街头政治,中东对选举政治并不陌生,然而,选举政治从一开始就具有的欺骗性及其被操纵的特征决定了选举政治与民主的距离还很遥远。阿拉伯剧变终于以街头政治的方式上演了政治变革,可以说是选举政治不彻底的必然结果。阿拉伯剧变还导致了这样一种结果,就是使街头政治成为阿拉伯民众政治所培育出的一种新型政治文化,并被越来越多的民众所熟知。正如我们在埃及看到的,从穆巴拉克的选举政治到其被街头政治推翻,从历史上前所未有的民主大选穆尔西上台执政,再到穆尔西被裹挟着强大民意(街头政治)的军方罢黜。轮回之间,令人焦虑的是这种街头政治何时被约束,而约束的前提是实施真正意义上的选举政治。熟悉新政治文化的强大民意再不可能被"堵"住,而"疏通"不畅,那就只有冲决堤岸一个后果。[②] 不仅是中东政治,任何威权政治对此都不可不察。

3. 中东政治发展和民主化的三个关键问题

研究发展中国家威权政治的转型,有三个关键问题是必须解决的,即关于民生与民主、国家与社会、军队与政治,中东同样如此,阿拉伯剧变在三个问题方面从实践和理论上都提出了若干复杂而敏感的课题,其教训

---

① 参见哈全安《中东史 610—2000》,天津人民出版社,2010。
② 参见王泰《埃及现代化进程中的世俗政权与宗教政治》,《世界历史》2010 年第 6 期;哈全安、张楚楚:《从选举政治到广场政治:埃及穆巴拉克时代的民众政治参与》,《西亚非洲》2013 年第 3 期。

和经验值得总结。

首先是民主与民生的关系问题。剧变以突尼斯青年点火自焚抗议事件为导火索显示出中东民生问题的艰难,引发民众对于民生问题改善,进而要求结束腐败的威权统治的民主诉求。埃及在推翻穆巴拉克统治的1月25日革命是如此,在推翻穆尔西的二次革命中也是如此。甚至对二次革命来讲,比第一次革命更有意义。正如俄罗斯国立高等经济学院世界经济和世界政治系主任谢尔盖·卡拉加诺夫所说:"道理很简单,革命往往就是暴动。革命以埃及的衰退而告终,而且会继续衰退下去。什么时候停止衰退,谁都不知道。穆尔西仅仅维持了一年的主要原因是,旧的管理制度坍塌了,而所有主要问题都没能解决。经济效益低下,人们半饥半饱,穆尔西没能让他们吃饱。"① 点燃二次革命的埃及年轻人发现,较之穆巴拉克时代,他们就业的困窘并未好转。于是"失业"便与"动荡"相依相存,解放广场几乎成为愤懑无助的青年的一场宏大的血腥派对所在②,反对派政党正是在持续恶化的民生上做文章,发动群众推翻穆尔西政权,以便取而代之。总之,正如法国国际关系研究所顾问多米尼克·莫伊西所说,伊斯兰主义从来就不是、未来也不可能是解决该地区挑战的应对之道,这里所面临的首先是经济和社会问题。让妇女戴上面纱并不能解决问题,解决问题的方法在于解决温饱、开启民智。③

其次是国家与社会的关系问题。国家与社会的关系,本质上就是处理中央政府和社会的不同单元(阶级、利益集团、民间团体)之间的关系问题。④ 而所谓现代社会就是指公民自组织(self-organized)起来满足其共同或公共需求的社会部门,它以公民自组织为核心构成,包括媒体、网络、公民的各种公共交往形式等公共领域,公民的集体行动和社会运动,等等⑤。从表现形态来讲,社会包括政党、工会、行业协会、各种各样的联合

---

① 《抗议的金字塔——街头军事政变的五个教训》,(俄罗斯)《莫斯科新闻报》2013年7月15日。
② 蔺妍:《"阿拉伯之冬"来了》,《国际先驱导报》2013年1月15日。
③ 参考消息网2011年12月14日报道法国《回声报》2011年12月12日发表题为《阿拉伯革命一周年》的文章,作者为法国国际关系研究所顾问多米尼克·莫伊西。
④ 霍华德·威亚尔达:《比较政治学导论:概念与过程》,娄亚译,北京大学出版社,2005,第104页。
⑤ 贾西津:《什么是公民社会》,中国经济体制改革研究会,公共政策研究网,http://www.crcpp.org/cpipphtml/jiaxijin/2007-7/24/200707241715.html。

会、商会、志愿者组织、慈善组织、妇女组织、青年组织、其他利益集团等社会团体，统称公民社会组织（Civil Society Organizations，CSOs）。自从亨廷顿所谓民主化的"第三波"浪潮席卷南美、东欧、黑非洲之后，特别是随着个别东欧社会主义国家在国内公民社会力量的冲击下发生政权转移，人们开始把中东的民主化寄托于公民社会力量的培育和壮大。公民社会和政党一样，毫无疑问是推动民主化的重要力量。埃及著名自由主义知识分子赛义德·艾丁·易卜拉欣特别指出国家—社会关系的非零和博弈特征，强国家并不就意味着弱社会，或者相反；事实上，大多数西方稳定的民主制度都是强社会和强国家；而对于中东国家而言，一般的情况则是弱社会和弱国家。①

人们越来越多地开始重视公民社会的作用是因为现代公民社会的形成和发展，不仅在削弱威权主义政府及帮助建立和维持民主政体方面发挥着关键的政治作用，而且在改善民主政体的治理质量方面发挥着关键的政治作用。阿拉伯剧变展示了中东威权体制下社会的发展程度已经到了通过某种方式的大规模动员可以导致政权倒台的现实政治效果。在民主的监督和实现过程中，公民社会正在释放出其巨大的能量。公民社会与民主的联系是显而易见的。如果说民主在最低限度上意味着一整套的统治规则以及通过竞争性组织或者利益集团之间的和平操作而实现的制度化治理，那么公民社会就是此类最标准的组织或集团，除了那种直接民主的模式，公民社会组织被认为是实现大众参与治理的最佳渠道。② 当然，公民社会和民主化的关系在实际中绝不会是这么简单，更不会在真空状态下操作。这种关系往往受到所谓一个国家"政治文化"的影响——例如国家的特殊遗产、集体记忆、个人和集体当前的状况（形式和内容）；此外，地区的和国际的因素也会阻碍或者促进二者之间的关系，使之不可确定③。

最后是军队与政治的关系问题。如何认识军方在威权政治转型中的地位与作用？众所周知，不仅中东共和制的威权政体多是军人政权，即便是传统君主制，也是靠军队维系自己的统治。对于转型而言，正如《威权统

---

① Saad Eddin Ibrahim, *Egypt Islam and Democracy（Critical Essays）*, p. 246.
② Saad Eddin Ibrahim, *Egypt Islam and Democracy（Critical Essays）*, p. 247.
③ 亨廷顿：《第三波：20世纪后期民主化浪潮》，刘军宁译，上海三联书店，1998，第31～107页。

治的转型——关于不确定民主的试探性结论》所指出的那样:"如果转型是从一个军队广泛参与的政体下所启动,而且在转型期间行政领导人仍由军官担任时,冲击会显得比较直接:军方在制度上的利益——还有军官们的个人利益——不得不被那些不怀好意的民选领袖所损害。……腐败是问题的一部分,但最大的问题是军队的政治化。"埃及军队曾经在维护国家独立、主权和领土完整的战斗中立下赫赫战功并不是虚妄之词;反过来,有资料显示,埃及军队参与国家的经济活动达到25%,也说明其在埃及政治经济社会中的独特地位①。穆巴拉克被推翻后,军事委员会建立的临时政府在过渡阶段的种种表现充分体现了威权统治时期军队的利益无所不在。而穆尔西和军人的博弈最终以穆尔西失败,军人重建临时政府而告终,不仅说明它与穆兄会是格格不入的敌对关系,也说明它对于民主的推动面临巨大的挑战。

"让军队能够在一个'常态的'民主制度中维持地位的必要条件:必须修正对自己是救世主般的定位;必须给予他们一个在追求(而非决定)国家利益过程中不可或缺而且光荣的角色;而且他们也决不能被那些因为无法透过民主程序达到目标而转向军方求援的官僚政客诱惑。"在埃及,这都是短时期解决不了的问题。反对派誓不让步的态度成为军方手中的一颗炸弹。埃及军队继续发挥着国家真正掌权者的传统角色,没有让彰显力量的机会溜走。穆巴拉克的垮台曾让军方颜面扫地,即便穆斯林兄弟会始终对其毕恭毕敬,也无法弥补军方自尊心受到的伤害。"改变军方把自己视为救世主与维护国家最高利益的自我形象是一项更加根本的挑战……这种改变通常会与'国家安全'联系在一起,只有军方有权决定什么是国家利益,还有在何时,以何种方式被威胁着。因此当军方认为某些无法接受(危险分子或反国家分子)的实力即将上台,某种无法忍受的"无序"或冲突即将来临,还有当某种对军方自身怀有敌意的势力即将上台的时候,军方就会'被迫'进行干预。可能的干预条件多得数不清——完全根据军方的想象还有他们的官僚意识形态。"消除这些障碍,显然不是一朝一夕的事情。如果说,穆尔西至少是为了其作为一个伊斯兰主义者的理想而奋斗,那么一支不为国防存在的军队又是在为什么奋斗呢?

---

① 安惠侯:《阿拉伯国家转型及其走势》,《阿拉伯世界研究》2014年第1期。

4. 威权政治转型与民主化的四个实现维度

在多大程度上可以判断威权政治的民主化转型是成功的，是否按照西方的民主定义，实现了一人一票的投票表决的权利就是完成了民主化？对于中东特殊的文化民族宗教区域而言，安瓦尔·赛义德教授在分析中世纪伊斯兰的统治模式时指出，"我们必须指出几个问题：首先是与合法性有关的问题，即统治者如何上台的问题；其次是在解决国家事务时的大众参与问题；再次是个具有两面性的问题，即政治义务与责任的问题，它涉及人民服从统治者的义务，以及如果统治者的行为不合法时，人民可以推翻他们的权利"[①]。我们认为，以上三个问题，即政治继承、政治参与、政治责任，如果再加上一个关于政治文化的问题，就可以基本构成中东政治民主化的立体式结构。

首先是政治文化的问题。政治文化从大众心理、民族传统习俗、个人行为观念等多个层面决定威权统治转型及民主化的文化结构是否形成。政治文化就像大海的深层，并不为海面的波涛所影响，而只是一如既往的波澜不惊。改变威权主义的政治文化并建立民主的政治文化，对于存在长达几千年专制主义文化传统的中东——地域性政治文化、顺从性政治文化、非参与性政治文化，其难度可想而知。任何倒退甚至复辟，乃至于纠缠于伊斯兰的意识形态及其组织制度，都将是中东政治发展中最正常不过的历史现象。好在在信息化、全球化的时代，民主政治的变革一旦开启，随着大众对于权利的诉求普遍增长，选举政治乃至街头政治等政治文化被越来越多的穆斯林所接受、所认可，威权统治也就越来越难以回复到其开始时的统治面貌了。或许包括伊斯兰在内的文化结构真的需要做彻底的转换和改革，才能迎合时代的脚步，开启伊斯兰民主的新历程。

其次是政治继承的问题。一个富有韧度而不是脆弱的政治体制，或者一个走上政治可持续发展道路的政体，其最重要的标志可以说就是国家最高领导人的政治继承与换代问题。这个问题之所以重要，是因为权力的交接至关重要，对内直接影响政治稳定，对外则影响地区稳定与和平。穆巴拉克被推翻之后，过渡的军政府迅速改善与伊朗的关系——仅仅是两艘伊

---

① 霍华德·威亚尔达主编《非西方发展理论：地区模式与全球趋势》，董正华、郑振清译，北京大学出版社，2006，第99页。

朗军舰通过苏伊士运河——引发外界的诸多猜测,中东几乎所有国家(除了以色列,很大程度还有伊朗)在政治继承与换代方面给外界留下的全是谜。西方民主国家的政治和中东国家的威权政治比较起来,一个很大的不同就是西方的政治继承有章可循,任期制得到普遍遵守;中东国家的领导人长期以来则贪权恋栈,纷纷建构和实践的是名为共和,实为"世袭的共和制"政体。血缘性的政治继承——不论是君主制或者共和制——由于新生代的生存环境和面对的时代主题必然与老一辈有着巨大分歧,从而引发不安;而非血缘性的政治继承,如果不是在军人手中代代相传,那么在实质意义上推行选举民主方面,上台的几乎全是伊斯兰主义者,就更增加了政治继承的诸多变数。穆尔西执政一年即被罢黜,即使是所谓的"公民社会政变",同样是对民主重大的破坏和倒退。革命以反对穆巴拉克连任或者把职权交与其儿子加麦尔为目标,是1952年共和革命以来共和观念深入人心的体现,是对未来可能出现的类似叙利亚子承父业的所谓"共和世袭制"政治模式非常难能可贵的自我修正。不论作为"奇里斯玛"式领袖的纳赛尔去职于突发的心脏病而由副总统萨达特接任,或者萨达特总统在纪念十月战争的庆典仪式上被刺杀,由副总统穆巴拉克接掌政权,毕竟还是一种制度化的政权交接。执政了30年的穆巴拉克在2011年终于先是被"人民起义"逼得无所适从,继而再去任命副总统,最后被迫交权于军方的历史命运,提示中东的统治者寻求一种百姓能够普遍接受的、制度化的权力继承模式显得尤为重要。

  再次是政治参与的问题。按照发展政治学的观点,现代民主政治发展的过程就是政治参与不断扩大的过程,一个国家的公民政治参与的程度和水平越高,该国的政治发展水平就越高。当然,威权政治体制下的政治参与——则是以压制政治参与为特点的。中东作为历史上专制主义盛行的地区,后来演变为威权主义根深蒂固的地区,如沙特、伊朗、埃及等代表性国家的个案研究所显示的,其政治参与度十分低下,已是众所周知的事情。这种低度的政治参与不仅表现在一般性的政治参与,而且与伊斯兰教关于穆斯林妇女的政治地位、法律地位、社会地位(受教育的程度与此直接相关)的相关规定紧密相连,致使其政治参与的程度和水平比较其他地区更低。阿拉伯剧变的广场政治在很大程度上已经改变了这一印象。埃及的解放广场事实上已经成为一个象征——广泛的、大众的、普遍的政治参与——不仅是埃及的青年,还有大量的妇女,不仅是受他人策动的"动员参与",一开始更体现为行动者本人自发的"自动参与"(没有明显的组织者,没有专门的政治口号)。

人们终于在"1·25 革命"中看到了不同于以前任何时代的埃及。如果说以前埃及人走上街头游行示威者不过区区几百人,最多也不过几千人的话,那么这次仅积聚在解放广场的民众就达到数万以上,他们来自埃及社会的各个阶层;如果说以前的游行示威之目的主要是要求政府改变政策、实行"良治",那么这次则是直接要求穆巴拉克政权下台;如果说以前的集会示威只是反对派部分政治精英的"走秀"之作,缺乏广泛的群众基础,那么这次则真正地唤起了那些"沉默的大多数",成为一场真正意义上的人民革命。

最后是关于政治责任的问题。政治责任,与政治文化、政治继承、政治参与其实紧密相关,或者就对中东的考察而言,它在很大程度上依附在其他三项民主化的实现维度之中,因此,现代一般意义上的发展政治学对它的探讨较少,是因为在传统而发达的政治发展体系下,政治责任几乎是不言而喻的。早在卢梭的时代,他就提出了相关的命题,法国《人权宣言》和美国《独立宣言》就是政治责任的直接体现。直白地说,就是权力的使用者,必须承担其政治责任,最大限度地为人民服务;一旦权力不能被很好地使用,权力使用者就有政治责任引咎辞职,或者,人民也有政治责任使之下台。在中东威权政治体系下,"责任制进程与相关的政治义务问题"长期以来"悬而未决",因为皮之不存,毛将焉附;随着威权转型和一种民主化的政治文化的形成、更大的政治参与、制度化的政治继承逐渐实现,那么政治责任问题自然就不是什么问题了。

5. 探寻政治可持续发展道路的五重历史考量

从大历史的角度透视,以下五个问题在根本上决定着中东的历史、现实和未来,即使从社会革命的角度,也必须对其深刻把握,才可能更容易理解中东政治发展的本质。

第一是民族独立与社会发展的关系问题。近代以降,中东面临西方殖民主义入侵的巨大压力,致使民族独立成为时代的主题,这在很大程度上消解了发展的主题。从东方国家遭遇的普遍历史经验来看,没有民族的独立当然谈不上发展;问题在于,一俟"民族独立"的任务完成之后,经济社会发展进步就应该成为最主要的"民族任务"。事实是,中东民族国家体系构建完成之后,他们依然把注意力更多地集中在意识形态的建构和纷争上,很大程度上忽略了发展问题,直至目前,除了海湾国家的经济由于石油美元的支撑还说得过去,其他国家的经济大多乏善可陈,终于在21世纪初演变成一幕民生之困的悲剧,进而引发了剧烈的政治动荡,其经验和教训是值得深刻记取的。

第二是回归宗教还是坚持世俗的问题。对于中东而言,多种多样的社会和政治力量不管其如何分野,终究离不开世俗的和宗教的两类。问题在于如何看待宗教与世俗,是否二者之间总是矛盾和对立的而且渐行渐远呢?西北大学王铁铮教授在《全球化与当代中东社会思潮》一书中给了我们很好的回答:"基于中东地区的宗教地域特征,以及不同宗教对各国社会和政治的根深蒂固之影响,中东社会思潮中的政治因素和宗教因素实际上又很难截然分开","中东世俗的政治思潮中蕴含着宗教基因,而宗教思潮中又带着强烈的政治诉求。它们在彼此不断的抗衡、碰撞、融合中释放能量,并以不同的方式影响着中东社会、政治、经济和历史的演进"。① 这里虽然说的是思潮,但思潮背后反映的则是不同利益群体的政治社会意识,因此,我们不能把宗教与世俗的关系简单化。需要特别指出的是,如果从民族主义的角度而言,宗教与世俗都具有强烈的反西方色彩,也承担着反西化功能,二者关系与其说是矛盾的,倒不如说是一致的。如前所述,它们在时间上是继起的,在内涵上是互补的,只是在涉及国家内部治理时,二者的矛盾才会上升为主要矛盾。

第三是变迁中的心理适应与文化抗拒问题。国际和西方力量干预中东问题的劣根性,以及在与西方交往过程中的弱势心理,使中东的穆斯林在现代化和全球化的挑战中,产生了巨大的心理不适或者出现异常的文化抗拒现象,这是很正常的。于是,这些掺杂着激进与保守、传统与现代、威权与民主、宗教与世俗等多种矛盾对抗性基因的"主义"纷纷"你方唱罢我登场",它们不仅要努力去解释伊斯兰世界,更试图去极力改变伊斯兰世界。例如,上文提到的以伊斯兰原教旨主义为核心的复兴主义思潮,倡导中正和谐的伊斯兰中间主义思潮,以及以伊斯兰激进主义为面貌特征的恐

---

① 王铁铮主编《全球化与当代中东社会思潮》,人民出版社,2013,第9页。

怖主义三大思潮，呈现出同一宗教文明内部，在面对精神之惑与发展之困时给出的三种截然不同的解决方案，凸显了广大穆斯林心理适应和文化变迁的矛盾性、反复性、不确定性。曾经作为主流的复兴主义思潮在21世纪初期已经出现了消退的迹象，而恐怖主义虽仍有市场，却是逆历史潮流而动，终究会被历史所淘汰；唯独中间主义指出了伊斯兰文明未来发展的光明前景，令人精神为之大振，不过其效果究竟如何还有待历史的进一步检验。

第四是民族和解与政治包容的问题。长期以来，在国际政治研究领域，人们对和解的关注远远不如对冲突的关注，为什么？在逻辑上，为了解决和解首先应该了解冲突；但事实上，和解才是最重要的，因为关注冲突，最终是为了能够实现和解。"和解"意味着宽和、宽容，平息纷争、重归于好。作为世界热点的中东——不同文明、不同国家、不同民族的冲突，同一国家内部各种政治势力、宗教派别、族群的冲突，乃至世俗与宗教的冲突等不一而足。政治变迁过程中，被掩盖被压抑的问题重新暴露出来，使冲突成为常态，而追求和解和包容就成为目标和理想。通过对中东问题的观察，我们认为，寻求最大的社会共识才是和解的基础，政治和解只是一个开始，而众多事实证明，政治和解不具有长期性和稳定性，因为政治的问题总是会因为政治人物的喜好发生变化，正如埃及军队、世俗派和穆斯林兄弟会三者关系的角力所显示的那样。只要民族和解不能长期有效建立，政治包容也就不可能实现，动荡就会持续。

最后是独立自主与道路自信的问题。从19世纪中期民族意识的觉醒、民族主义的初步提出，到20世纪中期对发展道路和社会制度的艰辛探索，再到21世纪初期全球化时代陷入经济迟滞、政治动荡与社会混乱，世界上还没有哪一个地区像中东（尤其是阿拉伯世界）一样经历了太多的迷茫、苦闷和彷徨。正是在贫穷与耻辱交织、失望和怨恨共存的历史进程中，中东的有识之士和普通大众发出了他们寻求民族独立、振兴国家、复兴文化（宗教）、追求民主的强音，汇成了一波又一波起伏激荡的社会革命和运动。国家发展道路至关重要，走什么路、举什么旗的问题解决不了，国家发展永远是混乱的。伊斯兰文明曾经的辉煌并不能掩饰近代以来被西方殖民入侵的苦难，长期以来始终没有找到一条独立自主符合自身实际的发展道路是中东发展的根本性缺陷。阿拉伯剧变作为继民族主义、伊斯兰主义之后的第三次起航,我们希望中东人民能够找到这样一条强盛的道路。"不要东方,不要西方,只要伊斯兰"事实证明这同样不能挽救中东充满混乱与动荡的文明迷思。不过,剧变后的中东要比20世纪更清楚地显示出,中东的命运掌握在自己的手中。具有悠久文明和历史传统的中东人民,正在自己的国土上走着适合本国国情的道路。在前进的道路上,一定不是平坦的和直线的,但也不会重复别国的模式,而是以自我变革的活力,与时俱进,在交往自觉中创造新的文明。努力寻找一条符合自身特点的发展道路,并且坚定道路自信,才是最为重要的,但这需要时间。

他们终究要走向哪儿呢?

英国在塞浦路斯的军事基地研究[*]

孙德刚[**]

内容提要 近代以来，海外军事基地是英国遏制潜在敌人、维护地区平衡和谋求全球霸权的重要筹码。20世纪50～70年代，由于国力渐衰，英国相继关闭了在埃及、伊拉克、利比亚、也门、海湾地区和东南亚的军事基地，但英国在塞浦路斯的军事基地延续至今，经受了美苏冷战、美国全球反恐战争和"阿拉伯革命"等国际重大事件的考验。英国在塞浦路斯的军事基地是英国向地中海和中东地区投射军事力量的重要"桥头堡"，是英国维护海外利益、遏制地区安全威胁的前沿阵地，这是英国长期在塞浦路斯部署军事基地的政治条件；英国在塞浦路斯的军事基地又是近代英国海外殖民统治的遗产，基于双方签订的《军事基地协定》，属于主权基地即"硬基地"范畴，这是英国长期驻军的法律条件。政治条件和法律条件决定了未来英国在塞浦路斯的军事基地尽管面临"基地政治化"的挑战，但仍将延续下去。

关键词 海外军事基地 英国中东战略 塞浦路斯 地中海地区

英国与地中海地区的关系可以上溯到古代，但直到19世纪末，英国才真正奠定在地中海地区的主导地位，其主要依靠手段是在该地区部署军事基地。海外军事基地的部署客观上将英国与地区强国安全博弈的战线推到了敌国的周边地区，迫使地区强国在战略上处于守势。英国在地中海的军事基地部署可分为五个阶段：第一阶段从19世纪末到20世纪初，英国通过

---

[*] 本文系国家社科基金青年项目"美国在中东伊斯兰地区军事基地的战略部署与调整趋势研究"（13CGJ042）的前期成果，并受教育部"新世纪优秀人才支持计划"（NCET）和"上海市浦江人才计划"的资助。

[**] 孙德刚，博士，上海外国语大学中东研究所研究员（上海200083）。

海外军事基地网络,确立在地中海地区的霸主地位;第二阶段从一战到二战期间,英国在地中海地区的霸主地位遭到法国、意大利和德国等欧洲大国的挑战,但仍是最有影响力的域外大国;第三阶段从二战结束到1971年英国从苏伊士运河以东地区撤出大部分军事基地,受美苏争夺中东和中东冷战的影响,英国在地中海地区的霸主地位出现动摇;第四阶段从1971年到20世纪90年代结束,美苏超级大国分别通过部署第六舰队和地中海特遣队,成为地中海新的霸主,美苏代替英法老牌殖民大国,成为影响地中海格局走向的两个最主要国家;第五阶段是后冷战时期,美国确立在地中海的一超独霸地位,英国沦为美国中东安全战略的追随者并维持了有限规模的军事基地。[1]

塞浦路斯与直布罗陀、利比亚、约旦和马耳他一道,成为二战后英国在地中海地区军事基地部署的重要一环。该岛是地中海第三大岛,面积9251平方公里,人口不足100万,距离土耳其海岸40英里,距离叙利亚海岸60英里,距离埃及塞得港220英里,处于地中海东部地区的中心位置。[2] 由于塞浦路斯位于希腊、土耳其、叙利亚、以色列和埃及的战略交汇地带,处于从地中海到苏伊士运河、红海和黑海的战略要冲,因此是英国向西亚、北非、东非、高加索乃至中亚等地区投射军事力量的重要前沿阵地,更是英国连接本土军事基地—直布罗陀军事基地—印度洋迪戈加西亚军事基地—东南亚文莱军事基地这一"基地链"的中心环节。塞浦路斯在近代曾经是奥斯曼帝国、俄国、英国等大国争夺的焦点,具有欧洲国家和中东国家的双重属性。尽管塞浦路斯是欧洲的一部分,甚至于2004年加入了欧盟,但是在英美等西方国家安全战略中,塞浦路斯也被视为中东的一部分。[3]

---

[1] 关于前四个阶段的划分可参见 Rosemary Hollis, *Britain and the Middle East in the 9/11 Era*, London: Wiley - Blackwell, 2010, p. 6。迄今,学界对英国在中东地区军事基地的历史的研究主要集中在19世纪至20世纪上半叶,主要通过解密英国外交档案加以史学考证,参见 James Barr, *A Line in the Sand: Britain, France and the Struggle for the Mastery of the Middle East*, London: Simon & Schuster, 2011; Bill Mallinson, *Britain and Cyprus: Key Themes and Documents since World War II*, London: Tauris Academic Studies, 2010; T. G. Fraser, *The USA and the Middle East since World War 2*, London: Macmillan, 1989。

[2] http://www.sbaadministration.org/home/admin_background.htm.

[3] 例如,2003年5月9日,在小布什政府提出在十年里与中东国家建立自贸区(MEFTA)的计划中,塞浦路斯被视为20个中东国家中的一员。参见 William Evans and Daniel J. Harris, eds., *Politics and Economics of the Middle East*, New York: Nova Science Publishers, 2008, p. 149。国内中东学界也一般将塞浦路斯视为中东的一部分,认为塞浦路斯是中东地区唯一的欧盟成员国,如彭树智先生主编的《中东国家通史》就包含《塞浦路斯卷》。

英国在塞浦路斯岛上的主权基地是其在地中海和中东的"前沿阵地"和"桥头堡",被视为英国在地中海和中东"永不沉没的航空母舰"。正如英国前首相艾登(Anthony Eden)所言:"没有塞浦路斯,就没有确定可靠的设施保障我们的石油供应;没有石油,英国就会失业和挨饿,这是显而易见的。"① 英国在塞浦路斯部署的军事力量有助于这个前殖民帝国在21世纪初继续维持军事威慑能力,因为其打击半径覆盖中东主要地区。

目前学界对英国在塞浦路斯军事基地的研究主要散见于一些史学著作和论文中,对1960年以来尤其是冷战后英国塞浦路斯军事基地的研究成果相对较少。② 而且这些研究成果均未回答的一个基本问题是:1954年以来,英国关闭了在埃及(1954年)、伊拉克(1958年)、也门(1967年)、海湾阿拉伯国家(1971年)以及东南亚地区(20世纪70年代初)的军事基地,但却唯独保留了在塞浦路斯岛上的两处军事基地,其中的原因是什么?本文以英国在塞浦路斯军事基地部署的战略演变为主线,考察英国在该国军事基地部署的源起、功能演变、动因与挑战。

一 英国在塞浦路斯军事基地部署的源起

英国在塞浦路斯的军事基地部署可上溯到近代英国对地中海地区的殖民统治时期。近代,地中海和欧洲大国均看重塞浦路斯的战略地位,奥斯曼帝国、英国和俄国均长期觊觎塞浦路斯,希望以此将地中海变成自己的"内湖"。1571年,奥斯曼帝国打败威尼斯人,结束了后者对塞浦路斯的统治,并在岛上首次建立了军事要塞。1878年,英国占领塞浦路斯,并将其视为向中东地区投射力量的前哨。19世纪70年代,铁路在陆权国家不断兴起,陆上修建的铁路具有非常重要的军事作战意义和经济贸易意义。英国

---

① Lason Athanasiadis, "US Seeks Major Military Base on United Cyprus," *Asia Times*, April 10, 2004.
② 代表性研究成果有:Robert Holland, *Britain and the Revolt in Cyprus, 1954 – 1959*, Oxford: Oxford University Press, 1999; Faustmann, Hubert, & Nicos Peristianis, eds., *Britain in Cyprus: Colonialism and Post – Colonialism 1878 – 2006*, Mannheim/Möhnesee: Bibliopolis, 2006; Hubert Faustmann and Emilios Solomou, eds, *Independent Cyprus 1960 – 2010 Selected Readings from The Cyprus Review*, Nicosia: Nicosia University Press, 2011; 张顺洪:《英国殖民撤退过程中的军事条约和协定》,《世界历史》1997年第4期。

十分担心俄国通过陆上修建铁路蚕食中东地区，特别是蚕食今天的伊拉克和叙利亚；奥斯曼帝国也希望英国能够成为制衡俄国向奥斯曼亚洲省扩张的重要力量。塞浦路斯靠近亚历山大勒塔（Alexandretta，今土耳其伊斯肯德伦），该地区实际上与叙利亚和巴格达的铁路相连。由于当时通往海湾地区的陆上铁路运输比充满危险的水路更安全、更可靠，英国积极谋求夺取塞浦路斯。① 因此，英国希望通过控制塞浦路斯影响从叙利亚到巴格达再到海湾地区的铁路运输线路，使塞浦路斯成为确保"伦敦—直布罗陀海峡—马耳他—苏伊士运河—也门亚丁—印度孟买"这一连接大西洋和印度洋战略生命线安全的关键环节。

随着一战后奥斯曼帝国和俄国的衰弱，英国开始实际控制塞浦路斯；② 二战结束后，塞浦路斯人口中80%是希腊人，20%是土耳其人，岛上居民分别把希腊和土耳其视为祖国。塞浦路斯民众政治认同弱，难以形成一种超越族群的国家认同。在此情况下，英国虽维持了对塞浦路斯的殖民统治，但塞浦路斯岛上的部分希腊族人士要求与希腊合并，反对英国的殖民统治。

20世纪50年代中后期，随着纳赛尔倡导的阿拉伯民族主义势力在中东阿拉伯国家影响力不断提高，埃及要求英国关闭在其境内的所有军事基地，最终迫使英国于1954年撤出驻埃及大部分军事基地，并将英国在中东的陆军和空军司令部迁往塞浦路斯③，使后者成为英国在中东主要军事基地。英国在塞浦路斯的军事基地主要防范中东和地中海地区的安全威胁，其安全协防的主要地区为约旦、伊拉克、希腊和土耳其，而最主要的目标是监测苏联在黑海、地中海和中东地区的军事活动。但是，英国在塞浦路斯的殖民统治根基不稳，受西亚和非洲民族解放运动的影响，塞浦路斯民众要求摆脱英国殖民统治，甚至是加入希腊的呼声也不断高涨。考虑到塞浦路斯的战略地位，英国拒绝民族主义者的独立要求。1956~1960年塞浦路斯

---

① Gerald S. Graham, *The Politics of Naval Supremacy*: *Study in British Maritime Ascendancy*, Cambridge: Cambridge University Press, 1965, p. 92.
② Monte Palmer, *The Politics of the Middle East*, Belmont: Thomson Wadsworth, 2007, p. 315.
③ 参见 Gregory Blaxland, *The Regiments Depart*, London: Willianm Kimber, 1971, pp. 12 - 15; Robert E. Harkavy, *Great Power Competition for Overseas Bases*: *the Geopolitics of Access Diplomacy*, New York: Pergamon Press, 1982, pp. 123 - 124。

人长达四年的游击战大大消耗了英国的实力,造成 371 名英军阵亡,大约是朝鲜战争期间英军死亡人数(约 1100 人)的 1/3。① 四年里,英军被迫部署 4 万人镇压塞浦路斯游击队,但由于非洲和阿拉伯民族主义与反殖民主义成为时代主旋律,塞浦路斯反对英国殖民统治的游击战争获得了良好的国际舆论环境。随着塞浦路斯独立的呼声不断高涨,塞浦路斯的军事"重镇"地位受到重创。1960 年,英国被迫宣布允许塞浦路斯独立,但前提是塞浦路斯同英国签订《军事基地协定》(Treaty of Establishment),英国保留在岛上的军事基地。双方签订的协定规定:"塞浦路斯独立后,英国军用飞机有权不受任何限制飞越塞浦路斯共和国上空,除非英国的行为危害到了塞浦路斯境内其他飞机和人员的安全;英国对于亚克罗提利(Akrotiri,英国皇家空军基地)和德凯利亚(Dhekelia,英国陆军航空队基地)两处军事基地及其上空拥有完全的控制权。"② 从此,塞浦路斯尽管在名义上已经独立,但是尚未完全实现主权、自由和民族自决,也未真正建立起民族国家。正如英国在塞浦路斯末任总督休·富特爵士(Sir Hugh Foot)所言,塞浦路斯只不过经历了"从殖民统治到基于协定统治的转型"。③

亚克罗提利军事基地通常被称为"东军事基地",也是英国在塞浦路斯军事司令部所在地,还是英国皇家空军在地中海和中东地区唯一一处空军基地。基地拥有一处埃皮斯克皮(Episkopi)军用机场,是英国皇家空军重要的军事设施;德凯利亚军事基地通常被称为"西军事基地",重要性不及亚克罗提利军事基地,但靠近塞浦路斯南北双方停火线。两处军事基地总共 98~99 平方英里(约 256 平方公里),占塞浦路斯岛屿总面积的 3%,其中 60% 属于私人土地和农场,20% 的土地属于英国国防部,还有 20% 的土地在法律上属于英国女王。④

---

① "Rememberance Day: Where They Fell," *BBC News*, 11 November, 2011, http://www.bbc.co.uk/news/uk-11743727.
② John Woodliffe, *The Peacetime Use of Foreign Military Installations under Modern International Law*, Dordrecht, Boston and London: Martinus Nijhoff Publications, 1992, p. 147.
③ Robert Holland, *Britain and the Revolt in Cyprus, 1954-1959*, Oxford: Oxford University Press, 1999, p. 332.
④ "The world Factbook," https://www.cia.gov/library/publications/the-world-factbook/geos/ax.html.

二 冷战时期英国在塞浦路斯军事基地的主要功能

迄今为止,塞浦路斯主权基地不仅是英国在海外仅有的主权基地(类似于美国在关岛的主权基地),而且也是世界上少有的、通过签订军事协定而使主权基地合法化的基地。① 除这两处主权基地外,根据1960年英国和塞浦路斯达成的协定,英国还可以使用塞浦路斯境内其他15处军用和民用设施,包括首都尼科西亚机场、水资源设施、雷达站等。20世纪60年代,英国在塞浦路斯共部署有1万人军队、2个轰炸机和护航战斗机中队。② 1971和1980年英国关闭在也门的亚丁的军事基地、巴林和马耳他的军事基地后,英国在塞浦路斯留下的两处主权基地驻军总人数约1万人,成为英国在地中海地区除直布罗陀以外唯一的军事基地,也是其在中东地区唯一的军事基地。冷战时期,英国在塞浦路斯的军事基地主要承担以下传统功能。

第一项任务是战争

冷战时期,英国在塞浦路斯部署了 F-4 "鬼怪"(Phantom)和"闪电"(Lightning)等先进战斗机③,打击半径包括地中海南岸和西亚其他地区。1956年第二次中东战争爆发前,英国关闭在埃及的军事基地、英国分批从苏伊士运河地区撤军后,英国中东司令部的力量受到削弱,不得不将其中东司令部分为两个司令部——近东司令部(总部设在塞浦路斯)和中东司令部(总部设在亚丁),前者的责任区是东地中海海域、巴勒斯坦、以色列、叙利亚、黎巴嫩、土耳其、埃及等,1962年起更名为"英国驻塞浦路斯司令部";后者的责任区是红海、阿拉伯海和波斯湾海域,以及东非、阿拉伯半岛、伊朗和伊拉克等陆地。④ 塞浦路斯岛上的英国军事基地承担英

---

① Klearchos Kyriakides,"The Sovereign Base Areas and British Defence Policy Since 1960," in Faustmann and Peristianis, eds., *Britain in Cyprus: Colonialism and Post - Colonialism 1878 - 2006*, Mannheim/Möhnesee: Bibliopolis, 2006, p. 512.

② "Akrotiri Sovereign Base Area," http://www.globalsecurity.org/military/world/europe/uk-bot-akrotiri.htm

③ "End of Era at Air Base," *Daily Telegraph*, September 24, 1977.

④ 参见 Gregory Blaxland, *The Regiments Depart*, London: Willianm Kimber, 1971, p. 293; Robert E. Harkavy, *Great Power Competition for Overseas Bases: the Geopolitics of Access Diplomacy*, New York: Pergamon Press, 1982, p. 126。

国在地中海东部责任区主要作战功能。

1956 年埃及总统纳赛尔宣布苏伊士运河国有化后，英国担心，纳赛尔倡导的阿拉伯民族主义思想会引起连锁反应，威胁英国在其他殖民地的统治，最终动摇其在伊拉克、约旦、马来西亚和塞浦路斯的军事存在。1956 年 9 月，为军事打击埃及纳赛尔政府，英国在中东的军队处于战备状态，动员了 50 万后备役部队，战争办公室着手两栖作战计划，并向马耳他和塞浦路斯增派了 8100 人的作战部队。英国在地中海地区的地面部队拥有 149 架战斗机、40 架轻型轰炸机和 16 架重型轰炸机，英国海军作战飞机也增加至 70 架。① 1956 年 9～10 月，英法联军战机在英国塞浦路斯军事基地迅速集结，英国联合法国和以色列，以塞浦路斯为前沿阵地，派出 200 架战机，向埃及亚历山大等大城市和机场发动空袭；英法两国战机又以塞浦路斯为基地，于 11 月 6 日向埃及塞得港发动空袭，摧毁了埃及 95% 的空军基地，拉开了第二次中东战争的序幕。② 1967 年第三次中东战争爆发后，英国在塞浦路斯上的两处主权基地再次处于战备状态。

1973 年 10 月埃及和叙利亚联合向以色列发动进攻、第四次中东战争爆发后，苏联向埃及和叙利亚空投了大量战略物资，美国则利用英国在塞浦路斯的军事基地，成功实施了对以色列的战略空运，该军事基地成为美英支援以色列、影响第四次中东战争进程、控制中东和地中海主导权的战略据点。③ 1982 年以色列入侵黎巴嫩，挑起第五次中东战争。1983 年美、英、法、意在黎巴嫩贝鲁特东部执行维和任务，均使用了英国在塞浦路斯的军事基地，意大利 6 架 F-104 喷气式战斗机也曾经使用在亚克罗提利军事基地向黎巴嫩贝鲁特派驻军事力量；④ 1986 年 4 月美军空袭利比亚卡扎菲军事司令部时，也使用了英国在塞浦路斯岛上的主权基地。

第二项任务是军事训练、军事侦察和电子情报搜集

20 世纪 60 年代，英国将军事力量从埃及转移到塞浦路斯，一方面增加

---

① Annex to Watch Committee Report No. 318, September 5, 1956, *FRUS, 1955–1957*, Vol. XVI, Suez Crisis July 26 – December 31, 1956.
② T. G. Fraser, *The Middle East, 1914–1979*, New York: St. Martin's Press, 1980, p. 92.
③ Stefanos Stefanou, Secretary of the Cyprus Peace Council, "Foreign Military Bases in Cyprus," http://militarybases.twoday.net/stories/763647/.
④ John Woodliffe, *The Peacetime Use of Foreign Military Installations under Modern International Law*, Dordrecht, Boston and London: Martinus Nijhoff Publications, 1992, pp. 156–157.

了塞浦路斯政府和民众对英国军事基地部署的反感，另一方面英国在该岛的军事基地被分割成两个地区，大大影响了军事基地的威慑力和协调作战能力，却使塞浦路斯成为英军在地中海军事训练、侦察和情报搜集的新的"桥头堡"。① 由于冷战时期英国国内军事基地占地面积狭小，加上美军租用大量基地，因此不得不利用海外基地加强军事训练、侦查和情报搜集。根据英国和塞浦路斯达成的驻军协定，英国有权在塞浦路斯独立后建立和维持通信设备与电子情报系统，包括无限制使用广播和广播频率、部署潜艇、在两大军事基地之间铺设电缆；英国的船只、货物、财产和飞机可不受限进入岛上的两处主权基地。②

英国在塞浦路斯的两处主权基地和塞浦路斯境内的特罗多斯山是英国重要的军事训练基地，为在地中海地区的抢滩登陆训练提供了天然场所；塞浦路斯奥林匹亚山是英国皇家空军重要的监测站。英国在塞浦路斯的军事基地为英美在中东的情报搜集立下了汗马功劳，如 20 世纪 70 年代末，美国的 U－2 侦察机多次从英国在塞浦路斯的亚克罗提利空军基地起飞，对西奈半岛执行侦察任务；1979 年伊朗伊斯兰革命爆发后，美国被迫关闭在伊朗境内监听站、情报收集站和军事基地，英国在塞浦路斯的两处军事基地作为监测苏联导弹试验的新基地。③ 1986 年，英国政府首次公开承认：自 1974 年以来，美国空军分遣队、U2 侦察机就驻扎在亚克罗提利军事基地，以在中东地区开展侦察、情报收集和维和行动，包括监督以色列和埃及于 1974 年签订的《停战协定》等。

第三项任务是作为空运中转站

事实上，自 1959 年英国与土耳其、巴基斯坦和伊朗成立的中央条约组织（前身是 1955 年成立的巴格达条约组织，1958 年伊拉克退出）总部迁往安卡拉后，该军事联盟的唯一军事力量就是部署在塞浦路斯的英国皇家空

---

① H. E. Earle, "Britain and Middle East Defence," *Australian Outlook*, Vol. 9, No. 4, 2008, p. 247.

② John Woodliffe, *The Peacetime Use of Foreign Military Installations under Modern International Law*, Dordrecht, Boston and London: Martinus Nijhoff Publications, 1992, p. 150.

③ 参见 Gregory Blaxland, *The Regiments Depart*, London: Willianm Kimber, 1971, p. 349; Robert E. Harkavy, *Great Power Competition for Overseas Bases: the Geopolitics of Access Diplomacy*, New York: Pergamon Press, 1982, p. 126.

军轰炸机中队。① 1961 年，伊拉克试图进攻科威特、吞并这个刚刚从英国独立出去的新国家，英国迅速利用在塞浦路斯的军事基地，将地面部队和战略物资运往科威特。由于塞浦路斯军事基地的存在，英国在短短的 6 天时间里就将 1 万人的军队和 850 吨物资空运到科威特，有力地保障了科威特的安全，阻止了伊拉克对科威特的吞并。

第四项任务是通信中继站

1970 年以来，英国在塞浦路斯的军事基地不仅为英国 BBC 广播公司提供中继服务，而且也为美国之音和法国广播电台提供中继服务，使西方国家得以在西亚、东非和北非地区使用不同语言对当地各国民众进行广播。② 塞浦路斯军事基地不仅扩大了西方媒体在中东地区的话语权，而且提升了英国在中东的文化软权力。

第五项任务是国际维和

1974 年以来，由于塞浦路斯南北双方矛盾激化，加上希腊和土耳其各支持冲突一方，导致塞浦路斯局势更趋复杂。尽管英国在主权基地上的永久驻军与在塞浦路斯首都尼科西亚的维和部队之间不存在隶属关系，但英国在塞浦路斯的军事基地承担了维和与后勤支持任务，成为英国支持联合国在塞浦路斯执行维和任务的重要基地。

冷战结束前后，随着苏联在中东和地中海的威胁减弱，英国在塞浦路斯军事基地的驻军人数开始减少。1990 年，英国在塞浦路斯两个主权基地上部署的军事力量下降至 4000 人，加上 4000 人的家属，总人数为 8000 人。英国在该基地上的军事部署包括：英国陆军 1 个步兵营、2 个步兵连和 1 个装甲侦察部队（配有 6 架"瞪羚"直升机）；其皇家空军包括 1 个飞行中队（配有 5 架"威赛克斯"直升机）。③ 1998 年，英国政府公布《战略防务评估报告》，进一步强调巩固海外军事基地（包括在塞浦路斯的军事基地）和建立若干战略投射舰艇（如修建伊丽莎白二世航母）对于 21 世纪英国安全

---

① Panagiotis Dimitrakis, *Military Intelligence in Cyprus: From the Great War to Middle East Crisis*, London and New York: I. B. Tauris, 2009, p. 105.
② Giorgos Georgiou, "British Bases in Cyprus and Signals Intelligence," http://cryptone.org/2012/01/0060.pdf.
③ "Akrotiri Sovereign Base Area," http://www.globalsecurity.org/military/world/europe/uk-bot-akrotiri.html; "Cyprus British Forces on Cyprus," http://www.photius.com/countries/cyprus/national_security/cyprus_national_security_british_forces_on_cy~1483.html.

战略的重要性。

三 21世纪初英国在塞浦路斯军事基地的功能变化

21世纪初英国在塞浦路斯的主权基地仍具有特殊地位。首先，与美国、英国、俄罗斯和日本在中东的军事基地不同，英国在塞浦路斯的军事基地是其主权基地而不是在他国土地上租用的军事基地，英国在塞浦路斯岛上的两处军事基地——亚克罗提利和德凯利亚，被认为是英国领土不可分割的一部分，是英国的"飞地"，因此在执行军事任务时无须事先征得塞浦路斯政府的同意。其次，亚克罗提利和德克利亚这两处基地区的行政长官来自英国在塞浦路斯军事司令部。① 与英国在海外其他领地不同，其行政长官由英国国防部负责任命，而不是由外交与英联邦事务部任命，每年基地常规运营费为1150万英镑②，国防总开支为1.68亿英镑③，其预算和开支由国防部决定。最后，与英国本土及海外其他领地不同，这两处军事基地上的居民（约1.57万人，其中永久居民7700人，现役军人3600，英军家属4400人）像塞浦路斯共和国的居民一样，使用欧元而不是英镑，是英国海外领地唯一的欧元区。④

21世纪初以来，英国在塞浦路斯主权基地的力量构成发生了变化。英国塞浦路斯司令部的指挥中心在亚克罗提利军事基地的埃皮斯克皮军用机场，司令每三年改选一次，分别由英国皇家空军与陆军二星中将轮流担任。英国在塞浦路斯军事力量构成包括：（1）英国驻塞浦路斯军事司令部；（2）三军联合信令小组（塞浦路斯）；（3）塞浦路斯通讯分队；（4）英国皇家空军第84中队；（5）两个步兵营；（6）塞浦路斯联合警察分队。⑤ 此

---

① 2011年以来，英国保守党人士阿什克罗夫特勋爵（Lord Michael Ashcroft）被任命为英国政府在塞浦路斯军事基地的助理。参见 Helen Warrell, "Ashcroft to Advise on Military Bases in Cyprus," *Politics & Policy*, May 25, 2011.
② Foreign and Commenwealth Office, "The Memorandum," http://www.publications.parliament.uk/pa/cm200708/cmselect/cmfaff/147/147we34.htm.
③ Richard Tyler, "Cyprus: Riots Outside British Military Base," July 7, 2001, http://www.wsws.org/articles/2001/jul2001/cyp-j07.shtml.
④ CIA, "World Factbook," https://www.cia.gov/library/publications/the-world-factbook/geos/dx.html.
⑤ "British Forces Cyprus," http://en.wikipedia.org/wiki/British_Forces_Cyprus.

外，英国在塞浦路斯的陆军编制还包括第 62 皇家工程中队、第 16 陆军航空队直升机分队、皇家后勤兵团、医疗与军事警察等，总人数约 3000 人。①

21 世纪初以来，英国在塞浦路斯主权基地的功能发生了变化，表现为从传统型转向传统与非传统型功能并重。传统型功能仍然是军事作战。2001 年 9 月中旬，英国决定派出 2 万人参加针对"基地"组织和阿富汗塔利班政权的战争。阿富汗战争结束后，英国又与美国布什政府一道，要求武力推翻萨达姆政权。英国首相布莱尔在解释为什么要参与对伊拉克的战争时指出，萨达姆政权拥有大规模杀伤性武器，这不仅是个战术问题，而且是个战略问题，这些大规模杀伤性武器对英国在塞浦路斯军事基地的力量构成了威胁，因此萨达姆政权对英国国民和利益构成了直接威胁，英国需要以先发制人的方式对其采取打击措施。2003 年 1 月 20 日，英国国防大臣胡恩（Geoff Hoon）宣布派兵 2.6 万人支持美国发动"倒萨"战争，成为派兵最多的美国盟国，并在战争爆发后占领了以巴士拉为中心的伊拉克南部什叶派穆斯林地区。② 在阿富汗战争和伊拉克战争过程中，美英战机频频从英国塞浦路斯军事基地出发，执行作战任务，也成为美英向上述战区派驻军事力量的前沿基地。③ 2003~2007 年，英国在参与美国发动的伊拉克战争及战后重建时，主要以在塞浦路斯岛的主权基地为依托，在巴士拉等伊拉克南部地区建立了英国的军事管辖区。④

从非传统功能来看，英国是依靠海上贸易立国的国家，波斯湾—红海—地中海是英国与中东和东亚国家加强海上贸易往来的生命线，塞浦路斯的军事基地成为冷战后英国在地中海与印度洋反恐和反海盗的重要前沿基地。"9·11"事件发生后，英国在塞浦路斯的军事基地进一步彰显了地区干预功能，成为英国与以色列和美国打击中东伊斯兰反西方势力和推行政权更迭的平台。特别是"9·11"事件后，中东恐怖主义和索马里海盗对

---

① "Cyprus 1954 – 2008," http://www.nam.ac.uk/exhibitions/online – exhibitions/cyprus – 1954 – 2008; "The British Army in Cyprus," http://www.army.mod.uk/operations – deployments/22728.aspx.
② Rosemary Hollis, *Britain and the Middle East in the 9/11 Era*, London: Wiley – Blackwell, 2010, pp. 102 – 103.
③ Zdzislaw Lachowski, "Foreign Military Bases in Eurasia," *SIPRI Policy*, Paper, No. 18, June 2007, p. 30.
④ Kent E. Calder, *Embattled Garrisons: Comparative Base Politics and American Globalism*, Princeton: Princeton University Press, 2007, p. 11.

英国海上贸易构成严峻挑战,英国在塞浦路斯的军事基地不仅成为英国打击恐怖主义的重要情报搜集站,而且成为英国在欧盟和北约框架内执行索马里海域护航任务的重要补给基地。①

2010 年底"阿拉伯革命"发生后,塞浦路斯进一步成为英国、欧盟、北约和美国干预中东局势的战略支点。2010 年英国《战略防御与安全评估》指出,英国国防必须适应未来的形势发展,英国在塞浦路斯的主权基地将因此发挥独特作用。2011 年 2 月 24 日,塞浦路斯议会通过决议,同意加入北约和平伙伴计划②,预示着今后美国和北约将进一步增强与塞浦路斯政府的安全合作。西方希望以此为契机,使英国和欧盟能够继续以塞浦路斯主权基地为前沿阵地、干预西亚北非局势。2011 年利比亚内战爆发后,英国与法国和美国一道,通过在利比亚设立"禁飞区",最终帮助反对派推翻了卡扎菲政府。在这场外部军事干预行动中,塞浦路斯政府坚决反对英国政府利用其在塞浦路斯的主权基地向卡扎菲政府发动袭击,但英国在塞浦路斯的军事基地仍在利比亚战争中发挥重要支撑作用。③ 2011 年英国国防部的研究报告指出,21 世纪初,英国在塞浦路斯的两处主权基地在应对中东地区的局部冲突中发挥了重要作用,包括 2001 年阿富汗战争、2003 年伊拉克战争、2006 年黎巴嫩战争前的撤侨行动和 2011 年利比亚战争,迄今英国在塞浦路斯部署的两个步兵营中,其中一个作为后备作战营。④

2011 年 12 月,英国国防部报告指出,未来英国将继续发挥主权基地的作用,因为:(1)英国在塞浦路斯的主权基地具有地缘政治意义,对于英国实现长期国家安全利益至关重要;(2)英国在塞浦路斯的主权基地成为英国的前沿基地,如在 2011 年利比亚战争中,英国在该基地的皇家空军就参与了对卡扎菲政权的军事空袭行动,也有力地支持了英军在阿富汗的军事行动;(3)英国在塞浦路斯的主权基地对于阿富汗行动的后勤支持、军

---

① 参见 Sir Humphrey, "On Strategy – East of East of Suez, The UK military presence in the Asia Pacific Region (Part Two)," July 2, 2012, http://www.thinkdefence.co.uk/2012/07/on-strategy-east-of-east-of-suez-the-uk-military-presence-in-the-asia-pacific-region-part-two/。

② Rick Rozoff, "U.S. to Dominate All Europe, Mediterranean through NATO," *Global Research*, March 5, 2011.

③ Adrian Croft, "Britain Launches Review of Cyprus Military Bases," *Rreuters*, May 24, 2011.

④ Ministry of Defence, *Overseas Territories: The Ministry of Defence's Contribution*, London: Ministry of Defence, 2011, p. 8.

事训练、人道主义干预和预防地区冲突等发挥了重要作用。因此，英国政府宣布今后将继续向该基地投入经费。①

2012年9月8日，欧盟各国外交部部长和国防大臣齐聚塞浦路斯，就叙利亚局势举行了为期两天的非正式磋商，欧盟外交政策高级代表阿斯顿（Catherine Ashton）、英国首相布朗均出席会议，英法等欧盟大国认为，必须加快叙利亚从巴沙尔政权向新政权的过渡进程，加大对叙利亚反对派的支持力度。② 随着叙利亚内战持续升级，英国在塞浦路斯的军事基地将凸显战略作用。2013年6月奥巴马宣布武装叙利亚反对派③，未来西方大国是否利用英国在塞浦路斯岛上的主权基地、削弱叙利亚巴沙尔政府政权，或打击叙利亚逊尼派国际恐怖分子，仍有待进一步观察。

四 新时期英国在塞浦路斯部署军事基地的动因分析

英国在塞浦路斯军事基地的部署受海外利益、安全威胁和海外基地的法律依据等三个因素的影响。

1. 海外利益

英国在东地中海地区拥有地缘政治和地缘经济双重利益，但地缘政治利益占主导地位。在英美特殊关系、北约和欧盟的"三环安全体系框架"内，英国在塞浦路斯的军事基地部署一方面成为美国和欧洲大陆国家以外的"第三种力量"，另一方面旨在维护美欧在塞浦路斯的政治主导权、推广西方民主价值观、维护地区稳定和打击伊斯兰极端主义势力，这是美、英、欧盟大陆国家的共同地缘政治利益。2010年，《英国国家安全战略》明确指出了国防部的核心军事任务是"保卫英国及其海外领地，确保国际和海外领地的安全，保障公民及其生活方式安全"④。为落实这些目标，2010年《英国战略防务与安全评估》指出，英国将致力于解决冲突与实现稳定，必

---

① Ministry of Defence, *Overseas Territories: The Ministry of Defence's Contribution*, London: Ministry of Defence, 2011, p. 8.
② "EU Ministers Explore Fresh Help to Syria Opposition," *Khaleej Times*, September 8, 2012.
③ Mark Mazzetti, Michael R. Gordon, and Mark Landler, "U. S. Is Said to Plan to Send Weapons to Syrian Rebels," *New York Times*, June 13, 2013, A1.
④ British Government, *A Strong Britain in an Age of Uncertainty: The National Security Strategy*, London: National Archive, 2010, p. 27.

要时进行海外干预,包括合法使用强制性力量以支持英国的生死攸关利益,保护海外领地和侨民安全。① 同美国类似,英国政府在审视地中海和中东利益时,主要从"基地"组织在中东扩大影响力和反西方伊斯兰大国谋求发展核计划等地缘政治视角出发,认为"反恐"和"防扩散"是英国在该地区两大安全战略②,关系到英国的战略利益,且英国在地中海的战略利益与美国在地中海的战略利益具有契合之处。因此,地缘政治利益而不是地缘经济利益成为英国部署塞浦路斯军事基地的主要动因。

2. 安全威胁

应对地中海安全威胁是冷战后英国在塞浦路斯部署军事基地的又一重要原因。冷战结束后,随着欧盟和北约双东扩,历史上基于领土的传统威胁开始下降,应对人道主义灾难、拓展西方民主价值观、打击恐怖主义成为英国的重要安全威胁考量;冷战后英国在地中海军事干预的"去领土化"倾向明显,人的安全与国家安全受到英国战略家的同等关注。基于安全威胁类型的变化,英国在地中海地区部署军事力量主要基于有限目标和有限投入,英国卷入的战争和冲突往往是临时性的,且军事行动常常与民事行动如警察、外交、民主化改造和人道主义援助紧密结合起来。③

1998 年,英国国防部公布了《战略防御评估》报告,该报告强调冷战后英国应对传统与非传统威胁、增强远征作战能力的重要性。2004 年,英国国防部公布了新世纪首份研究报告——《变化世界中的安全投射:未来的能力》(Delivering Security in a Changing World: Future Capabilities),强调在反恐时代英国增强军事机动性和远征作战能力的重要性。

2008 年,英国皇家海军的研究报告——《英国的国防与安全政策:海军的贡献》指出,未来英国国防的主要任务包括:确保海洋安全,控制海上要道,保护英国本土以外的贸易和经济利益;建立全球军事存在,提高高强度作战能力;威慑全球战略威胁;寻求与英国地缘战略相称的安全与

---

① Ministry of Defence, *Overseas Territories: The Ministry of Defence's Contribution*, London: Ministry of Defence, 2011, p. 3.
② British Government, *A Strong Britain in an Age of Uncertainty: The National Security Strategy*, London: National Archive, 2010, p. 14.
③ Janne Haaland Matlary, *European Union Security Dynamics in the New National Interest*, New York: Palgrave Macmillan, 2009, pp. 18 – 20.

稳定；支持英国外交，巩固与战略伙伴的关系，长期扮演全球国家的角色。① 在判断未来英国面临的主权国家构成的威胁时，该报告认为，"中国和印度的崛起将产生深远的地区和全球影响；俄罗斯作为第二核大国并把海军视为全球力量投射的工具也对英国构成了潜在威胁。在中东和中亚地区，伊朗的行为将持续影响到西方的利益，因而对英国构成了首要安全威胁。② 安全威胁认知决定了英国在塞浦路斯军事力量的部署。

为实现新时期英国的国家安全，英国国防部宣布将奉行"少而精"的军队建设原则，英国陆军、皇家海军与空军的规模从40个营减至36个营，同时进一步提升英国对地中海东部热点地区的干预能力。近年来，英国继续巩固同美国、法国等盟国的安全合作关系以增强集体军事投射能力，如2010年11月，英国首相卡梅伦与法国总统萨科奇签订有效期为50年的协定，强调今后英法双方在安全领域的全面合作。③ 由此可见，英国维持在塞浦路斯的军事存在，并与美国、北约和欧盟在阿富汗、伊拉克、非洲之角等地区开展密切的反恐合作，建立海外军事部署，主要是从北约军事联盟的集体防御需要出发，将地中海视为威胁的来源地。

3. 海外基地的法律依据

海外基地的法律依据是影响英国长期在塞浦路斯军事基地部署的又一重要因素。英国为维持在塞浦路斯岛的军事基地、努力强化驻军的合法性。早在1960年塞浦路斯民众要求英国结束殖民统治时，英国政府就提出了一项条件：允许英国获得两块主权土地，并在塞浦路斯共和国独立后英国继续部署军事基地。1960年，英国与塞浦路斯双方签订《关于英国在塞浦路斯维持军事基地的协定》（简称《军事基地协定》），规定英国在塞浦路斯共和国独立后可继续在亚克罗提利与德凯利亚部署军事基地，成为英国海外驻军的法律依据。然而，冷战结束后，双方对于该协定法律依据的争论从未停止过。英国认为该协定意味着英国对这两处基地拥有主权；塞浦路斯政府则认为这两处基地是英国的殖民地，类似于中国香港，只有塞浦路斯

---

① Lee Willett, "British Defence and Security Policy: The Maritime Contribution," *Royal United Serves Institute for Defence and Security Studies*, 2008, pp. 1 – 2.

② Lee Willett, "British Defence and Security Policy: The Maritime Contribution," *Royal United Serves Institute for Defence and Security Studies*, 2008, pp. 1 – 2.

③ "British Armed Forces," http://en.wikipedia.org/wiki/British_Armed_Forces.

共和国对其拥有主权,英国只有临时使用权,且只能用于军事防御目的,况且时至今日,这两处基地处于英国国防部管辖之下,英国从未对其进行民事管理,并没有真正行使过主权。按照军事基地与主权的关系,可将海外军事基地分为"硬基地"与"软基地",前者系指军事基地的使用国拥有该基地的主权,如美国的波多黎各东部的罗斯福路海军基地(Roosevelt Roads,2004 年关闭);① 后者系指军事基地的东道国拥有该基地的主权,如美国在卡塔尔和巴林的军事基地只是美国租用的基地,主权在东道国。

因此,英国长期在塞浦路斯部署军事基地,还因为英国政府认为,该军事基地的部署有充分的法律保障(基于《军事基地协定》)。英国认为,亚克罗提利和德凯利亚不是塞浦路斯的军事基地,而是英国主权管辖范围内的基地,是英国的"飞地",完全解决了海外军事基地的合法性问题。

五 塞浦路斯对英国军事基地的认知与反应

同美国的海外军事基地一样,英国在海外的军事基地经常成为影响英国与第三方外交关系的敏感问题,如英国与阿根廷在福兰克群岛和阿森松岛的争端;英国与毛里求斯围绕迪戈加西亚的领土争端(包括迪戈加西亚岛原住民于 2003 年在伦敦高等法院起诉英国政府)②,英国与西班牙在直布罗陀主权问题上的争端等③,英国在上述地区的军事基地均恶化了与东道国之间的外交纠纷。在可预见的将来,英国不会放弃任何一处海外军事基地,因为不管英国放弃哪一处军事基地,都将会引起连锁反应,使领土争端升级。④

英国与塞浦路斯共和国在塞浦路斯主权基地归属问题上同样产生了分歧。塞浦路斯共和国认为,半个多世纪以来,英国维持在塞浦路斯的军事基地是有条件的。例如,为使用这些基地、同时避免军事基地的"政治化"

---

① Paolo Enrico Coletta and K. Jack Bauer, *United States Navy and Marine Corps Bases, Overseas*, Westport: Greenwood Press, 1985, viii.
② Kent E. Calder, *Embattled Garrisons: Comparative Base Politics and American Globalism*, Princeton: Princeton University Press, 2007, p. 187.
③ Foreign and Commenwealth Office, "The Memorandum," http://www.publications.parliament.uk/pa/cm200708/cmselect/cmfaff/147/147we34.htm.
④ William Mallinson, *Cyprus: A Modern History*, London and New York: I. B. Tauris, 2009, p. 146.

倾向，英国政府做出了"七不"承诺：（1）英国不得出于民事和商业目的开发军事基地；（2）不得在军事基地土地上建立和实行殖民统治；（3）不得在军事基地和塞浦路斯共和国之间建立海关关口；（4）不得在军事基地中建立民用和商业企业；（5）不得在军事基地建立商业和民用海港和机场；（6）不得在军事基地接受新的永久居民；（7）不得征用军事基地中的私人设施，除非出于军事需要，并给予相应补偿。[1] 即便如此，两国围绕英国在塞浦路斯的主权基地问题矛盾不断，尤其是主权基地中的塞浦路斯居民与英国政府的矛盾长期紧张。

20世纪50~70年代，英国分别从利比亚、埃及、伊拉克和也门亚丁撤军，关闭军事基地，主要是因为中东伊斯兰国家，尤其是共和制阿拉伯国家视英国在中东的军事基地为殖民统治的遗产，因而积极通过武装斗争迫使其关闭军事基地，这在某种程度上也影响了塞浦路斯。自1960年塞浦路斯共和国独立后，英国与塞浦路斯两国围绕主权基地问题矛盾不断。塞浦路斯政府认为，英国在该岛上的两处军事基地是英国殖民统治的产物，它不仅使塞浦路斯成为叙利亚或伊朗报复英国的目标、威胁到塞浦路斯的安全，而且英国长期占据大量民用土地，阻碍了塞浦路斯的经济复苏和发展。2001年7月，英国政府在塞浦路斯军事基地中修建无线电设施，这些设施旨在提升英国在东地中海和中东地区的情报搜集能力，但据当地媒体称，这些设施会破坏生态环境，使居民尤其是儿童易患癌症，因而遭到当地居民的强烈抗议和反对，当年塞浦路斯主权基地中居民自发的示威活动共造成34名英国军事基地警察、10名英军士兵及5名抗议示威者受伤。[2] 英国首相布莱尔和外交大臣杰克·斯特劳对塞浦路斯主权基地爆发的抗议示威行动表示不满，强调英国政府的做法不存在任何问题，英国在塞浦路斯的指挥官甚至指责示威群众为"罪犯"和"流氓"。[3] 面对塞浦路斯民众的抗议示威活动，英国外交大臣杰克·斯特劳进一步批评指出，示威群众提出的英国关闭在塞浦路斯军事基地的要求是"不能接受的"，并强调："这些基地是英国的主权基地，是英国的领土，不是英国的海外殖民地，也不是

---

[1] "Akrotiri and Dhekelia" http://en.wikipedia.org/wiki/Akrotiri_and_Dhekelia.

[2] "Akrotiri and haDhekelia," http://www.mlahanas.de/Cyprus/Geo/AkrotiriAndDhekelia.html.

[3] Richard Tyler, "Cyprus: Riots Outside British Military Base," July 7, 2001, http://www.wsws.org/articles/2001/jul2001/cyp-j07.shtml.

租赁塞浦路斯共和国的土地;同时,我们一直与塞浦路斯政府通力合作。"① 基于这一逻辑,英国外交大臣认为英国对军事基地拥有主权,可以无限期使用该军事基地,也无须向塞浦路斯政府缴纳任何租赁费用。

尽管 2004 年塞浦路斯共和国加入欧盟,但是英国的塞浦路斯主权基地却不是欧盟的一部分,因而主权基地的居民尽管属于欧元区,却不能享受欧盟的补贴,还不得不忍受英国军用飞机带来的噪音污染等,这是当地民众反对英国军事基地,以及英国和塞浦路斯共和国产生对立的重要原因。② 为保护其海外领地、维护海外利益和干预地区事务,英国政府近年来甚至强化了军事基地以保护其海外领地安全,这在一定程度上恶化了与东道国的关系。2005 年 6 月 30 日,塞浦路斯议会一致通过一项"关于英国在塞浦路斯两处军事基地法律地位"的决议,议会中所有政党一致认为,必须按照联合国"去殖民化"和国际法的基本原则处理这两处军事基地问题,因为这些国际准则都明确禁止一国占领他国领土。③ 塞浦路斯政府认为,英国政府自 1960 年使用这两处基地以来,从未给予任何补偿,所以英国至少应支付总额达 10 亿欧元的基地使用费;他们还认为,英国对塞浦路斯的军事基地并不拥有主权,而只拥有使用权,且只能出于军事防御目的。④ 东道国的立场成为影响英国在塞浦路斯军事基地稳定的重要因素。

2006 年 1 月,英国外交大臣杰克·斯特劳不顾塞浦路斯政府的反对,强行访问北部的"塞浦路斯土耳其共和国",进一步加剧了塞浦路斯共和国与英国在军事基地问题上的紧张关系。⑤ 2007 年春,塞浦路斯议员马里奥斯·马萨基斯(Marios Matsakis)到英国亚克罗提利空军基地前抗议示威并遭到英国军事基地警察的逮捕,马萨基斯也成为英国在塞浦路斯军事基地遭逮捕的首位欧盟成员国议员,给英国和塞浦路斯关系再次蒙上了一层阴

---

① Jennie Matthew, and Jamie Wilson, "British Base on Cyprus Rocked by Riots," *The Guardian*, 5 July, 2001.
② Committee on Legal Affairs and Human Rights of Cyprus, *Situation of the inhabitants of the Sovereign Base Areas of Akrotiri and Dhekelia*, April 4, 2007.
③ Yiorghos Leventis, "The Syrian Unrest and Broader Repercussions," *International Security Forum*, 25 April, 2012, p. 3.
④ James Ker – Lindsay, "A Difficult Transition to a New Relationship: Britain and Cyprus in the European Union," *Journal of Contemporary European Studies*, Vol. 15, No. 2, 2007, p. 194, p. 196.
⑤ James Ker – Lindsay, "A Difficult Transition to a New Relationship: Britain and Cyprus in the European Union," *Journal of Contemporary European Studies*, Vol. 15, No. 2, 2007, p. 194, p. 196.

影。正如英国议员克里斯·戴维斯（Chris Davies）在对此事发表评论时指出的："21 世纪，居然有塞浦路斯村庄仍处于英国军事基地的统治之下，既不受塞浦路斯政府的管辖，也不受欧盟条约的保护，这的确是令人气愤的。"① 2008 年 2 月，塞浦路斯共和国左翼政党领导人季米特里斯·赫里斯托菲亚斯（Dimitris Christofias）担任总统，新政府要求收回英国在岛上军事基地的呼声进一步提高，并将英国在塞浦路斯岛上的两处军事基地称为"殖民主义的污点"，要求英国完全关闭塞浦路斯军事基地。② 2010 年 2 月，塞浦路斯再次爆发反对英国部署军事基地的游行示威，示威群众不仅反对英国在塞浦路斯岛上的两处军事设施，而且反对英国在主权基地以外地区如奥林匹亚山上建立的雷达站，要求一并拆除；2011 年 12 月，英国国防大臣菲利普·哈蒙德（Philip Hammond）再次指出："塞浦路斯主权基地具有十分重要的地缘政治意义，对于保护英国国家安全和长远利益处于优先位置。"③ 两国在军事基地的"主权归属"问题上产生的分歧一直悬而未决。

中东剧变发生以来，受塞浦路斯左翼政党执政的影响，塞浦路斯国内反对英国在塞浦路斯岛永久驻军的声音进一步强烈。这些左翼人士和民族主义者认为，所谓的"英国主权基地"只不过是殖民统治的遗迹而已。根据 1960 年《英国与塞浦路斯共和国关于建立英国军事基地的协定》，英国的主权基地只能为英国和英联邦成员国使用，旨在促进和平与合作，但"9·11"事件后，英国却与美国共享军事基地以增强情报搜集能力与反恐合作，甚至利用军事基地发动了阿富汗战争、伊拉克战争和利比亚战争，这已违背了建立军事基地的初衷。④ 这些反对人士还认为，高度军事化的英国塞浦路斯基地也阻碍了塞浦路斯的国家统一进程，使南方、北方和军事基地三地互不隶属，塞浦路斯建立完整、统一的共和国遥遥无期。2012 年 1 月 2 日，在"塞浦路斯全国反殖论坛"（Naional Anti – Colinialism Platform）的组织策划下，塞浦路斯 100 多人在英国亚克罗提利空军基地前举行

---

① "MEP Arrested at UK Base in Cyprus," *BBC News*, 12 April, 2007. http://news.bbc.co.uk/1/hi/uk/6550619.stm.
② "Cyprus Elects Its First Communist President," *The Guardian*, 25 February, 2008.
③ Carol Ament, "Cyprus Wants British Bases Shut Down as MPs Pass Resolution," *Famagusta Gazette*, March 23, 2012.
④ Stefanos Stefanou, Secretary of the Cyprus Peace Council, "Foreign Military Bases in Cyprus," http://militarybases.twoday.net/stories/763647/.

抗议示威活动，造成英国皇家空军基地4名警察和1名记者受伤。①

2012年3月，在塞浦路斯绿党主席乔治·佩尔蒂基斯（George Perdikis）等议员的积极推动下，塞浦路斯议会一致通过一项决议，要求英国政府根据国际法和联合国相关决议结束在塞浦路斯的军事存在。该决议指出："英国使用在塞浦路斯的军事基地向许多邻国发动军事行动，因而塞浦路斯议会谴责英国一系列违反《军事基地协定》的行为。"② 该决议还认为，英国在塞浦路斯的军事基地损害了基地中塞浦路斯居民的利益，也损害了塞浦路斯共和国主权与领土完整。但是英国国防大臣菲利普·哈蒙德随后重申，英国对于在塞浦路斯的主权基地具有永久性保护责任，且2001年阿富汗战争和2011年利比亚战争等已经多次彰显了该基地对于英国的战略意义。③

结　论

本文运用历史研究方法，考察了半个多世纪以来英国在塞浦路斯军事基地部署的源起、功能演变、动因及挑战。未来，英国在塞浦路斯主权基地的驻军规模将面临调整。截至2008年，英国在塞浦路斯的两处军事基地人口为14500人，包括7000塞浦路斯居民和7500英国军人及其家属，其中军事人员2960人；④ 截至2011年，英国在塞浦路斯岛上的两处主权基地拥有塞浦路斯居民仍为7000人，英军官兵3000人，英军家属3700人左右。⑤ 2012年开始，英国在塞浦路斯军事基地的驻军人数下降至2880人，主要任

---

① "Demonstration against British military bases," *North Cyprus Daily*, January 3, 2012.
② Carol Ament, "Cyprus Wants British Bases Shut Down as MPs Pass Resolution," *Famagusta Gazette*, March 23, 2012. Yiorghos Leventis, "The Syrian Unrest and Broader Repercussions," *International Security Forum*, 25 April, 2012, p. 3.
③ Carol Ament, "Cyprus Wants British Bases Shut Down as MPs Pass Resolution," *Famagusta Gazette*, March 23, 2012. Yiorghos Leventis, "The Syrian Unrest and Broader Repercussions," *International Security Forum*, 25 April, 2012, p. 3.
④ 参见 Defence Analytical Services Agency, *Tri-Service Publications*, No. 6, London: Defence Analytical Services Agency, July 31, 2007; James Rogers and Luis Simon, "The Status and Location of the Military Installations of the Member States of the European Union and Their Potential Role for the European Security and Defence Policy," *Policy Department External Policies*, February 2009, p. 13。
⑤ *British Forces Cyprus Pre-arrivals Guide*, April 2011, London: Military of Defence, 2011, p. 6.

务仍然是为驻阿富汗英军的军事行动和英国在中东地区其他军事行动提供支持。受欧盟债务危机的影响,英国国防部计划在四年时间里(2012~2016年)将国防开支减少8%,英国在塞浦路斯的军事基地也将受到这一改革的影响。2011年5月,英国国防大臣利亚姆·福克斯(Liam Fox)在英国议会发表讲话时指出,由于英国经济衰退、国防预算减少,国防部为实现经费使用效益最大化,未来将评估英国在塞浦路斯的两处永久性主权基地,特别是如何更好地使用这两处军事基地,使之成本最小化、价值最大化。①

2012年以来,随着叙利亚局势的恶化,英国多次重申不排除单方面或联合其他西方大国采取军事干预行动。有分析认为,美欧等西方国家军事干预叙利亚最直接的办法就是利用英国在塞浦路斯的军事基地对叙利亚巴沙尔政府的军事指挥中心、情报机构和武器储藏库实施空袭。对此,塞浦路斯政府已经多次重申:任何国家不得将塞浦路斯的军事基地用于进攻第三国的侵略行动。② 纵观历史,塞浦路斯在战略上扼守东地中海,是大国青睐的"永不沉没的航空母舰";英国在塞浦路斯的亚克罗提利和德凯利亚两个军事基地是英国干预西亚、东非和北非事务的"桥头堡",短期内无法替代。在可预见的将来,英国与塞浦路斯共和国在军事基地问题上的争端仍将呈常态化趋势,但英国政府绝不会轻易放弃此军事基地。

---

① Adrian Croft, "Britain Launches Review of Cyprus Military Bases," *Rreuters*, May 24, 2011.
② Yiorghos Leventis, "The Syrian Unrest and Broader Repercussions," *International Security Forum*, 25 April, 2012, p. 3.

"伊斯兰国"的威胁与对国际安全的思考

王 黎 王英良[*]

内容摘要 2011年,美国撤出驻在伊拉克的军队并把安全防务移交给当地政府接管。由于国际机制与地区治理的缺失、伊拉克当局权威的衰弱等因素,"伊斯兰国"这样的极端组织日益猖獗。他们在对待人权、文化和法律上表现出来的残暴行为令世界各国震惊。以美国为代表的西方国家在反恐中所坚持的"双重标准"和排他性做法,对此负有难以推卸的责任。文章回顾了中东局势与安全困境的脉络,认为中国政府和人民有能力和智慧对当今国际安全与国家间合作有所贡献。

关键词 伊斯兰国 反恐 地缘与能源 国际安全

2010年8月,美国受国内经济、国际舆论以及伊拉克内部各派系之争等因素的困扰,决定从伊拉克撤军。之后,伊拉克的安全与防务移交给了时任的马利基政权。然而,时隔几年后那里的局势并非像美国所宣扬的那样,"伊拉克人民开始了一个新的历史篇章"。相反,伊拉克政府的贪腐丑闻不仅连连被披露,而且当地人民普遍认为"美国人留给他们的是一个被严重破坏的国家,以及数以千计的孤儿寡母"。[①] 特别是一直在叙利亚进攻巴沙尔政权的反对派中的极端组织,正以"伊斯兰国"(IS)的名义在伊拉克境内制造了一系列骇人听闻的恐怖犯罪事件。美国出于战略上的考虑,于2014年7月开始对伊境内的"伊斯兰国"采取了军事行动。

"伊斯兰国"组织发展至今并非偶然,除了前伊拉克马利基政府期间的

---

[*] 王黎,吉林大学公共外交学院教授(长春 130012);王英良,辽宁大学国际关系学院研究生(沈阳 110136)。

[①] Jim Garamone: Airstrikes Causing ISIL to Change Tactics, http://www.defense.gov/news/news-article.aspx? id = 123337, accessed December 2, 2014.

政策失误和叙利亚内战爆发等原因外，与美国的反恐"双重标准"以及缺乏大战略思考有直接的关系。今天"伊斯兰国"拥有的实力规模和网络媒体等手段，远非一般恐怖组织可比。美国政府也不得不承认当初的确低估了"伊斯兰国"的实力。有鉴于此，奥巴马政府在目前国内政党派系之争、欧洲及中东盟友的动摇、地面战争成本过高等困境下，仍然决定于2014年9月由美国领衔组成的包括英、法等多国参加，以北约、欧盟以及阿盟等为核心的国际联盟连续打击"伊斯兰国"的战略要地。① 这表明美国在中东地区的安全政策与地缘考虑正在经受更复杂的考验。那么，这是否又意味着中国获得了施展其大外交战略的历史机遇？本文论述美国在中东地区的困境后指出，鉴于中国与中东国家有着密切的经济和地缘联系，中国政府可以适当地承担一些具体的维和责任。这样做既可以向世人展示中国政府坚持"和平发展"的真正要义，又可以在中东地区尝试"一带一路"的战略。鉴于中国政府一直呼吁，联合国应该主导中东反恐行动，中国会在必要时有所作为，但又不会像美国那样卷入中东地区的复杂局面。②

一

自2003年5月伊拉克战争结束，原萨达姆统治下的相对稳定时代已不复存在。然而，美国的军事介入也未能够恢复伊拉克国内不同教派、部族、社会团体之间的政治平衡。2006年，以马利基为代表的什叶派上台后，曾经承诺组建包括逊尼派人士在内的全国团结政府。在美军协助下，马利基政府最初一度有效地减少了国内暴力。但在2010年大选中，马利基领导的"法治国家联盟"不敌其对手阿拉维领导的竞选联盟，伊拉克国内政治危机频频出现。2011年美军撤走后，马利基以暴力手段镇压国内反对派，其中包括"系统地歧视逊尼派少数族群"。这一政策导致了伊拉克政府陷入复杂的宗教矛盾和社会动荡。③ 虽然马利基所在的达瓦党在伊拉克政治中仍然有相当的影响，但事实上，伊拉克出现的持续动荡已经严重影响了政府的公

---

① "Engaging the enemy," *The Economist*, August 16th 2014, pp. 19–20.
② 《ISIS想向中国渗透，中美两国或共同打击恐怖分子》，美国外交政策网站，2014年8月13日，http://www.huashengjp.com/article - 103809 - 1. html。
③ 刘平：《美国决意抛弃伊拉克马利基政府》，《中国青年报》2014年8月13日，第4版。

信度和实际控制力。①

马利基政府的高压政策及其严重后果,迫使奥巴马政府最终决定"劝退"马利基。在相当程度上,马利基领导的什叶派政府长期打压逊尼派和库尔德人,造成族群关系紧张,从而为"伊斯兰国"组织的发展提供了迅速扩展的机会。英国前首相托尼·布莱尔曾说:"'基地'组织在伊拉克曾只是一支被击溃的武装力量。可惜,马利基政府没能抛开教派意识、抓住大好机会建立一个和谐的伊拉克。"② 虽然此言一出引来了质疑,但是2014年"伊斯兰国"武装的确接连攻占伊拉克西、北部的多个城镇,包括北部重镇摩苏尔;6月29日,武装分子直逼首都巴格达。③ 就在同一天,阿·贝·巴格达迪宣布在跨叙、伊边境地区建立"伊斯兰国"。④

在这样的情形下,8月14日马利基宣布辞职,由海德尔·阿巴迪组建新政府。客观地讲,萨达姆、卡扎菲、阿萨德等政权的倒台或被削弱,是导致这一地区出现复杂的宗教极端组织与频繁政治冲突的缘由之一。但美国也有其战略评估上的失误。此前"伊斯兰国"与被美国确定的外国恐怖组织"努斯拉阵线"合并成为"胜利阵线",现在,它进而提出不谋求参与所在国家的权力分则,根本目的是要在中东地区建立政教合一的伊斯兰宗教国家。他们计划中的领土范围包括西亚、北非和中非(南至喀麦隆、肯尼亚等)、中亚地区,还包括欧洲的伊比利亚半岛、巴尔干半岛、克里米亚等地,以及巴基斯坦和印度等地区。通过宣传极端的"圣战"思想,"伊斯兰国"吸引各国的追随者加入组织的同时,利用高科技等社交网站公开显

---

① Al – Furqan Media, "Announcement of the Islamic State of Iraq and ash – Sham: Speech by the Commander of the Believers Abu Bakr al – Baghdadi, May God Protect him," April 8, 2013, http://www.youtube.com/watch? v = 2HPQxA3catY, accessed August 31, 2013
② 王鸣鸣:《中东乱局下的仇恨与杀戮——"伊斯兰国"突起的原因及挑战》,《当代世界》2014 年第 10 期。
③ Engaging the enemy", *The Economist*, August 16, 2014, pp. 19 – 20.
④ Aymenn Jawad Al – Tamimi, "The ISIS Cavalcade: Round – Up of Some Claimed Martyrs for the Islamic State of Iraq and ash – Sham," *Jihadology*, July 1, 2013, http://jihadology.net/2013/07/01/ musings – of – an – iraqi – brasenostril – on – jihad – the – isis – cavalcade – round – up – of – some – claimed – martyrs – for – the – islamic – state – of – iraq – and – ash – sham/, accessed August 31, 2014.

示如何处决战俘、炫耀武力及其战利品的画面。① 有些媒体估计，叙利亚内战中的外籍军团中80%的人员已经加入了"伊斯兰国"，它的号召力超越了曾经作为母体的"基地"组织。无论是美国奥巴马政府还是俄罗斯普京总统，他们深知"伊斯兰国"所代表的巨大隐患。如果放任它的存在，意味着恐怖威胁极有可能发生。最令美国担忧的是"伊斯兰国"所占地域，有可能成为训练、装备和发起主要是针对美国等西方国家本土恐怖袭击的基地。②

美军撤出伊拉克后所发生的一系列国内动荡，尤其是"伊斯兰国"武装在伊拉克境内的猖獗活动，证明巴格达政府社会治理能力很脆弱。曾经的"基地"分支"伊斯兰国"得以利用这种局面不断壮大，国际社会对美国主导的伊拉克战争及其政策愈发提出质疑。2014年，俄罗斯外长谢尔盖·拉夫罗夫指出，伊拉克北部大片地区被反政府武装攻占，这表明当年美国入侵伊拉克的决策是相当荒谬的。③ 直至2014年9月，美国才决定组建包括北约和欧盟在内的国际联盟打击"伊斯兰国"的军事战略目标。在此期间，有些国家曾公开谴责"伊斯兰国"，美国拒绝直接介入伊拉克局势的计划，联合国的表态也只是停留在"严重关切"阶段。2014年美国开始对"伊斯兰国"进行空袭时，有学者指出，正是由于美国政府在决策上的失误，才导致现在难以挽回的政治困境。这实际上是一种"规避风险"的心态（Risk‐Averse），由此助长了"伊斯兰国"迅速扩张其实力。

坦率地讲，奥巴马政府行动迟缓也有其难言之隐，其中包括国内政治特别是国会的限制。2013年，美国两党的财政预算谈判破裂，五角大楼在未来10年不得不面临削减近1万亿美元预算的艰难处境。④ 相比于美国在伊拉克的行动受限制于国内政治、经济因素，"伊斯兰国"则获得来自中东地区或世界上多种渠道的支撑，其中包括勒索、倒卖石油、抢劫银行金库、

---

① Abu Mohammad, "Letter dated 9 July 2005," Office of the Director of National Intelligence, Retrieved 22 July 2014. PDF, p. 2.
② 王鸣鸣：《中东乱局下的仇恨与杀戮——"伊斯兰国"突起的原因及挑战》，《当代世界》2014年10月刊，47页。
③ 《伊拉克为何风云突变》，《参考消息》2014年6月13日，http://world.cankaoxiaoxi.com/2014/0613/400395.shtml。
④ 何帆、冯维江、徐进：《全球治理机制面临的挑战及中国的对策》，《世界经济与政治》2013年第4期。

黑市走私、贩卖人口等。现在的国际共识是把"伊斯兰国"视为一个名副其实的极端组织，抑或是个十足的恐怖"国家"。但是，美国政府在"反恐"战争中坚持的"双重标准"以及前后矛盾的外交政策，导致美国当年向叙利亚反对派提供的武器装备不断流入"努斯拉阵线"和"伊斯兰国"手中。俄罗斯常驻联合国代表丘尔金指出，"有些国家谴责伊拉克的一些恐怖主义组织，与此同时，却另眼看待叙利亚同样的恐怖组织，这种做法是一种极不负责任的危险行为"。①

鉴于上述国际因素，2014年华盛顿全球利益研究中心主任尼古拉·兹洛宾承认，奥巴马总统任期结束前，西方对俄罗斯的制裁不会被取消。对此，俄罗斯瓦尔代俱乐部坦率地指出，西方不可能通过战争解决伊拉克困局，因为要彻底解决这个问题必须联合包括俄罗斯和叙利亚在内的周边国家，以及公正地解决伊朗核问题。② 考虑到美、俄两国在如何打击"伊斯兰国"问题上存在着严重分歧，法国战略学者巴朗什的看法是，除非西方国家主动与叙利亚、巴格达和伊朗进行某种意义上的合作，否则，以美国为首的西方联盟无法对付日益膨胀的"伊斯兰国"。③ 的确，美国许诺以武力支持伊拉克现政权，可是奥巴马政府坚持避免美国过度卷入当地冲突。这种缺乏大战略的思维显然影响了它在中东地区执行有效的反恐行动。美国人在外交上一向有重眼前轻未来的习惯。一方面它发动打击所谓的"邪恶"国家，另一方面极力为自己的过失推卸责任。然而，打击"伊斯兰国"不仅是一个武力压制和空袭的简单问题，它涉及历史与宗教、种族隔阂、地区均势以及大国的博弈等。作为中东地区的最大既得利益者，美国必须考虑把自己的价值观和政治制度强加于当地的不同文化与制度的严重后果。特别是美国在中东国家扶植的政府或是缺乏治理经验、抑或得不到广泛民众的信任。在那些国家认同下降、种族利益与极端主义思想飙升的地方，西方的民主治理模式变得毫无用武之处。④ 因此，缺乏坚实的民主传统催生

---

① 《俄罗斯常驻联合国代表批评某些国家对伊、叙恐怖分子态度》，http://rusnews.cn/eguoxinwen/eluosi_duiwai/20140624/44099903.html，俄新网，2014年6月24日电。
② Gideon Rachman, "The west cannot fix the puzzle of Iraq through war," http://valdaiclub.com/russia_in_foreign_media/69500.html. accessed June 17, 2014。
③ 《美国指责土耳其、阿联酋资助IS欲推卸美国资敌责任》，环球网，http://mil.huanqiu.com/world/2014-10/5159069.html。
④ 袁源：《灭"国"之战》，载《国际金融报》2014年9月29日，A4版。

了中东国家的种族问题以及宗教派系之争。

二

"伊斯兰国"或者任何其他形式的极端组织的兴起,都会影响美国在中东地区的战略部署,迫使它优先考虑遏制极端恐怖组织的进一步扩大。① 无论是在道义上还是在政策上,奥巴马政府在对待"伊斯兰国"问题上表现得的确优柔寡断。2014 年 9 月公布的反恐新政显示,美国政府考虑了多项措施,其中包括向伊拉克、叙利亚反叛武装中的温和派提供更多的援助,并将空袭扩大至叙利亚和伊拉克境内的"伊斯兰国"战略目标。② 针对"伊斯兰国"组织的壮大和屡屡发生杀害无辜人员事件,美国宣称"伊斯兰国"不是一个政权机构,而是一个典型的以恐怖残暴为特色的国际组织。鉴于它拥有一个具有极大规模的恐怖网络,虽然在结构上不系统,但在行动上相当灵活。从长期利益上分析,"伊斯兰国"不仅对伊拉克、叙利亚构成严重危胁,而且对中东的美国盟友以及美国在该地区的既得利益构成威胁。如果不加以遏制,其危险会外溢出中东地区,包括威胁到美国本土安全。③ 因此,这是一场美国绝不能够输掉的反恐行动。

奥巴马政府一方面强调美国在世界事务中的领导地位,以坚定其盟友的信心,另一方面要求伊拉克政府进行必要的改革,包括建立包容性政府、以推动国内的和解进程。然而,奥巴马政府政策转变之缓慢,与上届政府将世界各国以反恐划线的自信与激进相比更加审慎和理性。这一变化是奥巴马个人风格以及政治领导能力的体现,但是在深层次上反映了美国全球领导力的衰落。④ 美国政府在全球反恐战略与地区利益权衡上失之偏颇,更确切地说是它现在还没有找到一个合适的契机,通过打击"伊斯兰国"组织来加强美国的公信力。实际上,全球恐怖主义并没有因为美国击毙本·

---

① 董漫远:《"伊斯兰国"崛起的影响极其前景》,国际问题研究网,http://www.ciis.org.cn/gyzz/2014-10/14/content_7294980.htm。
② 袁源:《灭"国"之战》,《国际金融报》2014 年 9 月 29 日,A4 版。
③ Statement by the President on ISIL, http://www.whitehouse.gov/the-press-office/2014/09/10/remarks-president-barack-obama-address-nation, accessed September, 2014.
④ Jim Garamone, "Obama: ISIL Presents a Hybrid Threat," http://www.defense.gov/news/news-article.aspx?id=123287, DOD, accessed October 27, 2014.

拉登这个"划时代"的胜利而告一段落。相反，美国在反恐中推行的"双重标准"，反恐部门的"监控丑闻"以及对平民的杀戮丑闻，迫使它的一些盟友产生一种"反恐疲劳"症状。的确，组建或参与国际联盟很容易，但是把反恐的"意识形态"作为凝聚盟友的手段并非有效。肯尼斯·华尔兹指出，联盟是在某一个方面具有的共同利益所致，而非在所有的方面都拥有共同趋向的国家所构成。①

由于美国意在通过反恐战争来彻底打击中东地区的恐怖主义，包括"伊斯兰国"组织，它不希望看到伊拉克或其他中东国家，乃至阿拉伯世界的各宗教派别之间的混战和动荡。这种难以掌控的暴力局面显然不符合美国的中东利益。对于阿拉伯世界，尤其是伊、叙周边国家而言，斯蒂芬·沃尔特的"威胁平衡理论"似乎更加有说服力。他认为，国家针对威胁做出的反应不仅是注重其威胁程度的总体力量，而且要看其地理位置、进攻性力量以及进攻意图。根据"威胁平衡理论"，无政府状态下的国家间结盟行为主要取决于其感受到的威胁来源，而不是谁的权力最大，国家结盟的目的是为了制衡对自己威胁最大的国家，而不一定是最讨厌的群体。②

作为极端组织，"伊斯兰国"的长期目标是要推翻阿拉伯世界存在的世俗政权，从而建立覆盖整个中东的哈里发政教合一的国度，可以说是以世界主权国家为敌。但是，弗雷德·哈利迪一直坚持的观点是，阿拉伯世界尽管拥有共同的伊斯兰信仰和文明，其内部各国却充斥着各种矛盾，故对"伊斯兰国"性质的认知也迥异，很难说美国组建的军事联盟以及参与联盟的阿拉伯国家都认为它是最大的威胁。③ 军事上，各国希望美军发挥主要作用。因此，各参与国并非真正追随美国，而是利用美国所维系的有利形势参与进来以制衡不利于自身利益的其他势力，包括"伊斯兰国"及其他极端组织所构成的恐怖威胁。结果，他们心怀利己打算，尽量减少单独与极端组织对抗。这些说明，以美国为首的国际联盟未必能够成功消除"伊斯兰国"所带来的巨大威胁。

---

① 肯尼斯·华尔兹：《国际政治理论》，信强译，上海人民出版社，2008，第 178~179 页。
② Stephen Walt, *The Origins of Alliances* (Cornell University Press, 1990), pp. 21 – 26.
③ Fred Haliday, *Islam and the Myth of Confrontation: Religion and Politics in the Middle East* (London: I. B. Tauris, 2002), pp. 129 – 136.

然而，美国面临的困境远不止这些。如果它执意动手，很可能最后难以收场；如果它放任极端组织发展，那无疑有损于美国的国际形象。无论是依靠伊拉克政府军还是武装叙利亚的"温和"反对派，结果都无胜算的可能。根据它在阿富汗和伊拉克战争中得到的沉痛教训，美国政府有关部门需要评估并做出成本收益计算。奥巴马总统在 2014 年 8 月决定对"伊斯兰国"的战略目标实施空中打击，但是仍然拒绝派出地面部队。① 现阶段美国主要采取以空军打击为主的真正动机源于如下考虑。第一，利用空中压倒性优势和尖端武器的精确打击，既能保全自己又可避免高昂的地面战争，最终有利于争取国会和民众的支持。第二，在完全占据战争主动权的同时，试验新式武器的攻击性能，既为这些武器的打击效果做广告又形成威慑。第三，利用打击"伊斯兰国"等极端组织的机会，重新塑造美国在中东地区的形象，同时减少美国单独行动的风险。② 与此同时，奥巴马政府希望能够以此改善美国在伊斯兰国家中的正面影响，并力图挽回小布什政府外交政策导致的美国在中东地区和伊斯兰世界的严重损失。

奥巴马政府强调用多边外交来解决地区冲突。然而，美国通常注重的不是在联合国或国际法框架下的多边主义，而是利用它的影响或其他外交手段提升美国的领导地位。例如，奥巴马积极支持摧毁任何不利于美国利益的恐怖组织，以确保在中东地区的安全利益。③ 据报道，美国战略有以下几种可能。第一，美国扩大对"伊斯兰国"恐怖分子实施"系统"空袭的范围和力度，特别是打击位于伊拉克和叙利亚的"伊斯兰国"的战略目标。第二，美国强化对地面反恐力量的人力财力支持。奥巴马称，美国打算向伊拉克增派 475 名军事人员，为伊政府军提供军事训练、情报搜集及后勤供给的支持。但是，国务卿克里重申不会派出地面部队。第三，美国与盟友一道整合情报资源，切断"伊斯兰国"的资金网络，阻止追随这一组织的外国武装人员进出中东地区。第四，奥巴马支持对叙利亚温和反对派提供 5

---

① 《奥巴马对"伊斯兰国"全面宣战，四大打击战略》，《新京报》2014 年 9 月 12 日，http://news.sohu.com/20140912/n404250318.shtml。
② 李少军：《论国际安全关系》，《世界经济与政治》2014 年第 10 期。
③ 《克里称美不会从地面进攻 IS，呼吁国会展现反恐的灵活性》，《参考消息》2014 年 12 月 11 日，第 2 版。

亿美元的综合性援助。① 第五，鉴于"伊斯兰国"对世界安全构成的威胁，而且有严重侵犯联合国人权公约的记录，美国政府也曾考虑组建多国联合部队打击伊斯兰极端组织的可能。目前，英国、法国相继表示参加对"伊斯兰国"的空袭行动。

然而，我们不能轻易排除任何突发事件的发生。如果世界上关涉美国核心利益的其他地方出现重大的动荡，或者美国国内政治在这一议题内存在尖锐分歧，美国不得不拖延甚至终止对极端恐怖组织的打击。一旦这种情况发生，美国组建的国际联盟将面临解体，"伊斯兰国"将迎来新一轮的扩张机遇，中东地区将成为全球恐怖主义产生的温床。鉴于此，美国必须考虑是否能够推动阿拉伯国家担当打击极端组织的主体，因为该地区的军事大国——土耳其、伊拉克、伊朗和叙利亚巴沙尔政权在反对"伊斯兰国"问题上存在着一致的利益。② 不过，上述国家之间能否建立互信将要面临很大的挑战。

坦诚地讲，"伊斯兰国"等极端恐怖组织的产生以及扩张暴露了在当前国际安全治理的严重缺陷。此外，以美国为首的西方国家在反恐问题上执行的双重标准及其过于急功近利的政策，在很大的程度上导致了今天的危险处境。"9·11"事件后，美国以反恐为名制造了各种违背人权和公认道义的虐杀、监听以及虐囚丑闻，国内爆料的违反人权记录和政治上的保守主义，都影响了美国的全球战略以及它的国际形象。奥巴马政府改变了上届政府的某些弊端，并对过去的中东政策进行了调整，但是，似乎需要投入更多的精力和时间去修补前端。③ 这说明美国在打击"伊斯兰国"这样的极端组织上尚未形成长远的战略规划，更难称"美国安全战略是一种成熟的、以国家利益为基线的战略"。

三

面对美国在中东地区的困境以及"伊斯兰国"日益增长的威胁，中国

---

① 《奥巴马对"伊斯兰国"全面宣战，四大打击战略》，《新京报》2014年9月12日，http://news.sohu.com/20140912/n404250318.shtml。
② Gideon Rachman, "The west cannot fix the puzzle of Iraq through war," http://valdaiclub.com/russia_in_foreign_media/69500.html, accessed June 17, 2014.
③ 周建明：《美国国家安全战略的基本逻辑：遏制战略解析》，社会科学文献出版社，2009，第383页。

学者阎学通曾经指出，现在的国际格局正在由"一超多强"向"两超多强"转变。作为联合国安理会的常任理事国，国际社会普遍对中国在国际事务中如何发挥更加积极和建设性的作用抱有期待。① 历史上，大国崛起的地理次序是先成为其所在区域的强国而后逐次成为全球性强国。② 中国的崛起首先是在东亚崛起，而中东地区虽是亚洲的远西地带，但却是具有重要战略维度的地区。"伊斯兰国"造成的目前动乱威胁到了中国在中东地区的长期利益。那么，旨在和平发展、以经济建设为核心的中国政府会如何对待"伊斯兰国"给中东地区造成的极端不稳定？是否中国应该借此机会从一贯的"随势"政策向新型的外交"谋势"转变，并且在实践中创造有中国特色的全球治理方案或建议？

　　实际上，中国政府的立场与可能采取的措施已经成为国际媒体的热议。2014 年 8 月，美国"外交政策"网站上刊登了题为"中国把'伊斯兰国'视为日益逼近的威胁"一文。文章中称中国与美国在伊拉克问题上存在着共同的利益，因此，两国应该相互磋商，在伊拉克问题上采取行动打击恐怖组织。③ 如果我们认真思考中国政府提出的外交战略所强调的"一个重点、两条主线"的话，中国是无法回避或者容忍"伊斯兰国"对中东地区长期制造如此的混乱的。以下是本文在阐述中国政府的立场时所必须考虑的三个问题。第一，中东地区具有的地缘政治和地缘经济价值让任何一个大国无法回避。在今天全球化的世界更是如此。第二，中国政府提出的"一带一路"战略覆盖几乎整个地区。不仅如此，双边具有广泛的互补性。第三，中国政府多次重申愿意在联合国或国际组织的框架下，发挥应尽的责任，引用王毅外长的话就是"为中国担当，为世界尽责"。④

　　在地缘政治上，中东地区是重要的国际通道和能源宝库。近年来，中国在打击"三股势力"（恐怖主义、分裂主义与极端主义）上需要与中东国家进行长期合作，而在台湾问题上也需要中东国家的理解与支持。中国实

---

① 阎学通：《"一超多强"开始向"两超多强"演变》，《环球时报》2011 年 12 月 30 日，第 14 版。
② 阎学通：《道义现实主义的国际关系理论》，《国际问题研究》2014 年第 5 期。
③ 《ISIS 想向中国渗透，中美两国或共同打击恐怖分子》，美国外交政策网站，2014 年 8 月 13 日，http://www.huashengjp.com/article-103809-1.html。
④ 《中国外长王毅阐述中国外交政策和对外关系》，《国际在线》，2015 年 3 月 8 日，http://world.huanqiu.com/hot/205-03/5854741.html。

际上与所有中东的主要国家保持着良好的互惠关系，与此同时，却没有卷入当地的宗教、政治和种族冲突之中。这一点是任何大国、包括美国和俄罗斯都未能做到的。有鉴于此，如果这些国家被极端组织所控制或者推翻从而导致分裂，都不符合中国的政治利益。对此中国政府在政治上及道义上积极支持像伊拉克、叙利亚以及任何受到"伊斯兰国"威胁的中东国家。同样在地缘经济上，这个迅速崛起的世界第二大经济体所需要一半的能源进口依赖于中东。现在中国从该地区进口的石油超过了美国，并且已经成为伊拉克石油工业的最大投资者。因此，保持与产油国的稳定关系甚为重要。除此之外，中国和中东国家在产业结构上具有很强的互补性，特别是经历了长期战乱的中东国家百废待兴，这个巨大的市场明显有利于中国相应的产业走出国门。鉴于此，寻求新的市场与能源渠道多样化实为中国当今对外战略的重要组成部分。

2014年中国政府正式提出"一带一路"战略后，即刻受到很多相关国家的欢迎。其中，以色列学者大卫·古德曼在2015年撰写的关于中国"一带一路"的文章中指出，"由于中国对中东地区的能源需求日益依赖，这个崛起的大国不会允许该地区被恐怖组织所控制"。[1] 近日，中国外长王毅进一步明确指出，2015年中国外交的重心就是全面推动"一带一路"战略。鉴于中国在能源、贸易和地缘上受到美国及其盟友的压力，中国政府开辟新的外交"疆域"尤为重要。鉴于中东地区对中国的战略空间和能源供给极为重要，中国经济战略向"西"发展，中东国家能源以及庞大的石油资本向"东"输出，可能会产生21世纪的新"丝绸之路"，这也是有史以来最大的互惠、互利的国际合作工程。中国可以在基础建设、能源生产以及通信技术等领域帮助中东国家重振经济活力与维持社会稳定。的确，长期动荡的中东国家还可以从中国那里得到相对耐用的防务装备。特别是在打击极端恐怖组织方面，中国能够与伊拉克、叙利亚等任何国家进行开诚布公的合作。[2] 如果中国提出的"一带一路"战略与中东国家的未来稳定和发展能够切合的话，中国政府就不能够对中东地区的安全与稳定持漠视的态

---

[1] David Goldman, "China's Emergence as a Middle Eastern Power and Israel's Opportunity," *BESA Center Perspectives Paper*, No. 284. Feb. , 1, 2015, p. 2 & p. 4.

[2] 《中印在叙油田落入IS之手，叙利亚政府无力担负这种安全保卫》，《环球时报》2014年12月5日，第11版。

度。相反，在打击"伊斯兰国"的问题上，中国政府似乎在谋求有所作为，即敢为世界和平与稳定尽责。① 在这一点，中国是付出过高昂代价的。例如，由于中资企业在安全上面临严峻的威胁，尤其是缺乏保护和反制能力，中国与其他国家联合投资的叙利亚代尔祖尔油田在2014年12月落入了"伊斯兰国"组织手中。结果，沦为美国空军打击的重要目标。造成中国海外投资的很大损失。这样，中国有必要采取措施，加强与所在国在反恐情报、预警能力、防御打击能力等方面的合作或磋商。②

除了上述传统的经济利益和地缘安全考虑外，中国作为联合国安理会成员在维护国际道义和人权尊严方面，也有着义不容辞的责任与担当。2000年联合国大会上，联大秘书长安南曾经呼吁国际社会就人道主义干涉的相关问题达成共识；2009年成立的"干预与国家主权国际委员会"进一步明确保护责任的核心概念是："一个国家有责任保护本国国民免受可以避免的灾难，具体说就是免遭大规模的屠杀、强奸和饥饿。如果某个国家没有能力或者不愿意履行其政府责任，那么，国际社会就应当对此进行干预，从而代替它履行这种保护的责任。"③ 鉴于中国是传统主权理论的坚定捍卫者，并且对于保护的责任一向持审慎的态度，因此，中国政府坚决主张人道主义救援而不是西方式的人道主义干涉。在保护人民免受种族灭绝、战争侵犯、族裔清洗和任何危害人类的行为方面，中国政府的立场是一贯和鲜明的，即反对一切形式的针对平民的暴力和恐怖袭击，积极无偿地援助受到各类恐怖主义攻击流离失所的难民。实际上，中国近年来遭受了严重的带有激进宗教思想的极端分子的威胁，并造成了恶劣的影响和巨大的损失。对此中国政府有必要与世界各国政府一道，未雨绸缪，阻止任何具有极端宗教思想的恐怖分子宣扬"圣战"、散步仇视或制造恐怖。对此，中国政府一贯主张，在开展反恐合作上坚持联合国权威及其主导作用，或者通过区域联合形式，如上海合作组织以及东南亚国家联盟，开展警务执法和反恐

---

① 罗艳华：《"保护的责任"的发展历程与中国的立场》，《国际政治研究》2014年第3期。
② 罗艳华：《"保护的责任"的发展历程与中国的立场》，《国际政治研究》2014年第3期。
③ 罗艳华：《"保护的责任"的发展历程与中国的立场》，《国际政治研究》2014年第3期。

情报上的合作与沟通。这体现出中国真诚积极地与国际社会一道，构建国际安全的可靠机制。①

四

中国外交部发言人多次表明："我们主张在国际反恐斗争中尊重国际法，尊重有关国家主权、独立和领土完整。中方愿本着相互尊重、平等合作的原则，同国际社会加强反恐交流合作，维护国际和平稳定。与此同时，国际社会应本着相互尊重和平等的原则加强合作，共同有效打击恐怖主义。"②

上述观点不是鼓励中国去参与中东地区的大国角逐，更不是意欲炫耀中国的军事实力。相反，考虑到中国意在发展成为一个负责任的世界大国，特别是中国经济早已摆脱了传统的自给自足经济模式，它在中东地区确实存在着地缘政治以及地缘经济的核心利益。毋庸置疑，一旦中东地区陷入长期动荡和复杂的纠纷之中，习近平主席提出的"一带一路"战略将会大大地被制约。这些都会长期而致命地影响中国的发展战略与经济（能源）的稳定。当然，这一观点并非被所有中国专业人士所接受。例如，中国前驻伊朗大使华黎明先生指出，中国在中东政治中的实际能力有限，其原因之一是中国从来未向其他地区部署过军队。尽管这是仁者见仁、智者见智的看法，但是仍然有必要考虑并分析中国参与中东事务可能遇到的风险。

其一，中国作为后发大国在中东地区拥有诸多的利益，此前更是名副其实的利益受益者。但是，针对复杂的中东政治、伊斯兰宗教和伊斯兰世界，中国必须在理论上进行先期的可行性研究，一旦介入才能够有较为充足的理论与经验准备。中国人自古所强调的"未雨绸缪"讲的就是这个道理。因此，中国打击"伊斯兰国"不可超越自我坚持的打击"三股势力"的底线。

---

① 参见中华人民共和国驻阿拉伯叙利亚共和国大使馆官网，http://sy.chineseembassy.org/chn/tzhf/t912012.htm；参见中华人民共和国驻伊拉克共和国大使馆官网，http://iq.chineseembassy.org/chn/zygx/t1218547.htm。

② 《中方：反恐应尊重有关国家主权、独立和领土完整》，中国新闻网，http://www.chinanews.com/gn/2014/09-12/6587460.shtml。

其二，今天的"伊斯兰国"如此猖獗且威胁极大，是与美国政府善于玩弄"制衡"政治和奉行实用主义外交有很大的关系。结果，现在美国及其盟友打击极端组织显得力不从心，于是开始自食其果，更是担心本国受到袭击。① 现实中，以美国霸权为基础的单极世界秩序愈发显出诸多的问题，无论是全球层面上的网络空间治理，抑或区域的反恐战争，无不坚持其固有的意识形态和"双重标准"而忽视了人类共同利益的关切。例如，美国国务院从国际恐怖组织名单上划掉了东突。有些西方国家的媒体甚至把他们看作为了争取维吾尔族的独立而进行和平维权的少数族群团体。为此美国需要在道义上付出代价。如果此时中国政府主动与美国联手打击极端恐怖组织，恐怕会在全世界范围遭到恐怖主义的攻击。中国很明白全面战争造成的仇恨和混乱会滋生恐怖分子。就像当今美国认为他们每一次入侵和攻击任务的完成都是成功的，但是每一次"成功"之后都滋生了更多的恐怖分子和更糟糕的恐怖组织。因此，中国政府应该坚持，国际反恐斗争必须在联合国或国际组织的框架下，发挥各国的应尽责任。②

综上所述，"伊斯兰国"产生的历史背景极其复杂，而它可能导致的威胁更是难以预测。鉴于中国在中东地区有着巨大的经济利益和能源投资，我们有必要注视着那里的动态。其一，"伊斯兰国"武装所引发的教派厮杀和种族清洗有可能导致伊拉克形成三足鼎立局面：什叶派控制南部和东部地区，库尔德人占领北部地区，逊尼派统治西部地区。美国中东问题专家瑞恩·克洛克将它们称为："什叶斯坦、库尔德斯坦和圣战斯坦"。如果让这种情形继续发展，伊拉克将不再是伊拉克，叙利亚也将不再是现在的叙利亚，美国用数千军人生命和上万亿美元代价换来的不是什么中东的民主样板，而是把一个原本统一的伊拉克变得四分五裂。这意味着八年伊拉克战争和美国中东战略的彻底失败。这势必危及中国在中东地区的利益。

其二，"伊斯兰国"势力的扩展可能造成伊斯兰极端主义思潮在全球的进一步扩展。仅在 2014 年 7~8 月，即在巴格达迪宣称建立"伊斯兰国"

---

① U. S. military warned of possible Islamic State attacks at home: report, http://www.reuters.com/article/2014/12/01/us-mideast-crisis-usa-security-idUSKCN0JF2YA20141201, accessed December 5, 2014.

② 《中国外长王毅阐释中国外交政策和对外关系》，国际在线，2015 年 3 月 8 日，http://world.huanqiu.com/hot/205-03/5854741.html。

之后，印度尼西亚伊斯兰极端组织在该国多地举行集会和游行，公开表示对"伊斯兰国"的支持。菲律宾反政府武装"邦萨摩洛伊斯兰自由战士"和"阿布沙耶夫"相继宣布支持并效忠"伊斯兰国"。甚至在英国，支持者在伦敦牛津街分发宣传该极端组织的传单，传单正面印着"新世纪的黎明已经到来"等字样，鼓动人们离开英国，移民到新的"伊斯兰国"。同样令人匪夷所思的事情还有，2014年8月尼日利亚伊斯兰极端主义组织"博科圣地"宣布在该国北部建立"伊斯兰哈里发国"，与巴格达迪的"伊斯兰国"遥相呼应。所以，叙伊边境"伊斯兰国"的示范效应如不尽快消除，世界各地伊斯兰极端势力的新一波兴起就难以避免，多个地区的安全与稳定将受到威胁。中国政府的态度是明确而坚定的，那就是，中国坚决反对一切形式的恐怖主义。由此可见，中国政府在打击"伊斯兰国"等此类的极端组织中，主张国际社会以相互尊重与平等的原则加强合作，共同有效打击恐怖主义活动，似乎是最为可行的解决办法。

从族际沟通到族际冲突

——"3·11 宣言"前后伊拉克复兴党与库尔德人的族际政治交往[*]

韩志斌[**]

内容提要 1970 年的"3·11 宣言"表明,伊拉克复兴党在库尔德民族问题上倾向于以自治为轴心,通过转让部分政治权力,保障族际平等和族际沟通,缓解族际之间的紧张关系,以赢得库尔德人的政治支持,实现国家整合的族际政治。"3·11 宣言"的成败历程,展示了伊拉克复兴党和库尔德人从族际沟通到族际冲突的族际政治交往流变。"3·11 宣言"失败是来自族际接触过程中伊拉克库尔德人对民族地位不平等以及利益分享不公平的觉察和反应,表明了库尔德人追求民族国家均质化的理想,以及由此产生的具有排斥性的政治认同和建立在这种政治认同基础上的社会心理。

关键词 伊拉克复兴党 库尔德人 "3·11 宣言"

族际政治研究是世界史研究的崭新题域,它是关于民族之间的政治关系、政治建构、政治决策与实践的研究,并在此基础上多角度地构建族际交往的理论框架和学术话语体系。伊拉克复兴党与库尔德民族的族际冲突一直是中东族际政治研究的一个重要议题,也是国内学术界关注的中东热点问题之一。国内相关研究成果重点关注二者的族际冲突,鲜有提及二者族际沟通的学术成果。实际上,伊拉克复兴党与库尔德人曾在 1970 年签署了"3·11 宣言",这是二者族际沟通的重要事件。克里姆不无遗憾地指出,

---

[*] 本文为教育部人文社会科学重点研究基地重大项目:"中东热点问题与联合国研究"(项目号:12JJD810009)的阶段性成果,并得到 2012 年度教育部"新世纪优秀人才支持计划"(项目号:NECT-12-1050)和"陕西高校人文社会科学青年英才计划"的资助。

[**] 韩志斌,西北大学中东研究所教授、副所长、博士生导师。

如果"3·11 宣言"得以实施的话,那么随后伊拉克复兴党政府与库尔德人的一系列冲突就可以避免。① 但国内相关成果或没有提及此事,或语焉不详。国外已经有一些相关成果,但站在西方的立场上,得出的结果有失公允。② 本文试图从族际政治交往的理论视野出发,深入细致地阐述"3·11 宣言"前后伊拉克复兴党与库尔德人从族际沟通到族际冲突的族际政治交往流变,探讨"3·11 宣言"失败的根源和后果,从而弥补国内学术界对相关命题的忽视。

一

伊拉克复兴党与境内的库尔德民族问题既是伊拉克族际政治与现代民族国家构建的互动关系,也是伊拉克境内的阿拉伯主体民族(阿拉伯民族)与少数民族(库尔德人)之间的族际政治交往。从理论形态来说,伊拉克复兴党民族主义与库尔德民族主义都具有复杂多样的内容与形式,其主旨都是力图维护本民族的政治利益。民族国家内部的族际政治民族主义目标主要表现为两点:一是建立单一民族国家;二是在多民族国家内部的族际政治格局中占有并维持对本民族发展较为有利的地位与权力。③ 对于复兴党居于伊拉克统治地位的库尔德民族来说,前一目标已经很不现实,而后一目标显得更为实际。

对于伊拉克复兴党来说,争取与拉拢库尔德人是伊拉克国家构建的关键。1970 年的"3·11 宣言"表明伊拉克复兴党想彻底解决库尔德民族问

---

① Kerim Yildiz, *The Kurds in Iraq: The Past, Present and Future*, Revised Edition, Pluto Press, 2007, p. 18.
② 国内相关成果参见敏敬《伊拉克库尔德自治的最新发展与影响》,《国际论坛》2011 年第 1 期;田宗会:《伊拉克库尔德人问题的新变化及前景》,《世界民族》2010 年第 4 期;蒋春馥:《伊拉克库尔德问题为何久拖不决》,《当代世界》1996 年第 11 期;黄民兴:《中东国家通史·伊拉克卷》,商务印书馆,2002;刘月琴编著《伊拉克》,社会科学文献出版社,2007;等等。国外相关成果参见 D. Ronen, *The Quest for Self - determination*, Yale University Press, 1979; David Mcdowall, *A Modern History of the Kurds*, I. B. Tauris, 2004; Edmund Ghareeb, *The Kurdish Question in Iraq*, Syracuse University Press, 1981; Kerim Yildiz, *The Kurds in Iraq: The Past, Present and Future*, Revised Edition, Pluto Press, 2007; Michael M. Gunter, *The Kurds in Iraq*, St. Martin's Press, 1992; Middle East watch, *Genocide in Iraq: The Anfal Campaign Against the Kurds*, Human Rights Watch, 1993。
③ 王建娥、陈建樾:《族际政治与现代民族国家》,社会科学文献出版社,2004,第 47 页。

题。第一，复兴党领导层意识到不解决与库尔德民族的族际冲突，就不能建立一个稳定、受民众欢迎的政府。第二，解决库尔德民族问题可以证明复兴党对待少数民族的基本理念与态度。1970年的"3·11宣言"不仅仅是解决双方冲突的权宜之计，其目的是解决旷日持久的库尔德民族问题。第三，复兴党认为，解决库尔德民族问题是解决巴勒斯坦问题的前提。只有解决了库尔德民族问题，伊拉克复兴党政府才可以腾出力量解决巴勒斯坦问题。第四，在复兴党民族主义者看来，库尔德问题是一个纯粹的民族主义问题。复兴党认为1968年的"7月17日革命"不能剥夺"库尔德人的合法权利"。第五，复兴党强调了阿拉伯-库尔德民族兄弟关系的历史意义，认为反对库尔德民族的政府也不会赢得民众的认同，更难生存下去。第六，在民族国家构建问题上，复兴党认为阿拉伯民族与库尔德民族有着不同的政治命运。阿拉伯民族拥有自己的一系列国家，而库尔德民族被分割在若干国家，解决库尔德民族主义的方法是满足库尔德民族的合法诉求。[1]

在族际政治特别是各种形态的民族主义博弈中，族际沟通是能够获得最优博弈结果的可选择策略之一。库尔德民族表现出民族身份和民族认同根深蒂固的强大力量，威胁到伊拉克的民族国家建构与社会秩序重建。如果不与库尔德人进行多通道的族际沟通，就不可能解决库尔德民族问题，更遑论进行经济与社会改革。1971年，伊拉克某杂志的一篇文章指出，如果复兴党与库尔德人发生族际冲突，会带来以下不利后果：西方国家会借机破坏二者的关系；伊拉克军队将在冲突中被削弱，有碍复兴党完成阿拉伯民族的统一大业；伊拉克经济会因与库尔德民族发动战争而一蹶不振，破坏伊拉克农业、交通等基础设施，阻碍生产建设的顺利开展，造成走私囤积现象严重，成千上万的劳动者不得不加入军队，军费将成为国家经济发展的沉重负累；伊拉克少数民族会认为阿拉伯民族主义是种族主义，忽视少数民族的利益；削弱伊拉克的经济自主能力；独立的伊拉克将处于帝国主义、犹太复国主义等敌对力量的困扰之中。[2] 文章所论及的上述威胁以及复兴党民族主义本身所采取的理论立场是签署"3·11宣言"的基础。

---

[1] Edmund Ghareeb, *The Kurdish Question in Iraq*, Syracuse University Press, 1981, pp. 92–95.

[2] Edmund Ghareeb, *The Kurdish Question in Iraq*, Syracuse University Press, 1981, p. 83.

1969年，伊拉克总统贝克尔在"7月17日革命"周年纪念大会上宣布，伊拉克复兴党政府决定"和平、民主地解决库尔德民族问题，反对沙文主义与分离主义，制止帝国主义与反动力量的干预"。① 1969年末，《复兴党报》发表了题为"如何解决库尔德问题"的文章，阐释了伊拉克复兴党解决库尔德民族问题的基本原则。复兴党承认库尔德民族是一个被国际边界线分割的跨界民族。文章认为伊拉克库尔德人伸张民族个性必须与阿拉伯民族主义统一起来，阿拉伯人与库尔德人的合作与协商是双方良性交往的出路。

当然，以色列与伊朗的外部挑战也是伊拉克复兴党如此决策的原因。在复兴党民族主义的理念中，以色列、伊朗是阿拉伯世界的罪魁祸首。伊朗对海湾地区一直垂涎三尺，而以色列则希望伊拉克复兴党与库尔德人纠缠不清。1969年2月，伊朗支持伊拉克境内库尔德人，目的是推翻复兴党政权。② 此外，伊拉克复兴党当时还没有控制军队，保守派还控制着军队中的要职，与库尔德人协商也是为复兴党扎稳政权打基础。

伊拉克复兴党政治精英意识到：目前的族际政治实际上是一种结果不确定的博弈行为。在加强族际沟通基础上，协调、整合民族利益并寻求最优化策略，尽管难以达到最优化的结果，但却易达成"没有输家"的最佳博弈结果。这一切使得有远见的政治家都无法漠视族际沟通（谈判与协商）的价值与意义。因此，伊拉克复兴党在库尔德民族问题上倾向于以自治为轴心，通过转让部分政治权力与制度构建，保障族际平等和族际沟通，缓减族际之间的紧张关系，以赢得库尔德人的政治支持，实现国家整合的族际政治。也就是说，复兴党政府想一劳永逸地解决库尔德问题，这就是1970年"3·11宣言"出台的基本背景。

二

1969年末，复兴党与库尔德各派系之间开始了非正式谈判。1970年3月1日到10日，双方讨论了"库尔德民族在伊拉克的合法诉求"，协商结

---

① Edmund Ghareeb, *The Kurdish Question in Iraq*, Syracuse University Press, 1981, p. 81.
② *New York Times*, December 21, 1970.

果是同意"在自治与伊拉克国家统一的基础上，民主、和平地解决库尔德民族问题"。① 最终，伊拉克复兴党与巴尔扎尼为首的库尔德民主党签署了合作协议，这就是"3·11 宣言"。

1970 年 3 月 11 日，贝克尔宣布伊拉克革命指挥委员会将按照复兴党第七次地区代表会议的决定，和平解决库尔德民族问题。大会界定了复兴党在库尔德民族问题上的基本立场，并通过了一系列决议。内容包括：库尔德语为库尔德地区官方语言，与阿拉伯语同为学校教学用语；库尔德人参与政治管理，担任政府要职；促进库尔德地区的教育文化发展；库尔德地区成立学生团体、青年组织、妇女协会与教师代表大会；库尔德人回归农庄并给予补偿；库尔德地区实行土地改革；修改宪法，规定伊拉克人包括阿拉伯民族与库尔德民族；库尔德地区的秘密电台与重武器交付复兴党政府；发展库尔德地区经济；任命库尔德人为副总统；按照"3·11 宣言"修改行省法；库尔德地区为自治区。

伊拉克复兴党政府采取措施落实"3·11 宣言"中承诺给库尔德人的权利，这些措施包括：认同库尔德民族主义；成立苏莱曼尼亚大学；学校中讲授库尔德语；认定新年②为国家法定节日；颁布《库尔德地区自治法》，强调分权原则；成立包括摩苏尔在内的，以库尔德人为主的杜胡克（Duhok）省；大赦参与叛乱的库尔德人。

库尔德民主党领导人巴尔扎尼对"3·11 宣言"给予库尔德人的自决权较为满意。他表示要忘记昔日与复兴党的宿怨，支持阿拉伯民族的统一。库尔德人称自己是复兴党的可靠盟友。③ 库尔德人接受 1970 年 "3·11 宣言"有以下原因。

第一，自 1961 年以来，库尔德人在与复兴党政府军的战争中损失惨重，厌战情绪严重。伤亡人数多达 6 万人，3000 多库尔德人村庄被毁。④

第二，库尔德内部各派系都想与复兴党政府达成协议。就库尔德人内部来说，除亲复兴党的塔利巴尼——艾哈迈德派系外，一些亲巴尔扎尼的激进成员也希望与复兴党达成协议。这些人希望复兴党能够改变封建主义、

---

① Edmund Ghareeb, *The Kurdish Question in Iraq*, Syracuse University Press, 1981, p. 86.
② 新年英文为 Nawvuz，这是扎格罗斯（zagros）人与伊朗高原人庆祝的传统节日。
③ *New York Times*, March 12, 1970.
④ "Memorandum on the Kurdish Question," *Kurdish Journal*, 6, No, March 1969, pp. 37 – 40.

宗派主义、部族主义力量主导库尔德民族主义运动的格局。

第三，巴尔扎尼感到复兴党政府的政治压力。库尔德民主党主要人物，巴尔扎尼的支持者巴巴卡尔·马哈茂德·皮斯达利（Babakr Mahmud Pishdari）认为，复兴党政府的政治压力及其保证库尔德人享有政治、经济与文化权利的许诺是库尔德人接受宣言的原因。这表现在三个方面：一是巴尔扎尼及其支持者对复兴党政府与塔利巴尼派系的亲密关系心存余悸；二是巴尔扎尼对伊朗的支持持怀疑态度；三是宣言在某种程度上满足了巴尔扎尼的目标，如允许库尔德自治，巩固巴尔扎尼在库尔德地区的权威等。

在"3·11宣言"颁布的一个月之内，伊拉克复兴党政府就组成了一个高级委员会，包括4个阿拉伯人，4个库尔德人。该委员会的职责就是推进"3·11宣言"各项规定与条款的顺利进行。

（1）改组政府。按照宣言要求，5名库尔德民主党政治局成员被任命为部长职位。按照"3·11宣言"的规定，库尔德人担任库尔德地区总督、副总督以及地区领导。4名库尔德人被任命为副总督职位，39名库尔德人被任命为地区领导。复兴党政府还任命3名库尔德人为苏莱曼尼亚、埃尔比勒与杜胡克地区的警察局长，许多库尔德人成为市镇头脑。1970年4月23日，两名库尔德人被任命为驻外大使。4月25日，一名库尔德人担任文化与信息部部长。

（2）库尔德地区使用库尔德语。1970年4月末，伊拉克教育部宣布库尔德语为库尔德地区中小学授课语言，也是该地区报纸、杂志的出版语言。革命指挥委员会还命令各部门采取措施修缮库尔德公共住房，赦免参与库尔德民族运动的学生。

（3）库尔德地区成立库尔德民族组织。复兴党允许库尔德各省份成立库尔德学生、妇女与教师联盟，公务员、官员与军人各司其职，重新上任。伊拉克成立了库尔德作家联盟与库尔德文化社团等机构。

（4）恢复库尔德地区的基础设施。复兴党政府拨付1100万伊拉克第纳尔修复在战火中毁坏的100座库尔德人村庄。复兴党政府在库尔德地区投巨资建设交通、通信与电力项目。为刺激旅游业，改善民众娱乐生活，复兴党筹措资金修缮毁于战火的旅馆、营地以及电影院。

（5）加速库尔德地区土地改革的步伐。苏莱曼尼亚等省份的土地在取消补缴税款的基础上分配给农民。埃尔比勒省开挖自流井，用于饮用和田地灌溉。

（6）修改临时宪法，强调库尔德人的民族权利。1970年7月16日，伊拉克政府决定修改临时宪法。修改后的宪法强调了"伊拉克是阿拉伯民族的一部分"，"伊拉克民族由阿拉伯人与库尔德人两大民族构成"，"在库尔德地区，库尔德语与阿拉伯语均为官方语言"。宪法还强调："不管其种族、肤色、语言、社会出身或宗教信仰，伊拉克人在宪法面前人人平等。"①

通过以上措施，库尔德人与复兴党政府的族际交往出现了和谐的局面。1970年7月，来自叙利亚、伊朗的库尔德代表，伊拉克复兴党政府代表、伊拉克共产党代表在靠近伊朗、土耳其的边陲小镇卡拉拉（Kallala）举行会议。在库尔德民主党秘密会议上，巴尔扎尼被选举为库尔德民主党主席。随后，他以伊拉克库尔德民主党的名义号召库尔德人与复兴党政府合作。会议肯定了阿拉伯人与库尔德人的兄弟情谊，库尔德人宣布支持复兴党政府。

1970年11月，库尔德人通过国民大会参与立法进程，成员包括库尔德人与阿拉伯民众组织等进步与爱国人士。库尔德民主党宣布国民大会是临时机构，下一步就是自由选举，草拟永久宪法。伊拉克复兴党政府允诺吸收6000名库尔德自由斗士组织（pesh Mergas）成员充实边防，库尔德军队可以拥有武器，复兴党政府拨给库尔德地区9万伊拉克第纳尔作为军饷。巴尔扎尼每月享受3.5万到5万伊拉克第纳尔的政府薪金。②

"3·11"宣言的第一年是库尔德人与复兴党政府的蜜月期。尽管复兴党政府财政紧张，但库尔德地区的医院、学校的修建工程照常进行，1700间房屋得以修缮。埃尔比勒总督阿特鲁斯（Atrushi）宣布战火毁坏的100所村庄已经修复一半。库尔德人与复兴党的友好关系一直持续到1971年初。1970年11月，巴尔扎尼接受《洛杉矶时报》采访时说："目前双方合作前景是乐观的，……伊拉克复兴党政府许诺在明年三月让我们自治。迄今为止，他们信守诺言，执行协议。我们想与政府合作下去。经过这么多年的战争后，双方都体会到和平与安全的珍贵。尽管我现在没有感觉到绝对的安全，但这一天会到来的。"③ 复兴党方面也表现了乐观的情绪，萨达姆认

---

① Edmund Ghareeb, *The Kurdish Question in Iraq*, Syracuse University Press, 1981, p. 101
② Edmund Ghareeb, *The Kurdish Question in Iraq*, Syracuse University Press, 1981, p. 102
③ *Washington Post*, December 13, 1970.

为库尔德民族问题的解决可以保证库尔德人与阿拉伯人之间的兄弟友谊。①

三

复兴党与库尔德人从族际交往到族际冲突经历了一个漫长的历程，先后经历了表面友好时期（1970～1972）、相互攻讦时期（1972～1974）、武力冲突与外交博弈时期（1974～1975）。② 其最大特点就是冲突与协商一直形影相随，最终兵戎相见，宣告了"3·11 宣言"的失败。

民族身份是一种社会建构，是人类行为和选择的结构。追逐个体或小集团的民族精英们为争夺资源所进行的努力是族际冲突的内在驱动力。③ 而伊拉克复兴党与库尔德人在社会稀缺性资源的权威性分配方面具有不同的利益指向，或者说掌握政治权力的复兴党主体民族从利己主义出发分配国家资源的做法，受到库尔德人的强烈质疑与挑战。也就是说，当国家、领袖与制度无法为公民创造出满意的环境，当恐惧与失望成为一种社会共识，人们转而向各自的民族寻求自我保护，民族间的信任从此瓦解，族际冲突就不可避免，这也是"3·11 宣言"失败的根本原因。伊拉克复兴党与库尔德人的矛盾主要表现在以下层面。

第一，在政治地理层面，复兴党政府难以将库尔德民族地域进行精准定位。领土、主权和民族主义紧密结合的价值体系，深深地嵌入了伊拉克复兴党与库尔德人族际交往的行为之中。按照"3·11 宣言"，复兴党政府应该在 1970 年 12 月就开始对库尔德地区的人口进行普查，但直到 1971 年春，还没有启动这一项目。该问题看似简单，实际上意义重大，复兴党政府许诺库尔德人数占多数地区可以自治。复兴党认为是埃尔比勒、杜胡克与苏莱曼尼亚省的库尔德人占多数，库尔德人认为除以上地区外，还包括石油资源丰富的基尔库克地区。复兴党政府认为基尔库克地区居民成分复杂，包括阿拉伯人、库尔德人、土库曼人，不能划为库尔德人自治区。土库曼人与库尔德人一直不和，因此前者也不愿被纳入库尔德自治区。库尔

---

① *New York Times*, December 21, 1970.
② 详细内容参见韩志斌《伊拉克复兴党民族主义理论与实践研究》，中国社会科学出版社，2011，第 137～142 页。
③ 关凯：《族群政治》，中央民族大学出版社，2007，第 75 页。

德人指责复兴党政府向库尔德地区移民影响了人口调查结果,巴尔扎尼认为复兴党政府给泰(Tay)、舍迈尔(Shammar)、乌拜德(Ubayd)、拉特巴(Ratba)、拉马迪(Ramadi)的贝都因部族颁发了身份证,试图让基尔库克、辛加尔(Sinjar)地区阿拉伯化。① 以上指控被复兴党逐一否决。萨达姆指出,人口调查以 1965 年、1957 年人口普查的数据为依据。伊朗库尔德人居住在伊拉克,但并没有伊拉克公民的合法地位。库尔德人想将该地区居民纳入库尔德人口普查,而复兴党政府则坚决反对,担心库尔德人通过吸纳伊朗、土耳其库尔德人而使基尔库克人口结构剧变,威胁国家稳定。

第二,在政治架构层面,复兴党政府难以将国家治理化约为国家内部各行为体的利益分享,与库尔德人在许多方面存在矛盾。复兴党想与伊拉克共产党合作,库尔德各党派反对与伊拉克共产党合作。库尔德人要求撤退库尔德地区的复兴党政府军,遭到拒绝。二者在自治与独立的区别问题上也不一致。萨达姆强调了自治并不意味着独立,宪法保证"3·11 宣言"中所规定的少数民族的权利。他说,只要伊拉克不与其他阿拉伯国家合并,复兴党肯定会承认库尔德民族的自治地位。② 1972 年 6 月,伊拉克实行石油国有化政策,雅兹迪(Yazidi)库尔德人发动起义,原因是石油国有化政策减少了他们的收入。复兴党政府动用空军平息起义,各方伤亡 30~50 人。

第三,在行政效能层面,库尔德人强调自治边际的最大化,而复兴党的做法则与之相反。这一点在《自治法》上表现得尤为明显。1974 年 3 月 11 日,贝克尔总统宣布革命指挥委员会将在库尔德地区执行《自治法》,他宣布这些法律的执行依据是"3·11 宣言"与民族行动宪章。《自治法》规定,库尔德自治区是伊拉克不可分割的一部分,这些自治区机构的权利受到复兴党中央政府的严格限制,政府与自治实体之间是监督与协调的关系。族际差异和利益诉求的多样以及外部力量的干预(美国、以色列和伊朗的支持),使得库尔德民族拒绝《自治法》,直接挑战复兴党的政治合法性。库尔德人所主张的自治限度与复兴党政府所要求与理解的自治概念并不一致,前者的内涵远远超出后者的底线与忍耐程度。此外,复兴党政府反对库尔德人拥有富油的基尔库克,令后者耿耿于怀。③

---

① Edmund Ghareeb, *The Kurdish Question in Iraq*, Syracuse University Press, 1981, p. 106.
② Edmund Ghareeb, *The Kurdish Question in Iraq*, Syracuse University Press, 1981, p. 113.
③ *Financial Times*, March 28, 1974.

内部资源的壮大或外来力量的切入也是库尔德民族挑战伊拉克复兴党既有的秩序和权威的重要因素。库尔德人的外来力量有美国、以色列和伊朗。据可靠资料显示，美国对伊拉克库尔德人的援助始于1969年8月，巴尔扎尼曾得到美国14万美元的秘密援助。① 巴尔扎尼在接受采访时说："没有美国的许诺，我们不会贸然行事。"② 作为对美国援助的报答，巴尔扎尼保证伊朗、土耳其的库尔德人不会独立。③ 据库尔德民族主义运动高级军官领导人阿齐兹·阿克拉维（Aziz Aqrawi）透露，以色列对伊拉克库尔德人的援助是在1965年。以色列前总理贝京也承认为库尔德人游击队提供了"金钱、武器与指导者"，一些军事顾问被派遣到巴尔扎尼的司令部。④ 与此同时，库尔德地区的武装力量逐渐强大起来，正规军的数目多达4万人，军队总人数达到6万人。⑤ 巴尔扎尼还得到库尔德知识分子、一些专家教授的支持，包括60个医生，4500个教师，30个教授，5000个警察、160个工程师以及100个军官。⑥

但情势并没有按照库尔德人的意愿发展。美国和伊朗仅将伊拉克库尔德人看作与伊拉克复兴党政府讨价还价的筹码。美国并不支持库尔德人独立，尼克松和基辛格都希望"我们的代理人"（巴尔扎尼）不知疲倦地战斗，削弱伊拉克复兴党政府的力量。⑦ 1975年3月6日，伊朗和伊拉克签订了最终协议，此协议被称为解决两伊问题的最终文本，即《阿尔及尔协议》。⑧《阿尔及尔协议》签署后的几小时之内，伊朗从伊拉克开始撤军，切断对巴尔扎尼的援助。⑨ 伊拉克复兴党军队对库尔德军队展开反攻。复兴党政府向巴尔扎尼指出三条出路：一是在没有伊朗的支持下血战到底；二是向伊拉克复兴党政府投降；三是移民伊朗。⑩ 从伊朗回来后的巴尔扎尼致信

---

① Edmund Ghareeb, *The Kurdish Question in Iraq*, Syracuse University Press, 1981, p. 138.
② Edmund Ghareeb, *The Kurdish Question in Iraq*, Syracuse University Press, 1981, p. 159.
③ *Christian Science Monitor*, April 1, 1974.
④ *Christian Science Monitor*, October 6, 1980.
⑤ *Financial Times*, May 1, 1974. Christian Science Monitor, December 12, 1974.
⑥ *Sunday Times*, May 1, 1974.
⑦ *The Voice*, 11, February, 1976.
⑧ Majid Khadduri, *Socialist Iraq: AStudy in Iraqi Politics since 1968*, The Middle East Institute, 1978, p151.
⑨ *The Observe*, March 30, 1975.
⑩ Gwynne Roberts, "The Harsh Realities," *Middle East International*, May 1975, p. 15.

复兴党政府要求恢复对话,遭到后者拒绝。3月20~23日,巴尔扎尼召开伊拉克库尔德民主党会议,决定放弃战斗。① 巴尔扎尼本人因积劳成疾到美国治疗癌症,从此远离政治。尽管库尔德人失败了,但与伊拉克复兴党的族际冲突并没有结束。两伊战争、海湾战争与伊拉克战争期间,库尔德人一直是反对伊拉克复兴党政府的有生力量,直到后者被推翻为止。

四

伊拉克复兴党政府的优势和库尔德人的劣势,决定了"3·11宣言"前后伊拉克族际政治交往的最终结局。

伊拉克复兴党政府的优势:第一,复兴党通过政治动员,巩固了权威,构建了强大的政治机器,决策有力。第二,复兴党的政策得到了伊拉克民众的广泛支持,即使在巴尔扎尼控制下的伊拉克北部地区也是如此。石油公司的国有化、民族阵线的成立扩大了复兴党的统治基础。第三,伊拉克政府将复兴党意识形态渗透到军队的各个层面,军队成为政府的工具而不是潜在的夺权者。复兴党军队经历了最严格的训练程序,配备先进武器,在镇压库尔德民族主义运动中显示威名。第四,石油国有化、油价提升导致国家财政收入的剧增,国家有资金改善民众生活,增强了伊拉克复兴党政权的政治合法性。

库尔德方面的劣势:第一,库尔德领导人误认为会得到伊朗、美国的持久支持,没想到自己成为两国同伊拉克复兴党政府外交博弈时讨价还价的棋子。美国国务卿基辛格为了赢得伊拉克复兴党盟友叙利亚支持其中东政策,放弃对库尔德人的支持。伊朗在1975年与伊拉克签署《阿尔及尔协议》后也切断对库尔德人的援助。第二,库尔德人在外国顾问的指导下采取传统的战争方式,忽视了发挥游击战的威力。第三,库尔德领导人的一些政策也不得人心,如阻止土地改革,支持封建地主的特殊利益;与伊共、苏联反目成仇,而此前二者一直是库尔德民族主义的支持者。巴尔扎尼不支持土耳其、伊朗的库尔德人政策,疏远了库尔德左派与民族主义者,还将一些领导人或处决,或交给复兴党政府,导致在库尔德地区众叛亲离。

① *The Guardians*, April 1, 1975.

巴尔扎尼阻止库尔德知识分子与库尔德民主党高级成员参与决策过程。

"3·11宣言"的失败表明了库尔德人民族主义和伊拉克复兴党民族主义的矛盾，以及由此产生的具有排斥性的政治认同和建立在这种政治认同基础上的社会心理。强烈而独特的社会经济处境的认知以及建立在民族认同上的社会不满是伊拉克复兴党与库尔德民族族际冲突的必要条件。

从理论上来说，伊拉克复兴党与库尔德人的冲突是两种民族主义的互动交往，不可能在一个政治平台上比肩共处。民族主义是一种关于政治合法性的理论，它要求族体的疆界不得跨越政治的疆界。[①] 人类与生俱来的群居天性和民族文化的社会功能，使每一个成员对本民族都具有某种自然的内心倾向与认同感，在族体内部内化为紧密的凝聚力、认同感和整合倾向；而在族际交往中则外化为民族至上精神与民族自我中心意识。也就是说，民族主义在很大程度上表现为过度的民族尊严感和民族至上观念；在行动层面则一般呈现为具有极端自我保护意识的攻击性防御行为，以及在民族生存中不计后果地追求本民族利益的最大化。而在伊拉克境内则表现为：作为主体并已稳固的复兴党民族主义面临着境内一些"次"民族主义（库尔德民族主义）的挑战，这些民族主义运动自然梦想着能褪去这个"次级"的外衣，占据主流。[②] 由于双方族际沟通在容纳信息流量方面都有一定的限度，缺乏多向、多通道的族际沟通网络，因而两股具有不同政治诉求的民族主义不可能在一个平台上实现族际整合。

"3·11宣言"前后伊拉克复兴党与库尔德人从族际沟通到族际冲突的根源，从本质上说来自族际接触的过程中对民族地位不平等以及利益分享不公平的觉察和反应。这种关联首先缘自复兴党追求阿拉伯民族利益最大化的诉求，其次来自于糅平复兴党政治合法性的需要，最后是民族共同体成员之间的认同和对他者的排斥意识，以及内化为民族生活的基本特点。

民族自决权本质上是一种后天赋予的政治权利，因而是一种有严格限定条件的权利。正如牛津大学国际关系学教授亚当·罗伯茨（Adam Robert）所说，民族自决在特定的历史条件才能使用，在早期未能获得独立主权的

[①] 〔英〕安东尼·D. 史密斯：《全球化时代的民族与民族主义》，龚维斌、良警宇译，中央编译出版社，2002，第2页。

[②] 〔美〕本尼迪克特·安德森：《想象的共同体：民族主义的起源与散布》，吴叡人译，上海人民出版社，2005，第2页。

民族"错过了历史的公共汽车",可能再也盼不来下一辆了。① 在伊拉克主权国家构建以前,其境内的任何民族都有民族自决的权利,而在主权国家建立后,其国内各个族裔意义上的少数民族等于将自己民族自决权利让渡给了层次更高的伊拉克国家主权。这些国内少数民族的集体身份也就由"族裔民族"转变成"政治民族",他们的少数民族身份只具有种族和文化意义,而不具有政治和法律含义。对库尔德人来说,伊拉克北部领土对其民族政治主权而言必不可少。面对强势的复兴党政权,伊拉克库尔德民族谋求最大程度的自治,成为尊严、满足的标志,民族特性表达的象征,而后者却视之为对伊拉克民族国家的背叛。

---

① 〔英〕亚当·罗伯茨:《超越错误的民族自决原则》,载〔英〕爱德华·莫迪默、罗伯特·法恩主编《人民·民族·国家——族性与民族主义的含义》,刘泓、黄海慧译,中央民族大学出版社,2009,第114~115页。

中国与中东关系

中国对伊拉克问题的外交政策

刘中民　范　鹏*

内容提要　本文中的伊拉克问题包括两伊战争、海湾危机、海湾战争、伊拉克战争、伊拉克战后重建、"伊斯兰国"问题等一系列国际热点问题。第一，中国对两伊战争的外交政策，主要包括：不断在两伊之间"促谈劝和"，告诫两伊防止超级大国干涉；一直积极支持和配合联合国秘书长的调解努力，在联合国框架内积极促进有关两伊问题的解决。第二，中国对海湾危机和海湾战争的外交政策，主要包括：积极做伊拉克及有关各方的外交工作，为争取和平做不懈努力；坚决反对伊拉克入侵科威特，但同时反对大国军事介入海湾事务。第三，中国对伊拉克战争和战后重建的外交政策，主要包括：在战争爆发前，中国力图在联合国框架内政治解决伊拉克危机，为阻止战争爆发付出了不懈的努力；在战争进行的过程中，中国既坚持反战的既有立场，但并未参加反战阵营，体现了原则性与策略性相结合的外交艺术；在战争结束后，中国积极通过双边和多边渠道参与伊拉克战后重建，履行了负责任大国的国际义务；面对美国撤军后伊拉克陷入政治危机，极端组织"伊斯兰国"（IS）攻城略地，中国积极支持伊拉克实现政治和解和打击"伊斯兰国"的反恐努力。总之，中国对伊拉克问题的外交政策体现了中国处理国际热点问题的外交理念和外交方针。伊拉克问题本身的性质及其发展变化、国际格局和中东地区格局的变化、中国外交政策的基本原则和中国总体外交战略的调整，构成了影响中国对伊拉克问题外交政策的主要变量。

关键词　两伊战争　海湾战争　伊拉克战争　中国外交

---

*　刘中民，上海外国语大学中东研究所教授、博士生导师；范鹏，华东政法大学外国语学院讲师，上海外国语大学中东研究所博士研究生（上海，200083）。

20世纪80年代以来，伊拉克一直处在战争与冲突的动荡旋涡之中。1980~1988年的两伊战争、1991年的海湾战争、2003年的伊拉克战争、2014年"伊斯兰国"（IS）攻城略地，都使伊拉克饱受战乱之苦。三十多年来，伊拉克问题一直是地区矛盾和大国博弈的焦点。因此，本文所指的伊拉克问题包括两伊战争、海湾危机、海湾战争、伊拉克战争、伊拉克战后重建、"伊斯兰国"问题等一系列国际热点问题。由于伊拉克问题直接关系到地区安全与稳定，同时构成联合国框架内大国矛盾的焦点，加之近年来中国在伊拉克的能源和经贸利益不断拓展，妥善应对伊拉克问题自然也就成了中国外交无法回避的问题。在此过程中，中国作为联合国常任理事国始终从维护地区安全与稳定出发，积极维护国际道义，推动伊拉克实现民族和解，积极支持伊拉克战后重建，发挥了重要的建设性作用。

一 中国对两伊战争的外交政策

（一）两伊战争前中国与伊拉克关系概况

1949年新中国成立后，伊拉克奉行亲英美的外交政策，与台湾国民党当局保持了"邦交"，与中国暂时处于敌对的关系。朝鲜战争爆发时，伊拉克对于美国操纵联大通过的污蔑中国为侵略者的提案投了赞成票，并在恢复中国联合国合法席位问题上追随美国。[①] 1955年，伊拉克在美国的推动下加入了巴格达条约组织，中国认为这是一个西方控制的、旨在分裂阿拉伯国家以及镇压民族解放运动的军事同盟。在伊拉克采取敌视中国政策，并加入西方主导的巴格达条约组织的情况下，中国不可能与伊拉克发展关系。1955年万隆会议后，中国与埃及、叙利亚等阿拉伯国家迅速建立外交关系，但同伊拉克保持了距离。

1958年，伊拉克发生革命，推翻了君主制政权，伊拉克也因此退出了巴格达条约组织。中国立即对伊拉克新政府予以支持，伊拉克宣布承认中华人民共和国，并断绝与台湾的关系。在此背景下，中伊两国关系迅速升温，并于1958年8月25日建立外交关系。中国对1958年美英干涉黎巴嫩和约旦，进而威胁伊拉克表示坚决反对；伊拉克卡塞姆政权对中国恢复联

---

① 黄民兴：《中东国家通史·伊拉克卷》，商务印书馆，2002，第363页。

合国合法席位予以支持,同时在中印边界问题上保持中立。但是,在1959年卡塞姆政权镇压伊拉克共产党后,双方关系有所降温,伊拉克开始重视与苏联的关系。1961年科威特取得独立也对中国和伊拉克的关系构成了挑战,中国承认科威特的独立,引发了对科威特有主权要求的伊拉克的不满。[①] 中国发生"文化大革命"后,中国和伊拉克的外交关系一度中断,直到1970年中国重新向伊拉克派驻大使后,双方外交关系才得以恢复正常。

20世纪70年代初,由于中苏关系恶化,中国对外政策进行调整。为抗衡苏联在中东的扩张,中国同时发展与伊拉克、科威特、伊朗等海湾国家的关系。伊拉克虽然与苏联签订了合作条约,但同时强调发展与中国的关系。在70年代中后期,中国与伊拉克的关系取得了较大的发展,双方多次进行高层互访,中国还劝说伊拉克妥善处理阿拉伯世界的内部矛盾,希望伊拉克和伊朗通过和平谈判解决领土争端。[②]

(二) 中国对两伊战争的外交立场和政策

两伊战争的根源包括边界争端、民族矛盾、宗教分歧、海湾霸权之争等多种因素,双方的矛盾十分复杂。在边界问题上,双方围绕领土的长期争执尤其是围绕阿拉伯河边界的划分,成为其关系紧张并引发冲突的潜在因素。在民族问题上,阿拉伯人和波斯人历史上多次交战,彼此都统治过对方,积怨甚深,[③] 双方还在彼此境内互为少数民族,[④] 并以此对对方的国内事务施加影响。在宗教和教派问题上,伊朗对伊拉克什叶派长期有重要影响,导致萨达姆逊尼派政权的严重不满,而1979年伊朗伊斯兰革命后,伊朗向伊拉克"输出革命"进一步加剧了双方的教派矛盾。民族矛盾、教派矛盾和意识形态的矛盾在1979年伊朗伊斯兰革命后叠加在一起,极大地加剧了两伊之间的矛盾对抗。对此,有评价指出,伊朗的伊斯兰革命为两伊对立注入了新的意识形态因素,导致伊朗极端的、普世性的、泛伊斯兰的宗教政权与伊拉克的世俗的、社会主义的、民族主义政权的对立不断加

---

① 黄民兴:《中东国家通史·伊拉克卷》,第366页。
② 黄民兴:《中东国家通史·伊拉克卷》,第368页。
③ 杨明星:《试论两伊战争及其遗产》,《阿拉伯世界》2005年第2期。
④ 王京烈主编《面向二十一世纪的中东》,社会科学文献出版社,1999,第253页。

剧①；萨达姆的泛阿拉伯主义和霍梅尼的泛伊斯兰主义之间意识形态的冲突是造成两伊关系紧张的一个最重要因素②。而长期以来伊朗和伊拉克对海湾地区主导权的争夺，伊朗伊斯兰革命后美国与伊朗关系走向全面对抗，美国转而扶植伊拉克萨达姆政权对抗伊朗，都是导致1980年两伊战争爆发的重要因素。

由于两伊战争的原因和性质极其复杂，中国与伊拉克和伊朗都保持着外交关系，因此中国对两伊采取了严守中立、积极劝和的立场，在联合国内外为早日结束战争做出了不懈努力。中国认为两伊冲突属于第三世界国家内部事务，应该通过和平方法来解决，不应诉诸武力，不要让超级大国从中渔利。中国同伊朗和伊拉克两国都保持着友好关系，希望两国政府能从两国人民的根本利益出发，以维护海湾地区安全和世界和平的大局为重，尽早结束战争③。中国拒绝在两伊之间选边站队，战略关切重点放在防止苏联借机在波斯湾的渗透及南下的企图上面。虽然中国保持了相对超脱的立场，但中国也为两伊问题的解决做出了自己的努力。

第一，中国不断在两伊之间"促谈劝和"，告诫两伊防止超级大国干涉。

在两伊战争爆发后的第二天，中国政府立即表示对军事冲突深感不安，希望能够通过谈判和平解决分歧，防止超级大国的干涉，从而阻止局势恶化，这不仅符合两伊人民的利益，也符合维护地区和平与稳定的需要。④

1980年9月和10月，中国领导人邓小平在会见到访的伊拉克复兴党代表团和伊拉克总统特使时，阐明了中国对两伊战争的立场，希望伊拉克政治上站得高一些，把条件放宽一些，取得政治上的主动，同伊朗寻求双方都能接受的条件，以和平方式解决历史遗留问题。⑤

1980年10月22日，中国国务院副总理姬鹏飞在欢迎伊拉克总统特使、高等教育和科研部部长哈比夫时，就两伊战争表达了中国的看法。他指出：

---

① Jasim M. Abdulghani, *Iraq and Iran: The Years of Crisis*, London: Routledge, 2011, p. 178.
② 韩继伟：《从意识形态视角解读两伊战争爆发之根源》，《兴义民族师范学院学报》2010年第3期。
③ 谢益显主编《中国当代外交史》，中国青年出版社，2002，第407页。
④ 钱学文：《中国对伊拉克外交中的国家利益取向》，《阿拉伯世界研究》2010年第2期。
⑤ 黄民兴：《中东国家通史·伊拉克卷》，商务印书馆，2002，第368页。

"最近，伊拉克同伊朗发生的武装冲突，引起了包括中国在内的世界各国的关切和忧虑。伊拉克和伊朗都是第三世界国家。我们衷心希望这场冲突能够迅速结束，双方能够本着互谅互让的精神通过谈判和平解决争端，以防止超级大国从中渔利，这不仅符合伊拉克人民的利益，而且也符合海湾地区和世界和平的利益。"①

1979年伊朗伊斯兰革命后，基于此前中国与伊朗巴列维王朝保持较为良好的外交关系，伊朗新政权对中国存在一定的敌意，并使双方关系受到了冲击。因此，中国一方面改善与伊朗的关系，另一方面围绕两伊战争做伊朗的工作。1981年2月14日，中国人大常委会副委员长乌兰夫会见了到访的伊朗总理代表、议员阿亚图拉·赛义德·穆罕默德·哈梅内伊，增进了对于彼此的了解，并交换了双方对两伊战争的立场和看法。这次会见和谈话是中伊关系走出低谷、开始升温的标志。② 由于两国同属第三世界国家并且在外交政策上都具有反霸权和不结盟的特点，双方关系此后迅速发展。

1987年6月，伊朗外长韦拉亚提访华期间，中国国家主席李先念指出："两伊战争确实存在国际化的危险。要使渔翁不得利，首先自己不要打了，不要给超级大国提供任何机会，我们最大的愿望是海湾所有的朋友在友好的气氛中生活。"③ 两伊战争结束后不久，时任伊朗总统哈梅内伊于1989年5月访华，向中方重申了其"不要东方，不要西方"的外交政策，打消了中国对其倾向苏联的担心。1990年2月，钱其琛外长出访伊拉克，以搁置主权、共同开发的思想做伊朗的工作，呼吁两伊表现出灵活性，打破战争结束后出现的和谈僵局，使停火转变成真正的和平。中国在两伊战争和两伊和谈中所持的公正立场受到了伊拉克方面的称赞。④

第二，中国一直积极支持和配合联合国秘书长的调解努力，在联合国框架内积极促进有关两伊问题的解决。

从两伊战争一开始，中国就坚持中立和劝和的立场，为推动两伊尽快罢战言和，利用一切机会对有关方面进行劝和工作，为维护海湾地区的安全与稳定做出了不懈努力。中国与国际社会一道，积极支持双边实现停火，

---

① 《人民日报》，1980年10月23日第4版。
② 杨兴礼、冀开运等：《现代中国与伊朗关系》，时事出版社，2013，第25页。
③ 中华人民共和国外交部外交史编辑室编《中国外交概览》，世界知识出版社，1988，第103页。
④ 黄民兴：《中东国家通史·伊拉克卷》，商务印书馆，2002，第369页。

而且也认真严肃地参加了安理会有关后续行动的磋商,对任何有利于实现双方罢战的行动和建议,中国都持支持立场。

1980年9月26日,中国参加了联合国就两伊战争召开的会议,会议通过了敦促两国停战的决议,但没有被双方接受。1982年伊拉克单方面停火并撤军后,联合国在7月12日通过了514号决议要求双方停火,中国投了赞成票,呼吁双方以大局为重,和平解决争端。此后,联合国秘书长曾派遣特使先后5次在两伊之间进行停火协调。1983年10月,安理会呼吁两伊在海湾水域立即停火,重申各国在国际水域享有自由航行和通商权。1984年和1985年,安理会通过三项要求两伊停火的决议。1987年两伊战争升级,航行于海湾的船只受到严重威胁,引起国际社会的普遍不安。① 1987年7月20日,联合国安理会通过了第598号决议,要求伊朗和伊拉克双方立即停火,停止陆海空一切军事行动,并立即把所有军队撤回到国际公认的边界,通过谈判解决两国争端。② 1988年2月伊拉克副总理兼外长阿齐兹访华时,中国国务委员兼外长吴学谦表示:"安理会598号决议是公正、合理地解决两伊战争的良好基础,有关各方应与安理会和联合国秘书长密切合作,尽早全面实施这一决议。"阿齐兹表示伊拉克赞赏友好的中国为伊拉克和伊朗之间实现和平所做出的努力,赞赏中国对安理会598号决议的支持,这项决议是和平解决争端的基础。③

总之,在两伊战争中,"中国一般都采取表明自己的立场,但不直接介入的政策,同时也反对外部势力的插手和干预,希望各国通过和平途径自己解决"。④ 两伊战争爆发时,中国已经开始实行改革开放的政策,但在实践中仍然没有摆脱过去以意识形态划线的思维和做法,同时也特别担忧苏联借机争夺波斯湾并南下危及中国。1982年中共十二大后,中国明确了独立自主的和平外交方针,调整以意识形态划线的做法,开展与世界各国的全方位外交。因此,中国保持中立和劝和的立场,既避免了干涉他国内政,

---

① 陈兴耀:《罢战言和好——关于两伊战争的一些问题》,《阿拉伯世界》1988年第3期。
② 《联合国安理会598号决议》,http://news.xinhuanet.com/newscenter/2003-03/12/content_774407.htm。
③ 《吴学谦在欢迎伊拉克副总理兼外长的宴会上致词》,《人民日报》1988年2月22日,第4版。
④ 肖宪主编《世纪之交看中东》,时事出版社,1998,第435页。

也有利于恢复和维护中国与两伊关系；既有利于为中国的经济建设创造良好的国际环境，也有利于加强第三世界团结、共同应对美苏两个超级大国。

但是，反观美国和苏联等大国，虽然它们都对外宣称保持中立，但实际上是倾向于伊拉克，并都以争夺海湾霸权为目标。正是在两伊战争爆发之际，美国提出了"卡特主义"。1980年1月23日，卡特在国情咨文中指出："任何外部力量企图控制波斯湾将被认为是对美国重大利益的侵犯，我们将采取任何必要的措施，包括军事力量击退这种侵犯。"[①] 美国海湾战略的主要目的在于防止苏联染指波斯湾，同时遏制强烈反美的伊朗，如果伊拉克能重创伊朗，将为美国主导中东除去一大隐患，因此，美国在两伊战争中选择支持伊拉克，甚至在海上直接对伊朗作战。苏联为了防范美国在波斯湾的渗透，同时防止坚持"不要东方，不要西方"的伊朗成为其敌手，在战争后期也明显倾向于支持伊拉克。

二 中国对海湾危机和海湾战争的外交政策

1990年8月2日，伊拉克入侵并全面占领科威特，海湾危机全面爆发。海湾危机源于伊拉克入侵科威特，其根本原因在于伊拉克推行地区霸权主义，同时也与两国的领土争端、石油纠纷、战争债务等问题密切相关。

从海湾危机爆发到海湾战争前夕，联合国安理会共通过了12项决议，要求伊拉克立即无条件从科威特撤军、恢复科威特合法政府；要求各国对伊拉克实施经济制裁和贸易、军事禁运及空中禁运，默许对伊拉克实行海上武力禁运。其中，第678号决议授权联合国成员国"采取一切必要手段"，为多国部队使用武力放行。1991年1月17日，美国领导的多国部队对伊拉克发动代号为"沙漠风暴"的军事行动，海湾战争全面爆发；海湾战争持续了近3个月，1991年4月10日，伊拉克宣布接受安理会第687号决议，海湾战争结束。

海湾危机爆发后，中国根据海湾地区形势的发展和变化，提出了一系列公正、合理解决海湾危机的建议，认真地履行了联合国安理会常任理事

---

① U. S. Department of State, *American Foreign Policy: Basic Documents, 1977 – 1980*, No. 15. Washington, D. C.: Government Printing Office, 1983, p. 55.

国应尽的责任和义务①。在海湾危机爆发当天，中国外交部发言人表示，中国政府对入侵事件深表不安，呼吁立即停止军事活动，通过和谈解决争端。在海湾危机和海湾战争期间，中国的外交政策和实践主要包括以下两个方面。

第一，中国积极做伊拉克及有关各方的外交工作，为争取和平做不懈努力。

1990年8月4日，中国外交部副部长杨福昌召见伊拉克驻华大使加夫，希望伊拉克响应阿盟的调解和国际社会的呼声，尽快无条件从科撤军。5日，中国宣布停止向伊拉克运送武器。8日，李鹏总理在访问印尼时举行新闻发布会，直言反对大国军事介入，但对沙特所采取的防御措施表示理解。此后，中国在各种重大场合为和平化解海湾危机继续做了大量的劝和工作。9月25日，钱其琛外长在第45届联大外长级会议上阐述了中国对海湾危机的立场。他指出，中国呼吁伊拉克正视国际社会的强烈愿望，立即停止对科威特的占领，并从科威特撤军。中国政府主张通过和平方式解决海湾危机，支持安理会所发挥的作用，欢迎联合国秘书长继续进行调解和斡旋，支持阿拉伯国家在安理会有关决议的基础上进行广泛的努力。他同时指出，中国原则上不赞成大国对海湾的军事卷入，因为这只能使局势更加复杂，呼吁有关国家保持最大的克制。②

1990年11月，钱其琛外长访问了埃及、沙特、约旦和伊拉克四国，直接或间接劝说伊拉克领导人从科威特撤军，并同各国领导人就和平解决海湾问题进行了探讨。中国还积极做美国方面的工作。钱其琛外长于11月6日在埃及开罗会见贝克时强调指出："只要和平的希望还存在，哪怕只有一线希望，国际社会就应力争用和平方式解决问题"，"和平解决所需要的时间，也许要长一些，但后遗症会少一些"。③

1990年11月11日，钱其琛访问伊拉克，并在会见萨达姆时对其进行了据理力争的劝说。针对萨达姆指出"伊拉克和科威特的关系就如同中国和香港的关系"，钱其琛严肃地指出，香港问题完全不同于伊、科关系。香港一直是中国领土，只是被英国通过鸦片战争霸占了一百多年。即便如此，

---

① 军事科学院军事历史研究部：《海湾战争全史》，解放军出版社，2000，第97页。
② 钱其琛：《外交十记》，世界知识出版社，2003，第75~76页。
③ 钱其琛：《外交十记》，世界知识出版社，2003，第83页。

中国仍是通过和平谈判，最终达成了解决香港问题的协议。而伊拉克和科威特有外交关系，互设使馆，都是联合国成员和阿拉伯国家联盟的成员，无论如何，伊拉克军事占领科威特是不可能接受的。① 但萨达姆政府误判形势，不听从包括中国在内的国际社会的劝告，迟迟不与安理会合作，终于导致海湾战争的爆发。

第二，在联合国框架内，中国坚决反对伊拉克入侵科威特，但同时反对大国军事介入海湾事务。

海湾危机爆发当天，在联合国安理会应科威特要求举行的紧急会议上，中国驻联合国大使李道豫表示，伊拉克和科威特两国都是中国的友好国家，希望两国能和平相处，并通过和平谈判解决两国之间的分歧。在这次会议上，中国对谴责伊拉克入侵科威特的安理会第 660 号决议投了赞成票，并对以后 10 个无关使用军事手段的决议都投了赞成票。这一切都表明了中国反对伊拉克入侵科威特的坚定立场。

但是，中国在反对伊拉克入侵科威特的同时，一直反对大国以战争手段解决海湾危机，这也是中国对包含授权西方使用武力的第 678 号决议投弃权票的原因所在。1990 年 11 月 29 日，联合国召开安理会成员国部长级会议，会议的主题就是讨论和表决美国提出的 678 号决议案。草案的关键内容是：伊拉克必须在 1991 年 1 月 15 日或此前完全履行安理会有关决议，否则将授权同科威特政府合作的联合国成员国使用一切必要手段维护并执行安理会有关决议。

由于安理会 678 号决议包含了授权使用武力的内容，中国投了弃权票。钱其琛外长在对中国投票立场做解释性发言时指出，中国既反对伊拉克对科威特的侵略，又主张和平解决，反对诉诸武力的原则立场。中国在海湾地区没有也不谋求任何私利，唯一关心的是该地区的和平与稳定。因此，中国力主和平解决海湾危机，以减少损失，避免战争后遗症；避免战争对海湾地区的危害，以及对世界和平与稳定和世界经济的不利影响。一方面，"使用一切必要手段"的措辞事实上是允许采取军事行动，这有悖于中国政府力主和平解决的一贯立场，因此中国难以对决议案投赞成票；另一方面，海湾危机的原因在于伊拉克入侵科威特，伊拉克未在从科威特撤军的关键

---

① 钱其琛：《外交十记》，世界知识出版社，2003，第 89 页。

问题上采取实际行动,这项决议草案同时包括要求伊拉克充分遵守安理会660号决议和其他有关决议,也就是要求伊拉克立即从科威特撤军,对于这一点中国是赞成的,因此中国对这个决议案也不投反对票。①

总之,中国对海湾危机和海湾战争的政策立场可以概括为三个方面。其一,中国明确反对伊拉克入侵科威特,呼吁伊拉克停火、撤军并恢复科威特的主权和领土完整。其二,中国主张通过和平谈判的方式实现海湾危机的政治解决,希望各方保持克制,反对诉诸武力。其三,中国反对大国军事介入海湾问题,呼吁在联合国决议基础上和平解决两国争端。从实践上来看,中国对海湾问题的外交政策是客观公正的,从长远来看也符合伊、科两国以及海湾地区的根本利益,受到阿拉伯世界和国际社会的认可。但是,伊拉克政府坚持强硬的立场和不合作的态度,美英方面坚持通过制裁和军事打击来解决海湾危机,最终导致海湾战争的爆发。

中国对海湾危机和海湾战争的政策,是针对当时复杂国际环境做出的正确选择,同时也通过正确应对海湾危机改善了中国所处的国际环境,并对中国的外交政策进行了适当的调整。

首先,中国利用海湾危机缓和了与美国的关系,但中国并未与美国在海湾问题上进行利益交换。

1989年国际上的东欧剧变和国内爆发政治风波,都使中国在海湾危机爆发前后面临着复杂的国内外局势,中国外交亟待稳住局面。面对国内外的严峻挑战,邓小平提出了"冷静观察、稳住阵脚、沉着应对、韬光养晦、善于守拙、决不当头、有所作为"等一系列战略方针。中国视海湾危机为我国外交上的机遇,充分利用一切可能,彰显我国作为安理会常任理事国的作用,奉行独立自主的和平外交政策,打破制裁,改善我国外交处境。例如,中国外长钱其琛于1990年11月开展了不带解决方案、不当调解人、意在广泛听取各方意见、为期七天的中东"穿梭外交",是海湾危机期间唯一到达巴格达的安理会常任理事国外长。

客观而言,海湾危机无疑为中国外交尤其是中美关系的改善提供了一个机会,因为在动武问题上美国需要身为安理会常任理事国的中国的支持或者默许。在钱其琛外长访问中东期间,美国国务卿贝克突然打电话邀请

---

① 钱其琛:《外交十记》,世界知识出版社,2003,第103页。

钱其琛在参加安理会会议期间访问美国，布什总统也分别致信江泽民、杨尚昆、李鹏等中国领导人，希望中国在安理会支持美国提出的决议草案，明确表示即将进行的安理会投票表决以及钱其琛对美国的访问，"将为实现双边关系的重大进展提供决定性的机会"。① 但是，正如钱其琛外长在《外交十记》一书中所言："为换取中国赞成或不否决美国的议案，主动邀请我正式访问美国，说明美国在这个问题上有求于中方，但又企图把中方对这个议案的态度与恢复中美正常关系紧密挂钩。"② 美国国务卿贝克向钱其琛表示，希望中国能投赞成票，强调中国投否决票和弃权票都将对钱其琛访美"造成灾难性影响"③。对此中国表示了断然拒绝。事实表明，中国并未与美国在海湾问题作任何利益交换，如前所述，中国之所以未对678号决议案投赞成票，其原因在于它包含使用武力的内容，有悖中国外交立场；但由于它同时包含要求伊拉克从科威特撤军的内容，中国也未对其投反对票。

因此，在海湾问题上，中国的政策完全是坚持自身外交原则的体现，是从海湾危机本身的是非曲直出发而做出的正确选择。中国的立场得到了国际社会的广泛认可，同时也为中国国际环境的改善创造了条件。

其次，针对海湾战争后国际格局的变化，中国明确提出以和平共处五项原则为基础建立国际政治经济新秩序。

海湾战争前后国际局势发生的一系列变化使中国更加关注国际政治经济秩序问题。海湾战争后，美国确立了在中东地区的霸权，并借此提出了建立美国领导下的"世界新秩序"，维护其"一超独霸"的国际地位和全球秩序。针对这种情况，中国提出了自己的国际秩序观，主张在和平共处五项原则基础上建立国际政治经济新秩序。1991年3月召开的七届人大四次会议的决议，明确将建立国际新秩序作为中国外交政策的重要组成部分。决议说，"我们要一如既往地奉行独立自主的和平外交政策，反对霸权主义和强权政治，在和平共处五项原则的基础上，同一切国家保持和发展友好合作关系，为建立国际政治和经济新秩序，促进人类进步事业和整个世界的和平与发展，做出应有的贡献"。④

---

① 钱其琛：《外交十记》，世界知识出版社，2003，第103页。
② 钱其琛：《外交十记》，世界知识出版社，2003，第98页。
③ 钱其琛：《外交十记》，世界知识出版社，2003，第99页。
④ 《人民日报》1991年4月10日，第1版。

通过海湾战争，中国深刻地认识到，美国意图建立的"单极世界"受到了西欧、日本等国家的挑战以及广大发展中国家的反对。因此，建立以和平共处五项原则为基础的国际政治经济新秩序，反映了世界各国的普遍愿望，适应了战后世界形势的发展和国际秩序演变的客观需要，具有广泛性、正当性与合理性。①

三　中国对伊拉克战争和伊拉克战后重建的外交政策

海湾战争后，克林顿政府的中东战略突出表现为"西促和谈，东遏两伊"，对伊拉克和伊朗推行"双重遏制"政策，经济制裁、有限军事打击和建立"禁飞区"构成了克林顿政府伊拉克政策的主要内容。但"9·11"事件的爆发彻底改变了美国的全球战略，伴随新保守主义取得主导地位，美国的伊拉克政策从克林顿时期的"遏制"转向小布什时期的"先发制人"和"政权更迭"。2002年1月29日，小布什在国情咨文当中将伊拉克、伊朗和朝鲜列为"邪恶轴心"国家，声称有"证据"表明伊拉克持有威胁美国及其中东盟友的"大规模杀伤性武器"，并支持恐怖主义。阿富汗战争结束后，美国迅速将反恐战争的矛头指向伊拉克，明确要求伊拉克立刻放弃大规模杀伤性武器发展计划和对恐怖主义组织的支持。2003年3月20日，美国以伊拉克拥有大规模杀伤性武器为由，在未获得联合国授权的情况下，悍然发动伊拉克战争，旨在把伊拉克打造成为中东地区的"民主样板"，以消除滋生恐怖主义的土壤。

伊拉克战争是冷战后美国"单边主义"和"新干涉主义"政策发展的顶峰，是一场重塑国际格局的局部战争，围绕伊拉克战争的国际博弈也是一场围绕国际秩序展开的复杂较量。在伊拉克战争前后，中国始终坚持维护《联合国宪章》和国际法基本原则，主张在联合国框架内政治解决伊拉克问题，反对"先发制人"的单边主义行为；同时又在本国力量和利益所及的范围内进行斡旋与斗争，采取战略明确、战术超脱的灵活策略，在坚持国际道义的同时，最大限度地维护国家利益；既发挥了负责任大国应有的作用，又成功地实现了我国外交战略的"韬光养晦"与"有所作为"方

---

① 良月：《关于建立国际新秩序的再思考》，《国际政治研究》1991年第3期。

针的辩证统一。①

第一，伊拉克战争爆发前，中国力图在联合国框架内政治解决伊拉克危机，为阻止战争爆发付出了不懈的努力。

海湾战争后，西方对伊拉克进行了严厉的制裁，双方围绕"禁飞区"和大规模杀伤性武器的"核查"问题纷争不断，美英更是频繁对伊拉克进行空袭。由于美英设立的"禁飞区"未获得联合国批准，中国、俄罗斯等国在外交场合公开强调美英此举的非法性，呼吁美英停止对伊拉克的空袭行动。在伊拉克问题上，中国主张伊拉克应全面、切实地执行联合国安理会的有关决议，同时认为对伊拉克的国家主权、民族尊严和对安全的关切应予以尊重。在海湾战争后的武器核查危机中，中国不赞成对伊拉克使用武力，呼吁有关各方采取克制和灵活态度，通过对话解决分歧。在1998年初举行的安理会会议上，中国与俄、法一起主张结束对伊拉克的制裁。②

1998年2月中国副总理兼外长钱其琛会见美国特使理查德森，促成安南秘书长赴伊进行斡旋并与伊拉克签署了谅解备忘录，暂时避免了一场战争。当伊拉克撕毁与联合国秘书长安南于1998年2月23日达成的谅解备忘录时，中国反对由英国和日本提交的支持美国、允许国际组织对伊拉克使用武力的提案。中国与法国、俄罗斯共同反对这一提案，要求该提案不应包括"对伊拉克使用武力"的内容，同时鼓励伊拉克与联合国合作，以解除对伊拉克的经济制裁。③ 1998年10月，中国、俄罗斯、法国等国一起再次促成安南秘书长进行斡旋，再次于危急时刻阻止了战争的爆发。④。1998年12月17日，美英空军发动代号为"沙漠之狐"的对伊军事打击，中国谴责此次行动因未得到安理会授权而不具合法性。

"9·11事件"发生后，反恐、防核扩散、维护美国国土安全成为美国新国家安全战略的主要目标，⑤ 美国公开表示将以武力推翻萨达姆政权。从2002年下半年开始，美国加紧为打击伊拉克做军事准备，向海湾地区大规

---

① 参见余建华《伊拉克战争与中国外交》，《西亚非洲》2004年第3期。
② 安维华：《中国—中东友好合作关系稳定发展》，《西亚非洲》1998年第6期。
③ 钱学文：《中国对伊拉克外交中的国家利益取向》，《阿拉伯世界研究》2010年第2期。
④ 解传广：《外交部亚非司负责人谈中国在伊拉克核查问题上的立场》，《世界知识》1999年第4期。
⑤ 谢益显主编《中国当代外交史》（1949－2009），中国青年出版社，2009，第494页。

模集结部队，海湾局势又一次陷入危机。面对战争在即的危险，中国一直致力于在联合国框架内政治解决伊拉克问题，敦促各方不应绕开安理会采取单方面行动。即使在美国对伊拉克动武的企图日渐明显的情况下，中国仍努力推动伊拉克政府在武器核查问题上与联合国合作，以争取伊拉克问题的政治解决。①

在包括中国在内的国际社会的斡旋下，伊拉克在武器核查问题上的态度出现了重大变化。2002年9月，伊拉克宣布无条件接受联合国武器核查人员重返伊拉克，并随后于10月1日与联合国监核会和国际原子能机构就细节问题达成一致，使历时4年的武器核查危机出现新转机。然而，美英方面却认为伊拉克的任何让步都只是"策略性步骤"，彻底扭转战争危机已极为困难。

2002年11月，中国担任联合国安理会轮值主席国期间，中国力推安理会就政治解决伊拉克问题达成共识，通过了安理会第1441号决议。这项文件是在联合国框架内以和平方式解决伊拉克问题的最后决议。如果伊拉克全面、严格地履行安理会有关决议，彻底查清并销毁大规模杀伤性武器，就有可能全面解决伊拉克问题，中止并最终解除对伊拉克长达12年的制裁。基于这种认识，中国对1441号决议投了赞成票。此后，伊拉克政府宣布无条件接受1441号决议，并按规定于12月7日向联合国递交了研制大规模杀伤性武器报告。②

但是，在美国将发动战争作为既定战略选择的情况下，安理会第1441号决议已很难阻止战争的爆发。2003年2月5日，美国国务卿鲍威尔在安理会强调，1441号决议并未得到很好的执行，安理会必须做出新的决议；2月23日，美国、英国、西班牙向安理会提交了一份新的提案，该协议谴责伊拉克不遵守1441号决议，要求允许对伊拉克使用武力。中方则坚决要求给予联合国核查小组更多的时间，不必另外再作新决议。中方认为，核查小组在伊拉克的工作确已取得进展，没有理由要求安理会放弃核查小组的工作。所以中国支持由法、俄、德提交的要求给予核查小组更多时间的备忘录。③ 在安理会关于伊拉克问题的辩论会上，时任中国外长唐家璇指出：

---

① 余建华：《伊拉克战争与中国外交》，《西亚非洲》2004年第3期。
② 余建华：《伊拉克战争与中国外交》，《西亚非洲》2004年第3期。
③ 钱学文：《中国对伊拉克外交中的国家利益取向》，《阿拉伯世界研究》2010年第2期。

"根据现有事实,没有理由关上和平大门,所以我们不支持做出一个特别是允许使用武力的新决议。我们相信,只要恪守和平解决的道路,销毁伊拉克大规模杀伤性武器的目标是可以实现的。"①

为避免伊拉克战争的爆发,中国积极进行了一系列外交斡旋,中国领导人和外长与外国领导人和外长先后通话 30 多次,唐家璇外长在一个半月内 4 次飞赴纽约出席安理会外长会议,多次与联合国秘书长及有关国家外长会晤,阐述中国和平解决伊拉克问题的立场。②

总之,在伊拉克战争爆发前,中国努力推动在联合国安理会有关决议的框架内政治解决伊拉克问题,积极推动伊拉克在核查问题上转变态度并促成了安理会第 1441 号决议的通过,为尽可能避免战争付出了巨大努力。在这一阶段内,联合国安理会构成了中国宣示政策主张、反对美国单边主义、争取政治解决伊拉克危机的主要平台,既展示了中国为解决伊拉克危机的外交努力,也未因此导致中美关系出现大的波动。对此,有西方学者评价指出:"中国希望将联合国作为限制美国能力的一种途径,防止美国充当单边主义的'国际警察'。"其原因在于,"通过联合国来解决争议,可以逐渐削弱美国的影响和其在世界的优势地位。美国盟国的大多数民众变得越来越对美国的单边主义表现出反感。中国已经直接证明了在国际社会中保持良好声望的重要性,并且越来越多地将一些国际事务的解决依托于国际组织,尤其是联合国"。③

第二,在伊拉克战争进行的过程中,中国继续坚持反对战争的既有立场,但并未参加欧洲和俄罗斯等国家组成的反战阵营,保持了自身政策的独立性,体现了原则性与策略性相结合的外交艺术。

伊拉克战争爆发后,中国外交政策十分明确,即高举维护世界和平与安全、维护联合国宪章和安理会权威大旗,在联合国框架内积极寻求危机的政治解决,不赞成安理会授权美国对伊拉克动武,使单独动武的举动在国际道义上处于被动地位。④

伊拉克战争爆发后,中国对入侵伊拉克表示强烈反对并继续推动政治

---

① 《中国外交部强调联合国在避免战争中的作用》,《人民日报》2003 年 3 月 8 日。
② 鲁世巍:《中国外交积极稳妥地应对伊拉克问题》,《时事报告》2002 年第 6 期。
③ 科特·坎贝尔:《伊战重塑中国外交政策》,胡锦洋编译,《世界报》2008 年 12 月 24 日。
④ 杨月彬:《试析中国处理伊拉克危机的战略与策略》,《外交学院学报》2003 年第 2 期。

解决伊拉克问题。2003年3月20日，即伊拉克战争爆发当天，中国外交部发表声明指出：

> 中国政府对美国等一些国家对伊采取军事行动表示严重不安，中国政府一贯支持在联合国框架内政治解决伊拉克问题，鼓励伊拉克政府全部执行安理会的相关决议，呼吁国际社会尊重伊拉克的主权和领土完整。2002年11月全体通过的1441号安理会决议是和平解决伊拉克问题的重要基础，中国政府强烈呼吁有关国家停止军事行动，回到政治解决伊拉克问题的正确道路上来。[1]

中国政协民族委员会发表了措辞更为严厉的声明，声明指出：

> 3月20日，在未得到联合国安理会授权的情况下，无视全世界的和平愿望，美国等一些国家我行我素，发动了对伊军事行动。来自各个党派、社会各界、民族团体的中国政协民族委员会全体成员为之震惊和不安，我们强烈呼吁有关各国遵守国际社会的要求，停止军事入侵，在联合国框架内，为政治解决伊拉克问题继续努力。[2]

伊拉克战争作为一场重塑国际格局的战争，不仅严重冲击了国际法体系和联合国权威，还激化了世界主要力量之间的矛盾。[3] 伊拉克战争导致的世界主要力量之间的矛盾突出表现为美英单边主义霸权与法俄等国家组成的反战阵营之间的矛盾，这一矛盾无疑成为中国外交必须正视的问题。在这一问题上，中国外交体现原则性与策略性相结合的特点。一方面，中国坚持反战的基本立场，但不参加反战阵营，以保持自身政策的独立性。中国呼吁尊重包括伊拉克在内的各方主权和领土的完整，有利于彰显中国的外交原则和外交立场，同时也有利于维护和巩固中阿传统友好关系。另一方面，中国坚持把"反战"和"反美"区别开来，注意保持中美关系不发

---

[1]《中国外交部关于伊拉克问题的声明》，《人民日报》2003年3月20日。
[2]《中国政协呼吁停止针对伊拉克的军事行动》，《人民日报》2003年3月22日。
[3]《张业遂副部长接受〈解放军报〉专访》，http://www.fmprc.gov.cn/chn/pds/wjdt/wjbxw/t57257.htm。

生剧烈震荡。尽管中国明确反对美英发动的这场非法战争，但中国并没有加入反美阵营，保持了中美关系的总体稳定，也为日后中国参与伊拉克战后重建创造了条件。对此，有国际媒体评价指出："从战略角度看，中国是反战的，但从战术角度看，它正试图使自己尽可能远离主战派和反战派这两个阵营。因此当联合国安理会出现分歧时，对中国而言发挥影响的最佳方式就是在双方之间进行仲裁，以阻止安理会全面崩溃。"①

总之，中国坚持国际道义与维护国家利益相结合的原则，体现了中国外交平衡各种复杂问题的能力和艺术。对此，有学者评价指出："在对伊拉克动武问题上，中国固然明确反对美国甩掉联合国而一意孤行的单边主义政策，但也不希望被视为反美的领头人、扛旗者。""中国在伊拉克问题上的原则和策略是对本国国家利益、大国关系尤其是中美关系，以及对伊斯兰国家和人民的感情尊重三者结合、综合平衡的产物。"②

第三，在伊拉克战争结束后，中国积极通过双边和多边渠道参与伊拉克战后重建，履行了负责任大国的国际义务。

2003年4月9日，美军攻陷伊拉克首都巴格达，萨达姆政权垮台；4月15日，美军宣布在伊拉克主要战事行动结束，伊拉克进入战后重建时期。

在伊拉克战争结束之初，中国对伊拉克战后重建的参与突出表现为主张和支持联合国在伊战后重建事务上发挥主导作用。为此中国对联合国安理会的一系列有关伊拉克战后重建的决议予以了支持，对决定解除对伊国际制裁的1483号决议（2003年5月22日）、决定在伊拉克组建联合国代表团的1500号决议（2003年8月14日）、授予美国领导下的驻伊拉克国际部队合法性的1511号决议（2003年10月16日）、要求联合国就石油换食品计划展开全面调查的1538号决议（2004年4月21日）、同意国际部队继续驻留伊拉克的1546号决议（2004年6月8日）、决定向伊拉克提供帮助和延长联合国代表团任期的1557号决议（2004年8月12日）、支持联合国在伊拉克发挥作用和延长联合国代表团任期的1619号安理会决议（2005年8月11日）、欢迎伊拉克进入政治过渡阶段并同意延长外国部队驻留伊拉克时间的1637号安理会决议（2005年11月8日）、授权延长国际部队驻留伊

---

① 余建华：《伊拉克战争与中国外交》，《西亚非洲》2004年第3期。
② 余建华：《伊拉克战争与中国外交》，《西亚非洲》2004年第3期。

拉克时间的 1700 号安理会决议 (2006 年 8 月 10 日), 中国都积极参与讨论, 并在投票表决时投了赞成票。应该指出的是, 尽管中国对部分决议的某些条款存在看法, 但为确保联合国在伊拉克战后重建问题上发挥主导作用, 中国均在阐明自己立场的基础上予以了支持。"中国对于关于伊拉克问题的安理会决议的政治支持, 说明了中国政府对联合国参与伊拉克事务、承担相应责任、不使伊拉克问题落入美国及其盟友之手的支持与重视, 此举促使安理会在解决国际问题中发挥了更大作用, 充分体现出中国试图消除美国在新的国际体系中实施单边主义的影响。"①

在伊拉克政治重建方面, 中国坚定支持伊主权、独立和领土完整, 主张通过政治进程, 以和平、民主的方式解决各派的分歧, 实现伊的安全与稳定。中国的主张主要包括: 伊拉克的统一、独立、主权与领土完整应得到维护, 应尽快实现"伊人治伊", 伊新政权应具有广泛代表性, 奉行睦邻友好政策; 各方在伊的合法权益应得到充分尊重和维护; 联合国应在伊重建中发挥全面作用。②

2005 年 6 月, 在伊拉克问题国际会议上, 李肇星外长阐述了中方对伊重建的三点主张: 第一, 政治上要实现"伊人治伊"; 第二, 安全上要进行综合治理; 第三, 经济上要恢复"造血"机能。③ 2007 年 5 月, 杨洁篪外长出席了在埃及召开的"伊拉克国际契约"和伊拉克周边外长扩大会议, 阐述了中国对伊拉克问题的原则立场, 指出团结、稳定和发展是伊拉克问题面临的三项主要任务, 其中团结是关键, 伊不同民族与教派应加强对话, 促进和解, 保障所有人平等参与政治生活, 公平分享财富, 把政治解决放在突出位置, 通过综合治理实现稳定; 同时强调伊周边国家和国际社会以及联合国支持伊政治经济重建的重要性。④

对伊拉克战后政治重建进程中的重大进展, 如成立临管会、签署临时宪法、成立临时政府、过渡国民议会选举、宪法草案全民公决等, 中国政

---

① 钱学文:《中国对伊拉克外交中的国家利益取向》,《阿拉伯世界研究》2010 年第 2 期。
② 赵国忠:《中国与阿拉伯国家友好合作关系源远流长》, http://www.invest.net.cn/News/ShowInfoxy.aspx? ID = 3411。
③ 《李肇星在伊拉克问题国际会议上阐述中方三点主张》, http://news.xinhuanet.com/world/2005 - 06/22/ content_3121034.htm。
④ 《杨洁篪表示中国支持"伊拉克国际契约"》, http://finance.ce.cn/szsd/200705/03/t20070503_11250105.shtml。

府均表示欢迎。此外，中国利用联合国等国际舞台提出了有关伊拉克重建的一系列原则和建议，并与俄罗斯、英国、美国、伊朗等国家就伊重建问题进行了沟通。在实践中，中国政府采取切实措施，帮助伊拉克的政治重建，如为伊拉克提供援助资金、培训外交官、提供扫雷援助等。①

在经济重建方面，尽管美国一度把中国、法国、德国、加拿大、俄罗斯等国排除在重建项目招标活动之外，但中国仍通过不断创造条件，积极参与伊拉克战后经济重建。中国主要通过双边渠道为伊拉克提供援助和建议，发展中伊经贸关系，加强双方经济技术协作，支持中国企业在包括能源、通信、医疗设备、建材等领域进行投资，为伊拉克经济重建提供支持。为了促进伊拉克战后重建，中国减免了伊拉克债务的80%。② 中国还积极支持伊拉克实现自身经济的"造血"功能，并强调国际社会通过伊拉克重建基金国际协调机制（IRFFI）、加强联合国和世界银行的协调等机制支持伊战后重建。2006年，中国承诺向伊拉克提供2500万美元的经济援助；2007年5月，杨洁篪外长出席在埃及召开的伊拉克周边外长扩大会议和伊拉克国际契约大会时，特别强调伊周边国家和国际社会以及联合国支持伊政治经济重建的重要性；宣布中国政府向伊提供5000万元人民币无偿援助，并愿大幅度减免伊方欠中方的债务。③

2007年6月，伊拉克总统塔拉巴尼访华，这是1958年中伊建交来首次访华的伊拉克国家元首。胡锦涛等中国领导人在会谈中再次重申了中国对伊拉克问题的原则立场，并表示中国将继续支持伊重建，继续提供力所能及的帮助，包括鼓励和支持中国企业参与重建，为伊重建培训急需的专业人员，并共同探讨拓展互利合作的新领域和新途径。④

2011年7月，胡锦涛主席在会见来访的伊拉克总理马利基时强调，中方一如既往地支持伊拉克新政府为维护独立、主权和领土完整，促进国家重建和长治久安所做的努力。中伊双方要本着积极务实、互利共赢的精神，

---

① 黄民兴：《伊拉克战争以来中国与伊拉克的关系》，《阿拉伯世界研究》2014年第5期。
② 《中国国务院批准减免伊欠华债务80%》，http://news.xinhuanet.com/world/2010-02/02/content_12919947.htm。
③ 《2007年6月21日外交部发言人秦刚举行例行记者会》，http://www.fmprc.gov.cn/chn/pds/wjdt/fyrbt/t332342.htm。
④ 姚匡乙：《中东热点问题走向和中国外交政策及其实践》，《阿拉伯世界研究》2008年第1期。

加强以双边贸易为中心的经贸合作，深化以油气合作为龙头的能源合作，扩大以基础设施建设为主的大项目合作，推动两国务实合作向广度和深度发展。马利基表示伊拉克政府正致力于促进经济发展、国家统一和民族团结，希望学习借鉴中国发展经验；伊方愿意把中国作为重要合作伙伴，进一步加强两国在政治、经贸、能源、基础设施、科技、人文等领域的务实合作，以及在国际和地区事务中的协调与配合，欢迎中国企业到伊拉克投资兴业。①

由于中国坚持维护伊拉克的主权以及双方建立在相互尊重、平等互利基础上的双边关系，中国在伊拉克重建过程中发挥的建设性作用得到了包括伊拉克在内的国际社会的广泛认可。2011年7月22日的《日本经济新闻》评价指出，中国正在伊拉克重建中担当主角，而且试图成为长期角色。②

第四，面对美国撤军后伊拉克陷入政治危机，极端组织"伊斯兰国"（IS）攻城略地，中国积极支持伊拉克实现政治和解和打击"伊斯兰国"的反恐努力。

2011年美国从伊拉克撤军后，伊拉克的政治和安全局势急剧恶化。面对伊拉克各派冲突不断，统一面临严重危险的状况，中国坚定支持伊拉克主权独立和领土完整，主张通过政治进程，以和平、民主的方式解决各派分歧，实现伊拉克的安全与稳定。2014年2月，中国外长王毅访问伊拉克，在这次被称为"支持与合作之旅"的访问中，王毅表示中国将坚定支持伊拉克维护国家独立和领土完整；坚定支持伊拉克加快政治重建和民族和解进程；坚定支持伊拉克政府反对一切形式的恐怖主义，并表示中国将在能源、基础设施和民生三大领域向伊拉克提供更多帮助。③伊拉克总理马利基表示，伊方欢迎中国参与和帮助伊拉克战后重建并希望将更多中国企业纳入其重建规划。④

2014年6月，极端主义势力"伊斯兰国"在叙利亚和伊拉克边境地区

---

① 《国家主席胡锦涛在人民大会堂会见伊拉克总理马利基》，http://www.gov.cn/ldhd/2011-07/19/content_1909482.htm。
② 《日媒：中国成为伊拉克重建的主角》，http://news.sina.com.cn/c/2011-07-25/083422871295.shtml。
③ 《王毅与伊拉克外长兹巴里举行会谈》，http://news.xinhuanet.com/world/2014-02/24/c_119460773.htm。
④ 《伊拉克总理马利基会见王毅 感谢中国支持帮助》，http://news.xinmin.cn/world/2014/02/24/23600973.html。

迅速崛起，不仅进一步恶化了伊拉克的安全局势，导致大选后的伊拉克政治危机不断加剧，而且对地区安全和全球安全构成严重威胁。2014 年 6 月19 日，中国外交部发言人表示，中方支持伊拉克政府为维护国内稳定、打击恐怖主义所做的努力，希望伊拉克早日恢复稳定和正常秩序。中方愿根据伊方实际需求，继续为伊拉克提供力所能及的帮助。同时，中方希望伊方继续采取切实措施，确保在伊中国机构和人员安全。① 2014 年 7 月 7 日，中国中东问题特使吴思科访问伊拉克，分别会见伊拉克总理马利基、副总理穆特拉克、外长兹巴里，强调中方坚定支持伊拉克政府为维护国家主权、独立和打击恐怖主义所做的努力，希望伊各派进一步加强团结，凝聚共识，尽快组建包容性的、能代表各政治力量的新政府。中方将继续在政治、道义和物质上向伊方提供坚定支持，同时希望伊方继续采取切实举措，确保在伊中国企业和人员安全。② 7 月 28 日，吴思科在中外媒体吹风会上表示，加快推进政治和解是解决问题的关键；国际社会要在反恐问题上形成共识与合力，摒弃双重标准，并加快推动地区热点问题的政治解决。③

2014 年 8 月，美国开始对"伊斯兰国"发动空袭，中国从反恐大局和维护地区和平稳定出发，对美国的行动表示一定程度的理解和支持，同时强调打击恐怖主义需要标本兼治，充分发挥联合国及安理会的作用。8 月 15 日联合国安理会全票通过了制裁"伊斯兰国"的 2170 号决议，决定切断伊叙极端组织资金和外来武装分子来源，并对极端组织头目进行制裁。中国代表对该决议案投了赞成票。中国常驻联合国代表刘结一指出，中国是恐怖主义的受害者，中方坚决反对一切形式的恐怖主义，将继续积极参与国际反恐合作，共同遏制和打击恐怖主义威胁。④

2014 年 8 月 15 日，在会见联合国秘书长潘基文时，习近平主席全面阐述了中国的立场，强调伊拉克要走出乱局，一是要搞好团结，二是外部不

---

① 《外交部回应伊拉克局势：愿继续为伊反恐提供帮助》，http://www.chinanews.com/gn/2014/06-19/6300366.shtml。
② 《伊拉克总理会见中国中东问题特使》，http://news.xinhuanet.com/world/2014-07/08/c_1111498369.htm。
③ 《中国中东问题特使吴思科就巴以和伊拉克局势举行中外媒体吹风会》，http://china.huanqiu.com/News/fmprc/2014-11/5221013.html。
④ 《中国代表呼吁国际社会共同打击"伊拉克和黎凡特伊斯兰国"等恐怖组织》，http://news.ifeng.com/a/20140816/41605582_0.shtml。

要增加动乱因素。中方将继续支持伊拉克政府尽快把局势稳定下来,希望伊拉克各派以国家利益为重,稳定国内政治,推进和解进程,顺利组建具有广泛代表性的政府。国际社会应向伊拉克提供协助,但要尊重伊拉克的主权、独立、领土完整。①

2014年9月15日,伊拉克和平与安全国际会议在法国首都巴黎举行,中方代表李保东强调,反恐要形成合力,充分发挥联合国及安理会的主导作用;军事手段仅是治标之举,有关行动必须尊重当事国主权、独立和领土完整,符合《联合国宪章》宗旨及原则和国际关系基本准则。中国将继续向伊拉克提供支持和帮助。他还特别强调了对中东问题进行综合治理的重要性,他指出,国际社会必须认真反思,妥善应对伊拉克、叙利亚等热点问题的联动影响,倡导综合治理,致力于政治解决,支持地区国家自主有序转型,探索符合自身特点的发展道路,为从根本上实现长治久安创造条件。②

2014年9月27日,在第69届联合国大会一般性辩论中,外交部部长王毅呼吁国际社会加大对伊拉克的人道援助力度,同时表示中方将向伊拉克提供6000万元人道主义援助。他强调国际反恐合作应该多措并举、标本兼治,充分发挥联合国及其安理会的主导作用;反恐不能搞双重标准,更不能把恐怖主义与特定民族、宗教挂钩。③

2014年12月29日,中国外交部副部长张明访问伊拉克,分别会见伊副总统马利基、副总理穆特拉克、外交部副部长海鲁拉等,他表示中方愿同伊拉克新政府加强交往,坚定支持伊方为推进政治和解和维护国家稳定所做的努力,愿继续积极参与伊拉克经济重建,向伊方提供力所能及的支持和帮助。④

从目前国际社会共同打击"伊斯兰国"的情况来看,很难在短期内根

---

① 《习近平主席会见联合国秘书长潘基文》,http://news.xinhuanet.com/politics/2014-08/16/c_1112103237.htm。
② 《极端组织是国际社会的共同威胁》,http://news.xinhuanet.com/world/2014-09/16/c_126989261.htm。
③ 《中华人民共和国外交部长王毅在第69届联合国大会一般性辩论上的发言》,http://www.qthgd.com/xinwen/szxw/64340.html。
④ 《外交部副部长张明访问伊拉克》,http://www.fmprc.gov.cn/mfa_chn/wjbxw_602253/t1224420.shtml。

除该组织，中国所主张的依靠联合国、国际社会共同协调、多管齐下、标本兼治等理念应该成为国际社会抗击"伊斯兰国"的理性选择。

结　论

纵观三十多年来中国对伊拉克问题的外交政策与实践，中国对两伊战争、海湾战争、伊拉克战争和伊拉克战后重建等问题的处理，集中体现了中国处理国际热点问题的外交特色。

首先，中国对伊拉克问题的外交政策体现了中国处理国际热点问题的外交理念和外交方针。中国处理中东热点问题的基本方针是劝和促谈，具体主要体现为：第一，坚持通过对话和谈判公平合理解决争端是中国处理热点问题的根本宗旨。第二，倡导多边主义，重视联合国安理会在维护世界和平中的作用，恪守主权原则、不干涉内政原则等公认的国际关系准则。第三，重视从发展的角度认识热点问题的根源和解决办法，强调通过经济合作和增加人道援助，改善当地民生，为和平解决争端营造良好的外部环境。第四，从国际道义出发，尊重相关各方的合理关切，推动热点问题的解决向着有利于当事国和地区人民根本利益的方向发展。[①]

其次，伊拉克问题本身的性质及其发展变化、国际格局和中东地区格局的变化、中国外交政策的基本原则和中国总体外交战略的调整，构成了影响中国对伊拉克问题外交政策的主要变量。在两伊战争问题上，由于伊朗和伊拉克对战争的爆发均负有责任，双方又均为与中国有正常外交关系的国家，同时两伊战争与美苏在海湾的博弈密切相关，加之改革开放初期中国强调独立自主外交和外交服务于国内经济建设，中国采取了恪守中立，同时对双方劝谈促和的外交政策。在海湾危机和海湾战争问题上，由于伊拉克入侵科威特是对国家主权原则的公然践踏，中国对此予以强烈反对，同时从维护地区稳定出发为政治解决海湾危机付出了不懈的外交努力，并对联合国678号决议案投了弃权票。此外，中国在客观上利用海湾危机缓和了与美国的关系，但中国并未与美国在海湾问题上进行利益交换。在海湾

[①] 参见刘中民《中国的中东热点外交：历史、理念、经验与影响》，《阿拉伯世界研究》2011年第1期。

战争后，针对美国"一超独大"的国际格局和美国中东霸权的确立，中国明确提出了以和平共处五项原则为基础建立国际政治经济新秩序的主张。在伊拉克战争问题上，由于美国发动伊拉克战争的非法性，中国在战前为阻止战争爆发付出了巨大的努力；在战争进程中中国坚持反战的既有立场，但并未参加"反战阵营"，保持了自身政策的独立，体现了原则性与策略性相结合的外交艺术；在伊拉克战争结束后，中国坚定支持伊拉克主权独立和领土完整，积极通过双边和多边渠道参与伊拉克战后重建，履行了负责任大国的国际义务。这些政策选择同样是中国综合考虑伊拉克战争性质、自身外交原则、大国关系尤其是中美关系稳定等因素的产物。

比较视角下的中美对也门的援助：回顾与展望[*]

江 涛[**]

内容提要 也门是中东和阿拉伯地区的一个重要国家，历来为大国所关注。50 多年来，中国和美国都向也门提供了一定的援助，整体看来，两国对也门的援助都可以分为四个时期。作为成熟的援助国的美国与新兴的援助国的中国，对也门的援助有相同的一面，也有显著的差异。在新的条件下，中国应该逐步地对对外援助进行必要的调整。在这一调整过程中，可以将也门作为试点，适当借鉴和消化美国的对外援助经验，使得对外援助更好地为我国的对外战略服务。

关键词 中国 美国 也门 对外援助 比较

也门共和国位于阿拉伯半岛西南端。与沙特、阿曼相邻，濒红海、亚丁湾和阿拉伯海，面积 55.5 万平方公里，人口约 2360 万。绝大多数是阿拉伯人，官方语言为阿拉伯语。也门是世界上最不发达的国家之一，2013 年人均国内生产总值约为 1622 美元。[①] 长期以来，也门是世界上重要的受援国之一。根据经济合作与发展组织的统计，2010 年、2011 年和 2012 年，也门接受的官方发展援助分别为 6.64 亿美元、4.76 亿美元和 7.09 亿美元，分别占其国民总收入（GNI）的 2.2%、1.6% 和 2.1%。[②]

从 20 世纪 50 年代开始，出于不同的动机和考量，中国和美国都向也门

---

[*] 本文系作者参与的 2012 年国家社科基金青年项目"经济权力视角下我国对外战略调整研究"（项目批准号：12CGJ002）的阶段性成果。

[**] 江涛，中央财经大学政府管理学院副教授（北京 100081）。

[①] 也门国家概况（2014 年 9 月），外交部网站，http://www.fmprc.gov.cn/mfa_chn/gjhdq_603914/gj_603916/yz_603918/1206_604834/。

[②] 资料来源：经合组织和世界银行网站，http://www.oecd.org/dac/stats。

提供了一定的援助。那么,中国和美国为什么要对也门提供援助?50多年来,中国和美国对也门的援助有什么不同?在新的形势下,中国对也门的援助面临着怎样的挑战?美国对也门的援助有哪些经验值得中国借鉴?这些问题都值得关注和研究。本文拟先概述中国和美国对也门援助的概况,然后分析两国对也门援助的不同,最后指出在借鉴美国援助经验的基础上,配合"一带一路"的大战略,中国对也门的援助所面临的挑战和应该做的调整。

一 中国对也门的援助

在中国的对外援助中,也门是重要的一环。自1956年建交以来,不管国际格局和两国的国内形势发生怎样的变化,中国和也门始终保持了友好的合作关系,两国的政治互信不断加强,经贸、文教等各领域合作卓有成效,中国对也门的援助也从未间断过。一份公开的材料显示,1958~2003年,中国对也门的援助额高达12.14亿元人民币(按照当年价格约1.47亿美元),其中无偿援助10.18亿元,贷款9.66亿元人民币。[①] 有学者指出,1957~2004年,中国向也门提供了3.76亿美元的贷款,用于高速公路、医院、工厂和学校的建设。[②]

公开数据显示,中国对也门的援助是从1958年开始的。1958~2014年中国对也门的援助可大致分为四个时期。1958~1978年为第一个时期,中国援助的主导因素是意识形态和国际主义。1979~1989年为第二个时期,中国的援助逐步地去意识形态化,强调援助为经济建设服务。1990~2011年为第三个时期,以也门统一和冷战结束为大背景,中国更多地从经济因素和能源合作的角度来考虑对也门的援助。2012年至今为第四个时期,以也门动荡与中国十八大以及外交转型为大背景,中国开始从战略的角度进一步调整其对也门的援助。

[①] 杨鲁萍:《国别报告·也门共和国》,中东非洲研究网,http://waas.cass.cn/upload/2011/03/d20110307092428649.pdf。

[②] 加法尔·卡拉尔·艾哈迈德:《中阿合作论坛十年发展及其对中阿关系的影响》,姚匡乙、丽蓉主编《丝路新篇——中阿合作论坛十周年论文集》,世界知识出版社,2014,第95~96页。

1. 意识形态与国际主义主导下的援助（1958～1978）

如前所述，1958～1978 年可以视为中国对也门援助的第一个时期。① 这一时期，中国的外交政策尽管经历了 50 年代一边倒，60 年代的两个拳头打人，70 年代的一条线、一大片调整，但是一个不争的事实是在这一时期的中国外交政策中，意识形态因素始终占据着重要的位置。一方面，作为一个刚刚摆脱外国侵略和压迫的发展中国家，中国政府深感有责任帮助那些与自己有着相同经历的第三世界国家，支持他们获得民族解放，发展国民经济。另一方面，作为社会主义阵营的新成员，面临着来自西方的经济封锁和政治孤立，中国也深知必须支援其他兄弟国家，才能削弱帝国主义阵营的力量。②

在 20 世纪 50 年代到 70 年代的相当长的一段时期内，中国对外援助的重要内容是维护自身安全、支持民族解放运动。正如毛泽东总结的那样，"已经获得革命胜利的人民，应该援助正在争取解放的人民的斗争，这是我们的国际主义义务"。③ 对于中国来说，获得中东伊斯兰国家的外交承认、扩大中国在中东意识形态的感召力是这一时期中国中东政策的核心所在。基于这一目标，中国对也门的援助也具有很强的政治意味和历史使命感。1957 年 12 月，也门王国副首相巴德尔王太子来华访问。双方会谈中，巴德尔王太子请求中国政府帮他们修公路。毛泽东同志当即决定，帮助也门修筑一条从萨那到荷台达的公路，作为对也门革命的支持。④ 1957 年 12 月 31 日的《人民日报》社论就热情洋溢地撰文指出，"也门人民反抗帝国主义侵略、坚持阿拉伯国家的团结和维护中东和平的努力，赢得了世界爱好和平国家和人民的赞誉，大大提高了也门王国的国际地位"，"我们两国人民都热爱和平，反对战争；我们都珍视自己的民族独立，坚决反对殖民主义的侵略"。⑤

就这一时期中国援助也门的方式和具体分布来看，主要是提供优惠贷

---

① 当时也门分裂为北也门和南也门，中国同时对南北也门进行了援助。限于篇幅，这里仅仅讨论中国对北也门的援助。
② 徐小红：《中国对外经济援助：历程、特色与反思》，《国际援助》2014 年第 1 期。
③ 《毛泽东主席接见非洲朋友的谈话》，《人民日报》1963 年 8 月 9 日。
④ 崔鹏：《以无私援助 求共同发展——新中国六十年援外工作纪实》，人民网，http://cpc.people.com.cn/GB/64093/64387/12427394.html，2010 年 8 月 13 日。
⑤ 《欢迎也门王太子巴德尔访问我国》，《人民日报》1957 年 12 月 31 日。

款或者资金捐赠，涉及很多发展项目。根据1958年《中华人民共和国和也门穆塔瓦基利亚王国科学技术和文化合作协定》，中国将向也门派遣技术专家、技术人员和熟练工人，以提供技术援助；供应机器、成套的轻工业设备和修建公路；在中国的高等学校、技术学校和企业中培养技术人员和熟练工人。① 1962~1978年，也门从中国获得了六笔贷款。这些贷款大都用于发展计划，其中包括教育卫生方面的发展、生产发展、通信交通、水利电力、加工工业和农业项目等。②

2. 去意识形态化、为经济建设服务背景下的援助（1979~1989）

1978年，中国共产党召开了十一届三中全会，会议明确提出将国家的工作重心转向经济建设。中国的外交开始逐步去意识形态化，强调超越社会制度，发展与世界各国的友好关系，这样，中国的对外援助也开始进行相应的调整，突出为经济建设服务。1982年12月至1983年1月，中国政府总理访问非洲11国时提出了"平等互利、讲求实效、形式多样、共同发展"经济技术合作四项原则。

在这一时期，中国继续向也门提供援助，这其中最重要的两笔援助是1987年9月提供的1.5亿元贷款和1989年3月提供的640万英镑的贷款。从1979年开始，中国开始在也门开展承包劳务，中国路桥、中建、山东国际合作公司、北京八仙房地产公司、中原油田、江苏油田、长城钻井公司、中石油天然气总公司物探局、华为公司、中兴公司、中国水产公司、上海水产公司等一大批中国公司先后进入也门，开展工程承包、劳务输出、技术合作等互惠互利的经济往来业务。"中国在承包项目中占有很大的份额，无论是公路建设，还是民宅和公共设施建设。萨那至荷台达柏油公路的按时顺利建成，使得中国在也门工程承包方面取得了极好的口碑。"③

---

① 《中华人民共和国和也门穆塔瓦基利亚王国科学技术和文化合作协定（1958年1月）》，中国人大网，http://www.npc.gov.cn/wxzl/gongbao/2000 - 12/23/content_5000522.htm。
② 《也门与中国：五十年交往》，也门驻华使馆网站，http://www.embassyofyemen.net/uploadfile/20110410142911435.doc。
③ 《也门与中国：五十年交往》，也门驻华使馆网站，http://www.embassyofyemen.net/uploadfile/20110410142911435.doc。

表1 中国援助也门的贷款（1964～1989）

顺序	金额及币种（单位：百万）	时间
1	14（瑞士法郎）	1964年2月8日
2	1（人民币）	1964年2月28日
3	11.667（英镑）	1964年6月9日
4	2.115（瑞士法郎）	1964年11月3日
5	50（人民币）	1972年6月21日
6	50（人民币）	1976年9月23日
7	150（人民币）	1987年9月26日
8	6.4（英镑）	1989年3月30日

资料来源：《也门与中国：五十年交往》，也门驻华使馆官方网站 http://www.embassyofyemen.net/uploadfile/20110410142911435.doc。

3. 经济外交与能源合作主导下的援助（1990～2011）

20世纪80年代末90年代初，随着冷战的结束和中国改革开放的不断深入，经济外交成了中国与阿拉伯国家发展关系的主旋律，中国对也门的援助也开始服务于经济外交和走出去的大战略。与此同时，也门也在1990年实现了统一，20世纪90年代，中也双边关系进一步加强。随着我国实施改革开放政策的不断深入，经济体制发生变化，政府对外援助向企业行为转变，我国许多建筑公司开赴也门，劳务承包工程建设项目在也门遍地开花。进入21世纪，随着我国经济的快速发展和对能源需求的不断增长，以及也门石油开发力度的不断加强，我国相关企业陆续进入也门石油开发产业，我国在也门的承包劳务以及经济合作项目也由普通项目向科技含量高的项目转变。[1]

就这一时期中国援助也门的方式和具体分布来看，依然是优惠贷款或者无偿援助，所涉及的领域大多是技术和建设领域（尤其是纺织、纺线、电力、各类建筑行业）。例如，1991年10月3日，中也双方签订了协议中国提供给也门3000万元贷款，用以实施两国政府签订的经济、技术合作项目，从而开始了两国技术建设领域的合作。1992年10月8日，双方又签订了用以实施吉哈那至马尔布和阿斯科利亚至赖布斯两个路段的公路建设项

---

[1] 杨建荣：《也门经济研究》，对外经济贸易大学出版社，2011，第2页。

目的 5000 万元贷款合约。2002 年 9 月，中国向也门提供 5000 万元的贷款，用于建设道路及公共设施。

  1992 年，为了加强中国与也门友好合作关系，中国与也门建立了也中共同委员会，中国对也门的援助很多是在该框架内实施的。例如，在 1992 年第二次共同委员会上，中方同意也方派 20 名工程师和技术人员到中国接受培训，讨论中方援助也门 3000 万元，用来建设首都萨那的高架桥；在 1992 年第三次会议上，中方以援助的形式更新萨那纺织工厂价值 451705 美元的 609 台机器设备；在 1996 年的第四届也中共同委员会上，双方签署了研究和实施建设萨那友谊大桥和其他一些道路建设项目的协议；在 2001 年第五届也中共同委员会会议上，中国决定向也门提供 500 万元人民币的资助来购买计算机设备，直接免除了 1958~1972 年也门的一部分欠款，共计人民币 7590 万元、瑞士法郎 2380 万及英镑 1280 万；在 2003 年第六届也中共同委员会上，中方向也门提供了 3000 万元的资金援助和 2000 万元的无息贷款。

  除了也中共同委员会的援助外，中国还通过其他方式向也门进行了援助。这些援助协议多是中国与也门国家或者部门领导人互访时候签订的，参见表 2。例如，1998 年，也门总统萨利赫访华，中方向也门提供利率为 3% 的 30 年贷款 1 亿元和 2000 万元援助，其中 50% 用于从中方购买道路建设所需的机器设备，另外 50% 用于为纺织公司购买机器设备。2004 年 3 月也门总理巴杰麦勒访华期间，中国与也门签署了《中华人民共和国政府和也门共和国政府经济技术合作协定》，中国同意提供也门 3000 万元的援助和 2 亿元的贷款。

表 2　中国与也门签订的协议、议定书、纪要和实施计划书（1990~2004）

编号	协议类型	签署日期	签署地点
1	经济与技术合作协议	1991 年 10 月 3 日	萨那
2	也中共同委员会第三次会议纪要	1992 年 6 月 1 日	北京
3	经济与技术合作协议	1992 年 10 月 8 日	萨那
4	经济与技术代表团会谈概要	1993 年 12 月 7 日	北京
5	1994—1996 文化和新闻合作实施计划书	1994 年 4 月 16 日	萨那
6	渔业合作协议	1995 年 3 月 20 日	北京

续表

编号	协议类型	签署日期	签署地点
7	95年—97年教育计划	1995年10月15日	萨那
8	经济与技术合作协议	1996年5月16日	萨那
9	石油和天然气领域谅解备忘录	1996年5月16日	萨那
10	也中共同委员会第四次会议纪要	1996年6月24日	萨那
11	经济与技术合作协议	1996年6月24日	萨那
12	中国与也门政府关于萨那友谊大桥实施研究协议	1996年6月24日	萨那
13	关于亚丁和青海互结友好城市的协议	1996年	亚丁
14	亚丁工商会与青海工商会的协议	1996年10月30日	上海
15	也门工商会联盟与中国国际贸易促进委员会的协议	1996年12月	萨那
16	渔业合作协议	1997年4月3日	萨那
17	也门粮食合作协会与中农国际集团合作谅解备忘录	1997年6月10日	萨那
18	卫生合作会谈纪要	1997年1年月23日	萨那
19	卫生合作协议	1997年10月23日	萨那
20	中国安徽省与也门荷达台省会谈纪要	1997年12月2日	荷达台
21	经济技术合作协议（贷款与援助）	1998年2月16日	北京
22	鼓励和保护投资协议	1998年2月16日	北京
23	卫生合作协议	1998年2月16日	北京
24	教育合作协议	1998年2月16日	北京
25	文化合作协议与实施计划	1998年2月16日	北京
26	领事协议	1998年2月16日	北京
27	关于修路事宜的换文	1998年2月16日	北京
28	军事合作协定	1998年2月16日	北京
29	中国安徽省与也门荷达台省建立友好省份的协议	1998年2月16日	安徽
30	军事合作协议及谅解备忘录	1998年2月18日	北京
31	纺织交流备忘录及抹账备忘录（1998）	1998年2月	萨那
32	体育合作协议	1998年9月7日	萨那
33	免费支援协定（计算机）	1999年4月	北京
34	建立合资纺织公司谅解备忘录	1999年5月6日	北京
35	体育合作协议	2000年4月1日	萨那
36	渔业会议纪要	2000年10月30日	北京
37	教育合作协议	2000年4月25日	萨那

续表

编号	协议类型	签署日期	签署地点
38	也中共同委员会第五次会议纪要	2001年8月27日	北京
39	中国对也门价值500万元的援助（计算机）	2002年8月28日	萨那
40	经济技术合作协定（2000万元援助）	2002年12月26日	北京
41	加快及扩大哈瓦斯核电站建设协议	2003年4月16日	迪拜
42	青年体育合作协议	2003年8月28日	萨那
43	青年体育合作协议	2003年10月24日	北京
44	也中共同委员会第六次会议纪要	2003年12月23日	萨那
45	2000万元贷款协议	2003年12月21日	萨那
46	3000万元资助协议	2003年12月21日	萨那
47	2000万元无偿援助协议	2004年9月10日	北京

资料来源：《也门与中国：五十年交往》，也门驻华使馆网站，http://www.embassyofyemen.net/uploadfile/20110410142911435.doc。

4. 战略调整与外交转型时期的援助（2012～2014）

2012年，中国召开了党的十八大，实现了新旧领导人的更替。十八大以来，以习近平总书记为核心的党的新一届领导集体提出了一系列新的外交思想，中国的对外战略正在经历深刻的调整。与此同时，因受突尼斯、埃及政局剧变影响，2011年初也门的局势也发生了动荡。在这场动荡中，也门总统萨利被迫下台。2012年2月21日，也门举行总统选举，原副总统哈迪作为唯一候选人当选新一任总统。当前，也门国内正处在政治过渡进程。

在西亚和北非的动荡中，中国与也门的关系没有受到很大的影响。2013年，也门总统哈迪访华。国家主席习近平会见哈迪的时候强调："中也两国和两国人民传统友谊深厚，双方各领域合作发展顺利，在涉及彼此核心利益和重大关切问题上相互支持。不管国际风云如何变幻，双方始终是彼此信赖的好朋友、好兄弟、好伙伴。"[①]

与此同时，中国继续对也门进行援助。2012年5月，在利雅得举行的"也门之友"会议上，中国宣布向也门提供1亿元人民币无偿援助，并承诺

---

① 《习近平同也门总统哈迪举行会谈》，外交部网站，http://www.fmprc.gov.cn/mfa_chn/gjhdq_603914/gj_603916/yz_603918/1206_604834/xgxw_604840/t1098723.shtml。

继续为也门培养重建领域亟须的各类专业人才。而根据媒体的公开报道，2011 年 12 月 28 日，中国驻也门使馆陈坚临时代办与也门计划与国际合作部部长穆罕默德·赛义德在萨那共同签署了《中国与也门经济技术合作协定》。① 2012 年 9 月 12 日，中国和也门经济技术合作协定在银川签订。② 2013 年 11 月，也门总统访华，中国与也门确认了之前签订的经济技术合作协定。2014 年 11 月，驻也门大使常华同也门计划与国际合作部部长迈伊塔米重新签署经济技术合作协定，同也门工业与贸易部部长萨阿迪签署了有关也门输华产品零关税待遇的换文。③ 在这几个经济技术协定中，中方尽管没有透露具体的数额，但是强调将向也门继续提供援助。

二　美国对也门的援助

也门（北也门）与美国 1946 年建交。④ 美国对也门援助开始于 1959 年，最初的项目主要是提供食品、水、道路和农业援助，截止到 2012 年，其经济援助总额为 14.349 亿美元，军事援助总额为 1.908 亿美元。⑤ 整体看来，美国对也门的援助也大致可以分为四个时期：1959~1990 年为第一个时期，美国援助也门的主导因素为与苏联在中东地区展开争夺，争取也门（北也门）支持美国的中东战略。1991~2000 年为第二个时期，由于冷战的结束和海湾战争，美国一度"遗忘"了也门，对其援助也明显减少。2001~2010 年为第三个时期，出于反恐和中东民主化的考量，美国又重新发现了也门，对其援助急剧增加。2011~2014 年为第四个时期，由于也门发生动荡，美国对其援助也有新的调整和转向。

---

① 《中国与也门经济技术合作协定在萨那签署》，外交部网站，http://www.fmprc.gov.cn/ce/ceyem/chn/zygx/t891966.htm。
② 《中国和也门经济技术合作协定在银川签订》，商务部网站，http://www.mofcom.gov.cn/aarticle/i/jyjl/k/201209/20120908340699.html。
③ 《也门总理巴哈赫出席中也相关经济技术合作协议签字仪式》，外交部网站，http://www.fmprc.gov.cn/mfa_chn/zwbd_602255/t1210110.shtml。
④ 限于篇幅，这里也仅仅讨论美国对北也门的援助。1967 年 12 月，南也门与美国建立的外交关系。但是由于政治动荡，南也门很快指责美国试图颠覆革命政权，于是，1969 年 10 月，南也门与美国断交。从 1969 年到 1990 年，美国与南也门没有外交关系。
⑤ U. S. Overseas Loans and Grants: Obligations and Loan Authorizations, July 1, 1945 – September 30, 2012 http://pdf.usaid.gov/pdf_docs/pnaec300.pdf。

表3 美国对也门援助总表（1946~2012）

单位：百万美元

	共同安全法时期（1953~1961）	对外援助法案时期（1962~2008）	对外援助法案时期（2009）	对外援助法案时期（2010）	对外援助法案时期（2011）	对外援助法案时期（2012）	全部无偿援助与贷款（1946~2012）	贷款（1946~2012）
全部经援	16.0	920.1	56.8	125.3	79.3	237.4	1434.9	169.8
国际开发署及其前身负责的援助	7.3	441.7	35.5	78.9	135.6	143.0	742.0	6.4
农业部负责的援助	—	411.8	2.6	12.6	17.3	52.3	505.3	163.4
国务院负责的援助	—	27.0	16.8	33.4	26.1	42.0	145.4	—
其他经援	—	39.6	1.9	0.4	0.3	0.1	42.2	—
全部军援	—	110.2	3.8	13.7	21.1	42.1	190.8	—
全部军援与经援	16.0	1030.3	60.6	139.0	100.3	279.6	1625.8	—
非优惠贷款	—	0.7				0.7	0.7	—

资料来源：U. S. Overseas Loans and Grants: Obligations and Loan Authorizations, July 1, 1945 – September 30, 2012 http://pdf.usaid.gov/pdf_docs/pnaec300.pdf.

1. 冷战与反苏背景下的援助（1959~1990）

1946年，美国与北也门建立了外交关系，但是美国并没有选择在此永久存在，双方的关系发展非常缓慢。20世纪50年代，北也门曾经要求过军事援助，但是美国并没有同意。美国曾经以美国国际合作管理局的名义开展过援助项目，但没有最后实施，后来以食品援助的形式提供。根据美国国际援助署的资料，美国对也门的援助始于1959年，1959~1961年美国对也门的经济援助大约为1600万美元。1962年北也门发生革命，建立了阿拉伯也门共和国，美国很快承认了新独立的也门共和国，并通过刚刚成立的美国国际援助署对北也门提供援助。这些援助计划包括修建225英里、耗资约2200万美元的高速路、价值3300万美元的塔伊兹的肯尼迪纪念碑以及学者交流和技术援助等。1967年"六·五战争"后，北也门宣布同美国断交。美国也逐步减少甚至取消了对也门的援助。1969年，美国对北也门的经济援助为零，1970年和1971年维持在30万和10万美元的水平。

1972年，北也门与美国恢复外交关系。1978年，沙赫里当选也门总统后，北也门进入了一个稳定的时代。通过领导人的互相访问，美国与北也门的关系得到了加强和改善。1973年，两国签署了新的协定，美国对也门的援助也开始走上正轨。1973～1990年，美国与也门（北也门）关系的一个重要基础是反苏，就美国对也门的援助而言，首先也是为这个大战略而服务的。就经济援助来看，美国的援助呈现出逐年增加的趋势，1973年为330万美元，1979年增加到1805万美元，而到1985年已经超过4000万美元。1986年到1990年基本维持在每年3000万～4000万美元的水平。1975年，美国国际开发署在也门开展活动，在此后十年，援助重点多集中在土地、矿产和土壤调查。20世纪80年代，援助的资金又扩展到教育、健康和清洁的水资源。[①] 此外，教育和文化交流项目也开始大规模地实施，许多也门人在美国政府奖学金的支持下去美国学习。美国情报部门还在萨那开办了英语学院。

1975年，美国建立了三边的军事援助安排，由沙特阿拉伯的资金来购买美国武器装备北也门的军队。以类似的方式，美国还向北也门提供训练飞机和地面材料。在1979年也门的边界冲突中，美国与沙特阿拉伯合作通过安全援助项目为北也门提供F-5飞机、坦克及车辆。统计数据表明，从1976年开始，美国向也门提供军事援助，1977年，美国的援助额为21万美元，1980年增加到50万美元，1982年更是高达1100多万美元。不过，与同期的经济援助相比，军事援助的数额仍然比较少。

2. 美也关系冷淡与美国的援助（1991～2000）

1990年5月22日，阿拉伯也门共和国和也门民主人民共和国正式宣布统一，成立也门共和国。然而，统一后的也门却对伊拉克占领科威特表示支持，这样也门与美国和周边国家关系紧张，接受的外援也大大减少。美国对也门的经济援助在1990年度有4368万美元，1991年度骤然降到820万美元，军事援助在1990年度为60万美元，1991年度为3万美元，1992年甚至完全取消了。1994年开始，也门爆发内战，这使得也门本来已经复杂的局势更加雪上加霜。考虑到这些因素，加上冷战的结束，美国不再需要北也门来抗衡苏联的扩展，美国与也门的关系进入了一个相对冷淡的时期。1994～2000年，美国减少了在也门的活动，尤其是发展援助，仅仅保留了

[①] http://www.usaid.gov/yemen/history.

有限的教育交换项目。统计数据表明，1996年度，美国对也门的经济援助只有168万，达到历史最低点。美国国际开发署在1996年也完全停止其在也门的活动，直到2003年才重返也门。

3. 反恐背景下的援助（2001～2010）

1999年10月，隶属于美国海军第5舰队的导弹驱逐舰"科尔号"在也门亚丁港附近海域被炸，也门重新回到美国的视线当中，美国开始重新认识也门在美国中东大盘中的角色。2001年"9·11"事件后，也门被美国纳入全球反恐的重要区域，也门加强了与美在情报反恐等领域的合作，双方签署了《安全合作谅解备忘录》。整体看来，进入21世纪后，在美国反恐的大背景下，两国的关系也再度紧密起来。出于反恐需要，美国对也门的援助在数量和质量上都有了大幅度的增加。

从1998年度开始，美国对也门的援助急剧增加。就经济援助额度而言，1997年大约为877万美元，1998年开始迅速增加到6075万美元，到2010年达到1亿2534万美元。1998年和2010年的急剧增加与美国希望打击在也门的恐怖主义，尤其是"基地"组织的也门分支密切相关。美国不断加大军事援助力度，2000年美国的军事援助额度约为41万美元，2002年急剧增加到2049万美元，2007年为1242万美元。

美国国际开发署2003年恢复在也门的活动，其活动重点多集中于基本教育、妇幼保健、农业等方面。2003～2009年，国际开发署重点在也门五个偏僻、贫穷、容易爆发政治冲突的地方开展活动，共确定了五个省存在内部族群冲突、部落间冲突或者有"基地"组织存在。全国性的项目致力于提高健康与教育部的能力建设，在地区和省级的项目集中在健康、教育和农业，交叉项目则包括提高为女性服务的水平、提高社区的参与水平，增强使用数据进行计划和管理的能力。开发署与公共部门、私人部门及其他捐助者合作，有选择地在全国开展活动，为可持续发展提供机会。[①]

表4　1959～2012年美国对也门的援助

（单位：百万美元）

年度	经济援助	军事援助	年度	经济援助	军事援助
1959	5.1	—	1960	5.6	—

---

① USAID, *2010－2012 Yemen Country Strategy*, http://pdf.usaid.gov/pdf_docs/PDACP572.pdf.

续表

年度	经济援助	军事援助	年度	经济援助	军事援助
1961	5.3	—	1987	45.50	1.20
1962	7.00	—	1988	33.69	1.99
1963	6.10	—	1989	35.26	1.01
1964	5.80	—	1990	43.68	0.60
1965	4.80	—	1991	8.20	0.03
1966	2.80	—	1992	7.02	—
1967	2.1	—	1993	19.86	—
1968	—	—	1994	3.76	—
1969	—	—	1995	8.10	—
1970	0.30	—	1996	1.68	0.05
1971	2.40	—	1997	8.77	0.05
1972	0.1	—	1998	60.75	0.14
1973	3.3	—	1999	42.87	0.12
1974	5.6	—	2000	56.82	0.41
1975	6.9	—	2001	40.19	0.20
1976	7.4/2.7	0.24/0.24	2002	1.56	20.49
1977	17.14	0.21	2003	38.95	2.95
1978	7.70	0.68	2004	57.48	15.80
1979	18.05	0.56	2005	16.24	12.99
1980	13.34	0.50	2006	35.58	9.30
1981	20.67	0.91	2007	25.40	12.42
1982	25.64	11.04	2008	31.78	4.86
1983	29.18	3.38	2009	56.78	3.80
1984	31.33	0.19	2010	125.34	13.65
1985	40.68	6.19	2011	79.28	24.05
1986	35.89	0.98	2012	237.44	21.06

资料来源：http://gbk.eads.usaidallnet.gov/。

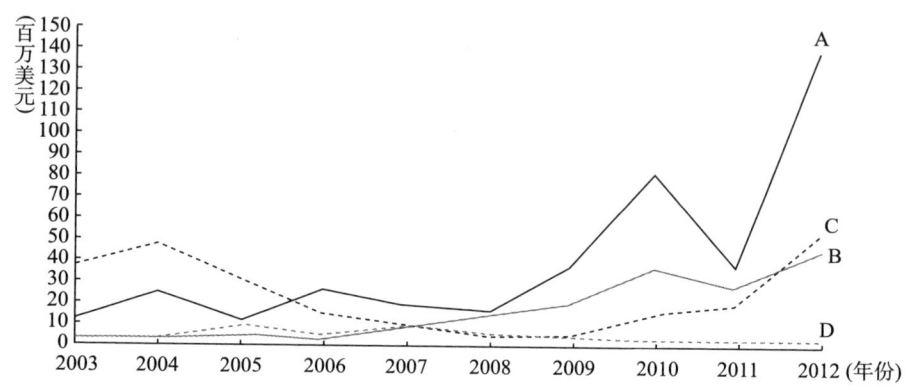

图 1　美国对也门经济援助的承诺总额（2003~2012 年）

注：图中数据不包括 1.27 亿美元的军事援助
资料来源：http://gbk.eads.usaidallnet.gov/。

4. 转型时期的援助（2011~2014 年）

2011 年受北非和中东动荡局势的影响，也门也发生了内乱。当前，也门正处于政治过渡期。美国根据也门的局势适当调整了其对也门的援助金额和重点。"美国支持也门政府和人民在海合会建议的基础上制定全面的战略，促进政治、经济和安全改革。美国的援助将致力于帮助也门政府满足民众的关键需求。"[①] 根据美国国务院的统计，2012 年，美国对也门的援助约为 3.56 亿美元，2013 年约为 2.56 亿美元，2014 年约为 1.42 亿美元。在这些援助中，经济援助来自多个账户，其中比较大的是经济支持基金、发展援助账户和全球健康与儿童生存（Global Health Child Survival），美国国务院、发展署和也门政府等部门一起共同管理这些基金。就军事援助而言，主要来自国务院和国防部的账户。国防部负责的 1206 "训练和装备" 基金是美国对也门军事援助的最主要的账户，该援助致力于增强其空军、特别行动部门、边界控制和海岸警卫部队的能力。2012 年，该账户下对也门的援助为 3742.6 万美元、2013 年为 4730 万美元，2014 年约为 6400 万美元。此外，在 2013 年和 2014 年，美国向也门提供了 1.809 亿美元的人道主义援助，这些资金通过开发署外国灾难援助办公室、食品换和平办公室以及国

[①]　U. S. Supportfor Yemen, http://photos.state.gov/libraries/yemen/231771/PDFs/2014_02_27_YemenFactSheet_clean.pdf.

务院人口、难民和移民办公室提供给国际援助组织。①

表 5 美国对也门的援助（2011～2014）

单位：百万美元

账户	2011	2012	2013	2014（估计值）
1206（国防部）	0	37.426	47.3	64.0
发展援助（DA）（开发署）	0	0	8.312	0
全球健康与儿童生存（GHCS）（开发署）	9.0	7.989	8.345	9.0
食品换和平（Food for Peace）（开发署）	20.0	54.803	50.208	52.761
经济支持基金（ESF）（国务院）	55.0	65.353	78.881	13.0
中东伙伴关系倡议（MEPI）（国务院）	—	4.683	5.698	0
移民和难民援助账户（MRA）（国务院）	23.0	19.738	18.886	3.3

资料来源：U. S. State Department and Government Accountability Office, Report Number GAO – 12 – 432R。

三 中美对也门援助的异同

长期以来，国际援助一直是一个饱受争议的话题，但是有一条是不变的，那就是对于大国来说，对外援助始终是为其对外战略服务的，"无论何种形式的对外援助，本质上都是政治性的，主要目标都是促进和保护国家利益"。② 盘点中国和美国自 20 世纪 50 年代以来对也门的援助，我们不难看出两国对外援助有很多相同和相似的地方，也有不小的差异。

首先，由于其独特的地理位置和特殊的历史背景，也门历来成为大国关注的重要国家，也是中美对外援助的重点国家之一。也门位于亚洲西部阿拉伯半岛西南端，北与沙特阿拉伯接壤，东与阿曼毗邻，南临亚丁湾、阿拉伯海，西毗红海，与非洲的厄立特里亚和吉布提隔海相望，扼守红海

---

① Jeremy M. Sharp, "Yemen: Background and U. S. Relations," November 19, 2014, *CRS report* RL34170.
② Hans J. Morgenthau, *Preface to a Political Theory of Foreign Aid*, Chicago: Rand Mcnally & Company, 1963, PP. 71 – 72.

通往印度洋的曼德海峡出海口，其战略位置十分重要，自古以来成为东西方的交通要道。"也门处于一个非常奇特的地理位置，这使其在人类商业活动发展初期处于核心地位，并且曾经迅速发达起来；在没有飞机汽车这些现代化交通工具之前，曼德海峡几乎成为整个世界的交通命门。"① 对于中国来说，无论是在历史上还是现在，也门都是不可忽视的战略要道和商贸要塞的立足点。能源问题专家、中国能源网首席信息官韩晓平指出，"由于扼守红海出口的曼德海峡，也门对中国、欧洲、阿拉伯半岛国家以及北非都意义非凡"，"目前中国已是一个全球贸易大国，我国对欧洲的绝大部分出口商品和进口商品，以及我国从苏丹进口的石油，都主要经过苏伊士运河的海上运输。如果也门乱了，那将直接威胁中国的海上贸易通道。"② 对于美国来说，冷战期间，也门是平衡苏联、遏制共产主义在阿拉伯半岛"蔓延"的重要力量。冷战结束后，防止极端恐怖分子以也门为基地对美国的海外目标和本土发动袭击，保持阿拉伯半岛和曼德海峡的稳定是美国的重要关切。2009 年，奥巴马政府曾经出台了一个《国家安全会也门战略计划》，指出在短期内美国应该协助也门打击恐怖主义，同时必须加大发展援助以应对长期挑战，美国应该与全球各国共同努力来稳定也门。③

其次，在冷战期间，中美对也门的援助受意识形态的影响比较大。中国在这一时期的对外援助的政治目的比较明显，主要支持亚、非、拉争取独立的反美的第三世界国家。随着与苏联的分歧的加深，中国又执行"以苏划线"的政策，对外援助的区域也体现了"以苏划线"的特点。也门是最早承认中华人民共和国的国家之一，也是第三个与中国建交的阿拉伯国家，在许多重大问题上坚定地支持中国，是中国发展与阿拉伯国家和发展中国家关系的重要楔子。20 世纪六七十年代，也门坚定支持中国在台湾问题上的立场，支持中国恢复在联合国的合法席位。这些也是中国对也门援助的重要政治动机。20 世纪 60 年代，中国与南也门建立外交关系，尽管同

---

① 苏三：《锁定红海：夏、商、周与红海、地中海的可疑联系》，新世界出版社，2005，第 18 页。
② 《"也门之乱"恐将危及中国海上战略通道》，《中国青年报》2010 年 1 月 30 日，中青在线，http://zqb.cyol.com/content/2010-01/30/content_3067086.htm。
③ Jeremy M. Sharp, *Yemen: Background and U.S. Relations*, Report for Congress, RL34170 November 1, 2012.

属"社会主义国家",但是由于南也门的领导人致力于发展与苏联的关系,中国与南也门的合作仅仅取得了有限的进展,中国对南也门的援助也相对较少。就美国而言,二战结束初期,其中东政策还能够基本保持中立,但很快就走上与苏联竞争的道路。美国逐步增加对以色列、埃及等国的援助,就深刻体现了美国援助政策的反苏意图。在冷战期间,也门(北也门)在中东和北非的地位虽然没有以色列和埃及地位那么重要,但也是其反苏的依靠力量之一。20世纪70年代,美国开始向也门(北也门)提供军事援助,并显著增加经济援助,这与也门南部(南也门)执行亲苏政策以及最后与美国断交有着密切的联系。

最后,中美两国对也门的援助政策都随着时代的发展而不断地进行调整。自二战结束以来,冷战、"9·11"事件以及中东北非的动荡都深刻地影响着中国和美国对也门的援助。冷战期间,中国和美国基本上是从意识形态和政治动因来考虑对也门援助的多少。在也门统一以及冷战结束后,中国通过强调经济因素而重新激活了中国对也门的援助,而美国也放弃了意识形态考量,以也门支持伊拉克为由冻结了对也门的援助。"9·11"事件爆发后,反恐成为美国外交的重要内容,也门也一度成为美国的反恐前哨,这也使美国随之大幅度增加了对也门的援助。对于中国来说,"9·11"事件尽管没有向美国那样"敏感",但对亚洲之门的重视度显然有所提高,对也门的援助在数额上也由每次数千万元增加到每次1亿~2亿元。在中东大变局的背景下,中美显然都有从战略角度重新审视对也门的援助。

在强调中美对也门援助的形似的同时,我们也必须看到,由于两国的国情和文化传统不同,两国的援助又存在着明显的差异。

首先,中国作为社会主义国家和新兴的援助国,对外援助始终坚持不干涉别国内政,不附加任何政治条件的原则。20世纪50年代以来,中东和北非的许多国家内部发生了翻天覆地的变化,但是中国在对这些国家援助的时候,始终没有干涉他们的内部事务,始终保持政策的高度一致性和连贯性,对也门的援助也是如此。1958年1月《中华人民共和国和也门穆塔瓦基利亚王国科学技术和文化合作协定》中,第一条明确规定,中华人民共和国政府在可能的范围内提供也门穆塔瓦基利亚王国政府要求的科学技术方面的各种援助，不附带任何条件。① 在2013年也门总统访华时，习近平主席也强调："中方高度重视发展中也友好合作关系，尊重也门主权和独立，尊重也门人民自主选择国家发展道路，支持也门政治过渡进程和经济重建。"②

而美国作为发达的资本主义国家和成熟的传统援助国，对外援助中始终贯穿着要求被援助国接受"国际社会"公认的良治和有效的发展模式等理念，如果被援助国不接受这些理念，美国就减少甚至终止对其援助。20世纪80年代后期，美国国会还通过一项专门针对设立援助条件的议案，议案要求美国政府在提供对外援助时要把受援国国内的经济和社会是否符合改革和调整（即结构调整中是否遵循了华盛顿共识）的条件作为重要的考虑因素。③ 由于这些附加要求的存在，美国对也门的援助在20世纪60年代末和90年代初出现了明显的波动。

其次，中美两国对也门的援助方式和分类不同。一般说来，中国对外援助主要有8种方式：成套项目、一般物资、技术合作、人力资源开发合作、援外医疗队、紧急人道主义援助、援外志愿者和债务减免。对外援助资金主要包括无偿援助、无息贷款和优惠贷款3种类型。无偿援助主要用于受援方在减贫、民生、社会福利、公共服务以及人道主义等方面的需求；无息贷款主要用于受援方在公共基础设施和工农业生产等方面的需求；优惠贷款主要用于支持受援方有经济效益的生产型项目、较大规模的基础设施建设、大宗机电产品和成套设备。就对也门的援助来看，冷战时期以无偿援助为主，冷战后无息贷款和优惠贷款的比例明显提高，不过无论是冷战前还是冷战后，中国的援助多涉及成套设备和基础设施建设。而美国的对外援助基本上可以包括经济援助、军事援助和其他援助，经济援具体形式主要有资金援助、技术援助、粮食援助和债务减免等4种类型。资金援助包括有偿贷款和无偿赠款。1946~2012年，美国对也门的经济援助和军事

---

① 《中华人民共和国和也门穆塔瓦基利亚王国科学技术和文化合作协定（1958年1月）》，中国人大网，http://www.npc.gov.cn/wxzl/gongbao/2000-12/23/content_5000522.htm。
② 《习近平同也门总统哈迪举行会谈》，参见外交部网站，http://www.fmprc.gov.cn/mfa_chn/gjhdq_603914/gj_603916/yz_603918/1206_604834/xgxw_604840/t1098723.shtml。
③ 李小云、王伊欢、唐丽霞等编著《国际发展援助——发达国家的对外援助》，世界知识出版社，2013，第465页。

援助总额为 16.098 亿美元，经济援助 14.349 亿美元，约占 89.1%，可见美国对也门的援助以经济援助为主。在所有的贷款和无偿援助中，贷款约为 1.821 亿美元，约占 11%，这说明美国对也门援助的资金主要为无偿援助。在所有的经济援助中，美国国际开发署及其前身负责的金额约为 7.42 亿美元，占整个经济援助的 51%，这说明在对也门的经济援助中，该机构处于主导地位。同样值得关注的是，在美国对也门的援助中，食品援助的金额也高达 5.053 亿美元，占整个经济援助的 35%。此外，和平队的开支约为 2030 万美元。[1]

最后，中美两国对也门援助的透明度不同。长期以来，中国的对外援助透明度不高，对也门的援助也是如此。尽管商务部的一位高级官员在 2013 年的一次新闻发布会上指出，"中国对外援助的一些基本统计数据和基本情况大家可以在财政部、商务部、国家统计局的网上查出来。透明还是不透明，大家可以做出评判"[2]，但是从公开的渠道很难找到完整、系统的数据也是一个不争的事实。在总部位于英国首都伦敦的国际非政府组织"公布你的资助"（Publish What You Fund）公布的"对外援助透明指数"（Aid Transparency Index）中，中国 2013 年和 2014 年都排在最后。[3] 这种不够透明现象与中国作为新兴的援助国和对外援助问题比较敏感有关。而与此相对应的是，美国的对外援助比较成熟，透明度很高。在美国的相关网站中，我们不仅可以查到美国对特定国家的历年援助数据，也可以浏览相关援助政策和案例的出台背景，这不仅使得民众可以了解美国对外援助的去向，也有利于研究者利用公开数据进行科学研究和政策分析。

四　新时期中国对也门援助的调整

2013 年 9 月，习近平主席在哈萨克斯坦纳扎尔巴耶夫大学演讲时倡议用创新的合作模式，共同建设"丝绸之路经济带"。同年 10 月，习近平主

---

[1] "U. S. Overseas Loans and Grants: Obligations and Loan Authorizations, July 1, 1945 – September 30, 2012", http://pdf.usaid.gov/pdf_docs/pnaec300.pdf.

[2] 《商务部回应中国援助非洲透明度等问题》，新华网，http://politics.people.com.cn/n/2013/0829/c70731-22740862.html。

[3] http://www.publishwhatyoufund.org/.

席访问印尼期间,又提出构建21世纪"海上丝绸之路"的战略构想。习近平提出的"一带一路"战略构想高瞻远瞩、审时度势,对密切我国同中亚、南亚周边国家以及欧亚国家之间的经济贸易关系,深化区域交流合作,统筹国内国际发展,维护周边环境,拓展西部大开发和对外开放的空间,都有着重大的意义。

在推进"一带一路"战略的背景下,中国对也门的援助可以做以下的调整。

首先,中国应该重视也门在"一带一路"战略中的作用,提升两国关系的层次,加大对也门的援助力度。在"一带一路"的战略构想中,阿拉伯国家地处"一带一路"西端交汇地带,是"一带一路"建设的天然和重要合作伙伴,[①] 而也门又恰好是"海上丝绸之路"的核心国家。在新的时期,中国与也门的合作对于全面推进"一带一路"战略无疑意义重大。为此,在也门内部的局势稳定后,中国可以仿效与卡塔尔的关系模式,将两国的关系提升为战略伙伴关系,从更高的层次上认识中也关系的重要性。在对外援助方面,应该配合"一带一路"战略,有系统地规划,加大对也门的援助力度。2014年12月,商务部援外司副司长俞子荣在一次吹风会上就明确指出,中国将加大对"一带一路"沿线和周边重点受援国的援助力度,新增援助资金主要向"一带一路"沿线国家和周边国家倾斜。[②]

其次,总结50多年来中国对也门援助的经验,将中国对也门的援助方式在其他阿拉伯国家加以推广。在中国的对外援助中,也门可以视为中国对外援助比较成功的样本之一。自新中国与南、北也门建交以来,中国对也门的援助一直没有间断过,受国际因素和两国国内因素影响小;中国在也门完成援外项目数十个,包括公路、桥梁、纺织厂、五金家具厂、医院、学校,其中荷台达-萨那公路(1961年)、萨那纺织厂(1967年)、萨那中等工业技术学校(1970年)、塔兹革命医院(1976年)、友谊立交桥(2000年)、外交部办公楼(2007)等在也门影响较大;中国从1966年开始向也门派遣援助医疗队,到2013年累计派出援也医疗队员3400余人次,门诊量

[①] 《中国副外长:阿拉伯国家是"一带一路"建设的天然和重要合作伙伴》,新华网,http://news.xinhuanet.com/world/2014-06/03/c_126576643.htm。

[②] 《对外援助升级协力"一带一路"大战略》,中国经济新闻网,http://www.cet.com.cn/ycpd/sdyd/1401044.shtml。

达到1000余万人次,住院量达到18万余人次,凭借精湛的医术赢得了当地人民的信赖和敬仰;① 2002~2014年,先后有1000多名也门学员到中国研修和参训,交流领域涉及经贸、交通、开发区建设、电信、环保、水资源、中小企业发展、政府管理等各个方面。② 所有这些对也门经济社会发展起了很大作用,也成为两国关系友好合作的黏合剂。对于这些成绩和效果,应该适当地加以总结和完善,也可以适度向其他国家推广。

最后,借鉴美国的经验,以对也门的援助作为试点,配合援助办法的出台,改革对外援助。如前所述,近年来,对于中国的对外援助,国内外总有一些指责和反对的声音,这其中原因很多,但是缺乏宣传,透明度不高是其中一个重要原因。为此,我们可以借鉴美国的经验,着手建立自己的对外援助数据库,逐步地将这个数据库加以完善,可以考虑以也门为试点,全面公布无须保密的详细数据。此外,2014年11月,商务部发布了中国第一部对外援助法规——《对外援助管理办法(试行)》。12月,在中央外事工作会议上,习近平主席也指出,要切实落实好正确义利观,做好对外援助工作,真正做到弘义融利。为此,中国应该配合对外援助法规的出台,落实中央外事会议工作精神,改革对外援助工作。在这一改革进程中,也门也可以成为试点国家,其中创新援外项目实施管理的模式,加大受援国的组织能力,发挥受援方的主观能动性,提高软援助,促进人力资源开发合作,尽快在也门建立孔子学院是其中的重点。

结　语

也门是中东和阿拉伯地区的一个重要国家,作为亚洲之门,历来为大国所关注。50多年来,中国和美国都向也门提供了一定的援助,大致可以将两国的援助以冷战结束和"9·11"事件爆发为节点分为三个不同的历史时期。美国是近现代西方对外援助的发起国,是对外援助的绝对数量最多的国家,其对外援助体系也相对成熟。中国作为新兴的援助国,正在国际援

---

① 《中国白衣天使在也门:精湛医术赢得当地人民信赖》,中国新闻网,http://www.chinanews.com/gn/2013/11-12/5489298.shtm。
② 《也门赴华研修学员畅谈中国改革开放的伟大成就》,商务部网站,http://ye.mofcom.gov.cn/article/jmxw/201405/20140500576284.shtml。

助格局中扮演着日益重要的角色。两国对也门的援助有相同的一面，也有显著的差异。在新的条件下，尤其是在"一带一路"战略的大背景下，中国可以结合自身对外援助的改革，以也门为试点，适当借鉴和消化美国的对外援助经验，规范政府的对外援助行为，避免对外援助的随意性，使得对外援助更好地为我国的对外战略服务。

中东华侨华人若干问题研究

冀开运*

内容提要 论述了研究中东华侨华人的理论意义和实践意义，回顾了中国学术界对中东华侨华人的研究历史和现状，梳理出中东华侨华人形成的多种因素。并根据网络和报刊资料，总结和归纳了中东主要国家华侨华人的人数、民族构成和就业特点，提出研究中东华侨华人的方法、思路、难点和重点。

关键词 中东　华侨　华人

研究中东①华侨有利于探索他们在中华文明和伊斯兰文明交往中的作用和影响；有利于探索他们在中国与中东国家关系中的作用和影响；有利于探索中东华侨华人对宗教、民族、居住国和祖籍国的认同规律。

探讨中东华侨华人的形成过程和现状，可以发挥他们在中国和中东国家交往中的积极作用，避免其消极作用，为中国制定合适的中东政策和侨务政策提供参考；因为中东华侨华人人口构成的绝大部分是维吾尔族、哈萨克族和回族，他们在中国与中东的贸易和文化交流中起着媒介作用，对他们的研究有利于中国西部，特别是新疆向中亚中东的经济和贸易，有利于维护祖国统一、民族团结和国家安全，有利于增强中华民族的凝聚力和吸引力，有利于维护中东华侨华人的合法权益，有利于维护中国在中东公民的合法权益。

---

* 冀开运，西南大学历史文化学院、伊朗研究中心教授。
① 本文的中东包括18个国家：阿富汗、伊朗、土耳其、以色列、塞浦路斯、伊拉克、叙利亚、黎巴嫩、约旦、沙特阿拉伯、阿曼、阿拉伯联合酋长国、巴林、卡塔尔、科威特、也门、巴勒斯坦和埃及。本文是国务院侨办2007～2008年度课题"中东华侨华人研究"（GQBY2007010）的最终成果，课题组成员还包括蔺焕萍、白志所。

一　中东华侨华人的形成根源

中东华侨华人研究是中东研究的空白，是华侨华人研究的薄弱环节。中东华侨华人包括汉族和中国少数民族，其中维吾尔族、哈萨克族和回族是中东华侨华人的主要构成部分。1986年王庆丰先生在《维吾尔族华侨移居西亚地区史探》一文中，认为新疆维吾尔族移居西亚中亚的时间开始于公元8世纪。文章认为，维吾尔族移居西亚中亚的原因是经商、文化交流、朝觐以及政治原因。[①] 作者在标题中首次使用"维吾尔族华侨"的称呼。黄力平在《浅述中国先民经由新疆移居中亚、西亚的开始》一文中，探讨了从早期到13世纪中国先民从新疆移民中亚西亚等国的历史。[②] 作者在结尾指出，晚清是新疆和中亚地区风云巨变的时期，各种因素的相互作用引发了新疆地区各族人民向中亚、西亚地区迁徙和移居的历史现象，并使用了"新疆地区各族华侨"一词。北京大学李安山教授认为，这两位作者似乎是国内最早研究中东"少数民族华侨"的学者。王庆丰认为麦加朝觐是沙特阿拉伯维吾尔族华侨形成的重要原因，他指出，每年均有少数民族穆斯林从西北西南地区去麦加朝圣，大批朝圣大约始于18世纪。到19世纪末20世纪初，朝圣者每年达数万人。据新疆哈密地区的一份不完全的资料，该地区从1900~1949年共有120名维吾尔族穆斯林（包括阿訇、毛拉和教民）到麦加朝圣。云南及东南亚的穆斯林华人也有每年去麦加朝圣的。为了到麦加朝圣，他们倾其所有，抵达麦加后所剩无几，不得不自谋生计。开始是卖水、打馕、做小买卖，随后结婚生育，便留居沙特阿拉伯、埃及或其他中东国家。有的则因途中旅费耗尽而留居沿途国家。[③] 这种因朝圣而移民中东的具体华人人数无法统计。

除朝圣外，留学也是中东华侨华人形成的重要原因。根据姚继德先生的研究[④]，1928年云南回教俱进会致函伊斯兰世界最高学府埃及的爱资哈尔大学，就当时云南回教内部的派别纷争之事请求裁决。收到爱资哈尔大学

---

① 王庆丰：《维吾尔族华侨移居西亚地区史探》，《华侨历史》1986年第3期。
② 黄力平：《浅述中国先民经由新疆移居中亚、西亚的开始》，《华侨历史》1986年第3期。
③ 王庆丰：《麦加朝觐与维吾尔族华侨的形成》，《华侨华人历史研究》1990年第4期。
④ 姚继德：《中国留埃回族学生派遣始末》，《回族研究》1999年第1期。

校长穆罗威的复信后，云南回教徒倍受鼓舞和启发，便促发了派人留学埃及的想法。1930 年，云南回教俱进会暨明德中学借阿富汗穆斯林学者大章·穆罕默德访滇之机，委托他代为致函爱资哈尔大学校长，表示希望该校接受明德中学优秀学生前往留学。1931 年 11 月中国首届留埃学生团（纳忠、张有成、林仲明、马坚，领队沙国珍）进入爱资哈尔大学学习。① 从 1931 年由云南明德中学开始，到 1938 年北平成达师范终止的 7 年间，中国各回族团体和学校派送到爱资哈尔大学的回族留学生共有 6 届 33 人。1935 年中国旅埃同乡会为中国驻埃及第一任领事邱祖铭举行的欢迎酒会上有 60 多人出席，其中除在该校留学的回族学生外，还有旅居当地的穆斯林商人。② 1955 年 12 月，中国向埃及派遣 8 名留学生。1982 年中国伊斯兰教协会派遣 10 名学生到埃及留学。后来因各种原因，他们中有的在埃及定居下来。

总体来看，中东华侨华人形成的原因包括三种因素：经济因素、文化因素和政治因素。经济因素具体包括自然灾害造成的歉收、劳工输出和通商贸易。文化因素包括出国留学和麦加朝觐。政治因素包括：历代中国政府的歧视政策；民族起义后遭镇压而被迫逃亡；叛乱或战争失败后被迫逃走；因对中国政治运动不满而移民。例如，居住在中国新疆阿勒泰、巴里坤、木垒和玛纳斯的哈萨克人在 20 世纪 30 年代进入甘肃和青海两地。进入当地后因划分牧场与当地居民产生矛盾，后遭到国民党军队马家军的残酷镇压，1941 年 3000 多哈萨克族人经西藏逃入克什米尔地区。20 世纪 50 年代初，因参与叛乱被镇压而逃亡到克什米尔地区的哈萨克人有 450 人。1953～1960 年约有 3000 哈萨克族人陆续迁往土耳其。这批人最初被安置在靠近苏联边境较为寒冷的东部安纳托利亚地区。20 世纪 80～90 年代，他们主要居住在土耳其的伊斯坦布尔、伊兹密尔、安卡拉、萨里、布尔萨、埃斯基谢希尔和开塞利。③ 最初，迁居土耳其的哈萨克人主要从事农业，兼做畜牧业和手工业。80 年代中期，约有 25% 的哈萨克族人以农业为主、牧业为辅，而 75% 的人从事轻工业和商业。④ 老一辈的哈萨克人绝大多数是文

---

① 丁俊：《中国阿拉伯语教育史纲》，中国社会科学出版社，2006，第 56 页。
② 姚继德：《中国留埃回族学生派遣始末》，《回族研究》1999 年第 1 期。
③ 王希隆、汪金国：《哈萨克族跨国民族社会文化比较研究》，民族出版社，2004 年，第 85 页。
④ 李德华：《土耳其哈萨克族华人述略》，《甘肃民族研究》1989 年第 2～3 期。

盲,而现在年轻一代的哈萨克族人绝大多数具有高中以上文化程度,并出现了许多专家和技术人员。[①]

唐宋时期伊斯兰文明与中华文明进入早期交往阶段,明清时期两者进入深层交往,清末民初两者进入广泛交往,1949年后进入全面交往。[②] 事实上中国伊斯兰教具有文化属性、宗教属性和民族属性,它是伊斯兰文明和中华文明历史交往的产物,它既是伊斯兰文明的子系统,也是中华文明的子系统。中国有10个穆斯林少数民族,这些民族的形成过程与中东的阿拉伯人、波斯人和突厥人在文化上和体质上有千丝万缕的联系。中东与中国的文化联系和民族联系是无可否认的历史事实。这恰好是中东华侨华人形成的历史大背景,也正是研究中东华侨华人的历史和文化思路。[③]

基于上述研究,我们可以做出如下判断:1979年前中东华侨华人形成的基本原因是朝觐、经商、婚姻、探亲、留学、政治巨变。1979年后,部分中国劳工、中国留学生加入中东的华侨华人行列。中东地区华侨与华人的总体特征是:留学生以学习阿拉伯语、波斯语者居多,以宗教学者居多;以穆斯林居多、以回族同胞者居多;中国劳工以汉族居多;中东华侨华人中以维吾尔族、哈萨克族、回族居多。

二 学术界对中东地区华侨华人社会构成的基本判断

中国学者对中东华侨华人的人数和民族构成进行了艰难而宝贵的探讨。北京大学李安山教授从研究少数民族华侨华人的迁移特点、辨识标准及人数统计出发,提出了识别少数民族华侨华人的5个标准,代表该领域研究的最新成果。[④] 这是李先生对华侨华人研究的理论贡献,是中国学者研究少数民族华侨的理论前提,也是研究中东华侨华人的最重要理论框架和思路。

[①] 新疆哈萨克族迁徙史编写组:《新疆哈萨克族迁徙史》,新疆大学出版社,1993,第116页。
[②] 马明良:《伊斯兰文明与中华文明的交往历程和前景》,中国社会科学出版社,2006,第2~3页。
[③] 马启成、丁宏:《中国伊斯兰文化类型与民族特色》,中央民族大学出版社,1998,第118~146页。
[④] 李安山:《少数民族华侨华人:迁移特点、辨识标准及人数统计》,《华侨华人历史研究》2003年第3期。李先生是2002~2003年国务院侨务办公室重点研究项目"中国少数民族华侨华人研究"的项目主持人。

李先生还认为沙特阿拉伯有来自中国的维吾尔族 15 万人，土耳其有维吾尔族 5 万人，土耳其有哈萨克族 2.5 万人，沙特阿拉伯有回族 2 万人。土耳其的少数民族华侨华人共有 7.5 万人，沙特阿拉伯有少数民族华侨华人 17 万人。①

2007 年 8 月，根据笔者在新疆侨办和喀什地区侨办的调研，新疆旅居海外的华侨华人 100 多万，其中 90% 以上是维吾尔族等少数民族，他们主要分布在中亚、西亚和南亚地区，现有归侨侨眷约 30 万人。喀什地区总面积 16 万多平方公里，总人口为 376 万，包括 1 市 11 县，其中维吾尔族占 90%，汉族占 8%，其他少数民族占 2%。全区现有归侨、侨眷 3 万人，在国外的华侨华人近 3 万人，分布在 37 个国家和地区，其中西亚约占 70%，有影响力的重要人物 55 人，改革开放以后出境的华侨华人约 70 人。② 中东华侨华人之中有 2.1 万多人来自喀什地区。

回族华侨华人研究也涉及中东华侨华人研究。中国回族与中东具有体质人类学和文化人类学的内在联系，回族移居海外由来已久。沙羚③论述了回族华侨华人移居到中亚、泰国、缅甸等国的过程，但并未涉及中东回族华侨华人形成的历史根源。回族华侨作家刘宝军先生祖籍甘肃省张家川回族自治县，1987 年 7 月毕业于西北师范大学，1998 年获马来西亚国际伊斯兰大学社会学第二学士学位，2002 年获国际伊斯兰大学教育行政管理学硕士学位，他很早就开始注意和研究海外回族和华人穆斯林，他估计海外回族有 34 万之多，华人穆斯林有 38 万之多。他指出了当代中东回族华侨华人形成的一个成因。刘宝军认为沙特阿拉伯有回族 2 万多人，主要居住在塔伊夫、吉达和麦地那，他们主要来自甘肃、青海和新疆，对春耕、谷雨、夏至、冬至等与农业活动有关的节气比较熟悉，但由于宗教信仰不同，他们不庆祝端午节、清明节和中秋节等中国传统节日，他们和本地穆斯林一起过"开斋节"和"宰牲节"，回族在先辈忌日请阿訇到坟地念经。中国留学

---

① 吴前进：《国家关系中的华侨华人和华族》，新华出版社，2003，第 408 页认为：2002 年阿富汗华人人口为 169 人，巴林 48 人，伊朗 200 人，伊拉克 100 人，以色列 225 人，约旦 200 人，科威特 200 人，黎巴嫩 12 人，阿曼 80 人，沙特阿拉伯 45000 人，土耳其 60000 人，阿拉伯联合酋长国 150 人，埃及 110 人。中东地区华侨华人总人口大约为 106494 人。
② 喀什行政公署：《喀什地区侨务工作汇报》，2007 年 6 月 2 日。
③ 沙翎：《回族华侨华人的历史与现状》，《八桂侨史》1994 年第 3 期。

生一般在利雅得、麦加和麦地那的大学求学，而且几乎是清一色的男生，1998年在麦地那国际伊斯兰大学留学的中国学生有120多人，他们除免缴学费外，每月有800里亚尔（折合人民币1600元）的补贴，还可得到往返回国探亲机票。回族华人之中著名人士有马步芳、马继援、马香泉和高文远（1911年出生于青海，20世纪80年代迁居到塔伊夫，1988年完成《清末西北回民反清运动》，1998年宁夏人民出版社再版）。①

1994年，张天、戴年华分析了华人移居中亚西亚的历史因素和历史功绩，论证了华人由"落叶归根"到"落地生根"的发展规律。作者认为中东的华侨华人有8万人，其中汉族华人5000人左右，哈萨克族华人1万左右，维吾尔族华人5.5万左右。中东华侨华人进入第3代或第4代后就融入当地社会，他们接受所在国的语言和文化，而中国的语言和文化反而成为外国的语言和文化了。② 这是中国学者对中东华侨华人数量的第一次估计。谭天星在《华侨华人历史研究》（1995年第2期）发表《现代中国少数民族人口境外迁移初探——以新疆、云南为例》，本文对研究新疆籍的华侨华人移居到中东地区的历史具有一定的参考价值。朱慧玲在《八桂侨史》（1999年第4期）发表《新疆籍华侨华人在西亚》，首次论述了在沙特阿拉伯和土耳其的新疆籍的华侨华人，他们主要包括维吾尔族、哈萨克族和回族。该文的作者认为沙特的华侨华人近20万，维吾尔族最多，回族次之，还有汉族、乌孜别克族、柯尔克孜族和哈萨克族。土耳其的华侨华人8万人，其中维吾尔族有5万人，哈萨克族2.5万人，其余为乌孜别克族、柯尔克孜族、塔塔尔族和汉族。③ 这是中国学者第二次推算出中东华侨华人的数量。赵和曼在《南洋问题研究》（2004年第1期）发表《试论海外少数民族华人的若干特点》，他又在《东南亚研究》（2004年第5期）发表《我国对少数民族华侨华人的研究》，回顾了中国对少数民族华侨华人研究的学术历程。

学术界认为在土耳其有维吾尔族、哈萨克族、回族等华侨华人7.5万～8万，在沙特有维吾尔族、哈萨克族、回族等华侨华人有17万～20万人。中东

---

① 刘宝军：《回族留学生在海外的发展变迁史》，《宁夏社会科学》2005年第2期。
② 张天、戴华年：《中亚西亚华人的历史与现状》，《宁夏大学学报》1994年第3期。
③ 朱慧玲：《新疆籍华侨华人在西亚》，《八桂侨史》1999年第4期。朱慧玲：《西亚和中亚地区侨情及其特点》，《华侨与华人》2002年第1期。

维吾尔族华侨华人有 20 万，哈萨克族华侨华人有 2.5 万人，回族华侨华人有 2 万人。① 目前学术界缺乏对中东国家华侨华人的整体研究，特别缺乏对伊朗华侨华人的研究，无法区分中东华侨华人中汉族和少数民族，因此也无法深入系统评估中东国家华侨华人在文明交往和国际关系中的作用和影响。

三 中东主要国家华侨华人社会构成探析

目前，中国政府没有对中东华侨华人人数的权威数据，学术界对此研究几乎是一片空白。本人根据报刊和网络资料整理如下。

（一）伊朗华侨华人概况

按照华侨和华人的严格区分，伊朗华侨人数相对较多，华人不超过 10 人，长期在伊朗居住和生活的华侨后代，基本上选择了中国国籍。据中国驻伊朗大使馆统计，2008 年大概有 3000～4000 名中国人生活在伊朗，他们的生活状况可以用几句话形容："相处容易融入难、安逸平静小波澜、一日三餐老三样、急功上火事事难。"② 其中留学生 150 人左右，他们学习宗教、波斯语言文学和经济管理，民族有回族、维吾尔族、撒拉族和汉族。其中，回族同胞占绝大多数，他们往往兄弟姐妹一起留学，或者同村同乡一起留学。我认识的一家来自青海化隆县的回族人，姐妹两个、弟兄三个都居住在德黑兰。姐姐毕业于马什哈德女子学院，精通波斯语，自 1995 年起在电台做播音员；妹妹在德黑兰大学攻读波斯文学博士学位；两个弟弟大学毕业，并同回族姑娘结婚，生下儿女，在贸易公司当翻译，一个弟弟正在塔巴塔巴伊大学攻读波斯语言文学，他想在老家青海找对象，有时去当波斯语翻译赚钱补贴学费。他们每逢节日团聚，遇到重大困难时互相帮助。在伊朗的宗教首都库姆，居住着好几家回族同胞，其中一对夫妇来自甘肃省，有一儿一女，妻子在经学院学习伊斯兰教，免费住两室一厅，并有 800 元左右的奖学金。另外一对年轻的夫妇来自山东省，刚刚结婚，没有孩子。他

---

① 赵和曼：《少数民族华侨华人研究》，中国华侨出版社，2004，第 123 页。西亚地区的少数民族华侨华人约有 28 万，其中沙特有 20 万，包括 16 万维吾尔族，2 万回族；土耳其 8 万，包括维吾尔族 5 万，哈萨克族 2.5 万。

② 刘守望：《伊朗华人过得挺安逸》，《环球时报》2006 年 8 月 4 日。

们热情款待国内来的客人，为中国的发展欢欣鼓舞。中国留学伊朗的学生大部分来自国内一些边疆地区，包括青海、新疆、云南、甘肃，共涉及 15 个省市，其中有 9 人获得波斯语言文学博士学位。3 位博士已经回国效力，分别在北京大学、中国社会科学院西亚非洲研究所和洛阳外国语学院从事高等教育和学术研究。

中国留学生一般在伊朗中资企业和中伊国际贸易中当翻译。回族留学生一般同伊朗留学的回族或国内的回族结婚，他们一般生育 2~3 个孩子。听说有一名回族留学生同伊朗姑娘结婚，在生下一个女儿后，因为性格不合，现在离婚。在大使馆举行的招待会时，发现一名回族留学生带着他的伊朗女朋友同时出席。据说，他们同居很长时间，但未结婚。当我离开伊朗时，一名回族留学生正在同一名伊朗波斯族的大学生谈恋爱，这个伊朗姑娘是学习波斯文学的，才华横溢，心地善良，心理细腻，经常用波斯诗歌写情书。当她家人反对她与中国青年交往时，这位伊朗姑娘态度极为坚决。伊朗国际广播电台华语台就由 7 个回族留学生创办，他们精通波斯语和伊斯兰文化，是传播中国文化和伊朗文化的新生力量，是沟通中伊文化的媒介和民间大使，是维护中伊友谊的先锋。①

中国画家傅书中先在德黑兰大学留学，获硕士学位，后在德黑兰市举办中国绘画培训班，举办中国画展，传播了中国国画画法和中国书法。傅书中先生的夫人余莉早年毕业于沈阳音乐学院，后在伊朗留学，先后读完波斯语言文学硕士和博士学位，2008 年在一家中资企业做翻译。他们住在德黑兰大学为他们免费提供的一室一厨一卫的学生夫妻间。他们的女儿现年 7 岁，出门讲一口流利的波斯语，在家与父母交谈时汉语与波斯语混杂。他们为了培养孩子对中华文化和中华民族的认同，在家里挂了很多中国地图、中国书法和少儿识字图画，经常教孩子唱中国歌曲。余女士长期在伊朗生活，经常接触伊朗伊斯兰教，信仰慢慢发生变化，皈依伊斯兰教。但她始终保持了中国传统女性的优秀品德，在工作之余，相夫教子，操持家务。我还拜访了居住在德黑兰近 30 年的中国台湾同胞杨先生，他在台湾有

---

① 回国以后笔者从赵杰的专著《回族解读》（宁夏人民出版社，2007，第 22 页）中了解到回汉民族关系亲密的四个原因为：回汉血缘关系的共同性，回汉同仇敌忾，反侵略，反压迫的共同性，回汉价值取向和性格的共同性，回汉两族语言使用的共同性，我由此明白海外回族对中国的向心力是如何形成的，我明白他们为何对伊朗的中国人慷慨帮助的深层原因。

妻子和儿女，但他与妻子早已离婚。他在德黑兰同时代理好几家公司的业务，独立租住一套公寓，家里挂着中国绘画和对联，雇佣 1 名伊朗妇女做厨师，还雇用 5 名伊朗人帮助做业务。根据伊朗什叶派法律，缔结临时婚姻是合法的行为，他先后有过两次临时婚姻。① 他当着我的面拿出他前妻的照片，对方是一家医院的护士。根据伊朗的法律和文化习俗，要娶穆斯林女子为妻，必须皈依伊斯兰教，所以他就成为温和的虔诚的穆斯林，并按照穆斯林的生活习惯严格要求自己。他对我说，随着中国综合国力的提升和国际地位的提高，伊朗人民尊重和羡慕中国人，他深为自己的中国人身份感到骄傲和自豪。他坚决维护海峡两岸和平，热衷与大陆人交朋友，经常挖苦和讽刺陈水扁和吕秀莲。每年春节和国庆节期间，中国驻伊朗大使馆举行招待会，他都是特邀代表。因为他长期生活在伊朗，已经适应了伊朗的环境，完全用波斯语交流。

伊朗华人、华侨的个体经商者数十人，一般都经营服装、鞋帽等生意。笔者本人在伊朗德黑兰大学访学期间，曾去位于波斯湾的格什姆岛上考察，拜访了一位来自浙江省温州市的商人，他在那里开办服装商店。他基本能用波斯语进行讨价还价，晚上一个人在家通过卫星电视看中国节目，平时与伊朗人交往很少。伊朗中资公司有 70 家左右，业务范围涵盖通信、电信、公路、铁路等大型基础设施建设以及汽车、石油开采等重要领域，雇用中国员工在 2000 人以上。中国姑娘因为嫁伊朗人而移居伊朗不超过 10 人，根据伊朗国籍法，这些中国姑娘很快加入伊朗国籍，她们成为伊朗最早的华人。笔者在德黑兰大学国际波斯语研究中心遇到了远嫁伊朗的两位中国女子，有位中国女子随丈夫返回伊朗后在德黑兰开办中医诊所，她们说伊朗丈夫非常尊重她们的风俗习惯，对她们很宽容。伊朗姑娘嫁给中国人可能有 3 人以上。

（二）以色列华侨华人概况

中国驻以色列使馆商务处登记在案的华人数字是 7000～8000 人；新闻

---

① 临时婚姻是穆斯林什叶派的传统，可以为离异女子和军人遗孀带来收入。婚姻的形式很简单，仅需男女在两位证人面前签下契约，男方支付一笔结婚费用给女方就大功告成。根据契约，两人之间的"婚姻"没有时间上限，一般都为短期，有的甚至只保持几个小时。参见《伊朗高官支持临时婚姻》，《环球时报》2007 年 6 月 4 日，第 4 版。

媒体近来最常报道的数字是1万人；以色列官方公布的数字是2.3万~2.5万人。以色列中国工人情况非常复杂，其中非法滞留工人的生活状态最差，跟着劳务公司打工的工人食宿情况也不一样，有公司统一包吃包住的，也有自己想办法解决吃饭问题的；有的住在集装箱里，有的住在废旧车厢里，有的住在当地人提供的简陋民宅里。据中国工人介绍，他们的住处没有任何娱乐设施，也看不到任何中文报纸，平时除了工作就是工作。他们基本上处于十分封闭的状态。[1]

以色列中国工人平均每个月收入可以达到800~1000美元，有些经常加班的还要稍高一些。如果用"越多越好"来形容在以色列的中国工人对钱的态度，那是一点也不过分的。他们出来就是为了多挣点钱，他们的钱是用汗水、泪水和血水换来的。如此恶劣的生活和安全环境，在以色列的中国工人何以能够支撑下来？挣大钱，过好日子，这就是他们的理想。因此，钱满足了他们的成就感，而成就感解释了他们不顾战乱，冒着生命危险留在以色列的原因。

大陆留学生在生活花销方面都很节省。部分留学生租住了当地人的住房，但大多数都住在学校的宿舍里（其中许多是地下室），还有的就住在实验室里。对他们来说，如果能有单独的房间，无论多小，都算是相当好的住宿条件。以色列房价之贵，令大陆留学生望而生畏。大陆留学生中，以学习医学、化学等学科者居多。他们大部分时间都是在实验室度过的。有人说，中国学生是他们的指导教授（被他们称为老板）最勤奋的打工者。他们一般每个月可以拿到1000美元左右的生活费，导师科研经费充足的话，博士生还可以再得到数百美元甚至更多的补贴。尽管生活比较清苦，但大陆留学生的表现都很优秀，导师一般都很满意，以色列同学的评价也很高。

---

[1] 李明欢：《谋生于合法与非法之间：在以色列的福建人》，《世界民族》2008年第4期。1999年在以色列的中国劳务人员为7795人，2001年为16400人，2002年为20000人，2003年为5768人，2004年为10000人。在以色列的中国劳工中90%以上为福建人，大多来自福建省的福清、平潭、莆田、泉州、厦门等地。他们没有在以色列定居的想法，其目标就是在以色列工作5年以上，除还债以外能带回50万人民币，他们在去以色列打工之前办手续需要缴纳5万，或者9万，甚至12万的中介费，这些钱往往是从亲朋好友那里借来的。他们在以色列怕抓不怕炸，因为一旦被警察抓到遣送回国，就没钱赚了；但是只要守规矩，尤其在周五下午、周六晚上、周日早上不去热闹的地方，不搭公车，不去酒吧、餐馆，基本上是安全的。

(三) 埃及华侨华人概况

根据旅游天下网（www.Travel-World.co.Uk）介绍，埃及有华侨华人、新移民、留学生等约 4000 人左右，其中大陆新移民 2000 多人，维吾尔族华人 200 人左右，汉族华侨华人 800 人左右，留学生 1000 余人。也有资料说明在埃华侨华人总人数约 5000 人。[1] 华人移民埃及最早可追溯到 1949 年前。西北军阀马步芳部属及后代中的一部分移至阿拉伯国家谋求发展，至今埃及还有马家后裔。[2] 20 世纪八九十年代，随着中国对外开放进一步发展，从国内或国外移民埃及做生意的华人越来越多，还有一些华人因参与中国援助埃及工程项目建设而留居埃及。2000 年以后，来自浙江、福建、东北一批新移民通过投资或者旅游渠道进入埃及，从事商贸活动。2004 年在爱资哈尔大学有 200 多位中国留学生。近年来，中国与埃及的经贸关系不断发展，合作领域也进一步拓宽。华侨华人经济呈现出良好的发展态势。

(四) 阿联酋华侨华人概况

根据笔者在新疆侨务办公室多次实地调研，居住在阿拉伯联合酋长国的华侨华人约有 10 万，其中在阿注册的中资机构人员、华人民营企业家、中阿之间做贸易的商人占 60%，主要从事纺织品、生活用品、建材、汽配、餐饮业和旅游业等。他们大都来自浙江、福建、江苏、广东和新疆等地区。到阿联酋务工人员占 40%，大都来自江苏、安徽和四川等地，在阿的华人绝大部分都能够拿到居留签证，但受阿政策限制没有人加入阿国籍。[3] 重庆姑娘沈某毕业于重庆大学英语专业本科，原是重庆市外经贸委的工作人员。2005 年 7 月 29 日，沈某到阿拉伯联合酋长国的首都阿布扎比，在一家旅游公司当翻译和导游，她的工作是专门接待来阿的华裔，公司的副总经理是浙江人，公司还有一个印度女孩和约旦女孩。沈某的月工资是 800 美元，但那里的住宿、医疗、食品价格是国内的 3 倍。沈某因为工资太低，就跳槽到

---

[1] 欧亚非：《埃及华侨华人概况》，国务院侨务办公室网，2006 年 6 月 13 日。
[2] 杨效平：《马步芳家族的兴衰》，青海人民出版社，2007，第 253~254 页。
[3] 《中东三国侨情调研情况》［2006 年 4 月，新疆外（侨）办与广东省侨办组成调研团对中东三国进行了侨情调研，新疆天山网，http://www.ts.cn/GB/chonnel59/1311/1318/200607/19/295436.html，2006 年 7 月 19 日］。

一家建材公司当业务员，该公司的老板是福建人。沈某成功地向一家印尼人开办的建筑公司推销了建筑模板，由于她执着和诚恳，她的阿拉伯语有了明显进步，业务蒸蒸日上，老板给她 30 万元的年薪，另外奖励一辆丰田轿车。2006 年底沈某与朋友合伙开办了一家外贸公司，她的公司设在重庆市江北区，主要从事建材进出口业务。2007 年第一季度的贸易额已经超过 1000 万元。沈某的生活多少带有阿拉伯人的痕迹，因为她的办公室里摆着从阿拉伯联合酋长国带回的椰枣茶和薄荷茶，她已经习惯喝这种阿拉伯茶。①

阿联酋实行对外开放政策，和不同国家、不同民族、不同文化的人和睦相处。阿本地人只占总人口的 1/3，其余近 70% 都是外籍人员。阿联酋社会稳定、基础设施过硬，有利于中国企业进入阿市场。凡是外国人来阿创业，阿政府都给予优惠政策，尽可能提供便利条件，因此，中国人越来越看好阿市场。现中建、中铁、中土、中石油、中石化等大型国有企业已在迪拜开展业务，另外还有近 200 家有一定规模的中国民营企业在迪拜注册。迪拜的中国商品批发中心（龙城）是中阿两国政府经贸合作的象征。此外，温州商会还在迪拜组建了几个专业市场，如中国服装城、轻工城、建材城、鞋城、汽配五金城等。中国企业已在阿联酋市场占有一定份额，并开始以阿联酋为跳板将产品批发到中东地区的其他国家。据了解，2005 年中阿进出口贸易总额达 107 亿美元，其中主要为中国出口。阿联酋已成为中国在中东的第二大贸易伙伴，仅次于沙特。

根据迪拜华人网报道，迪拜的华侨拥有的中东地区第一家私营商务电视台——亚洲商务卫星电视台，于 2008 年 8 月 1 日成功开播。该台信号将覆盖中东及北非地区 21 个阿拉伯国家，预计约有 4 亿观众可通过卫星收看。亚洲商务卫星电视台（原定名阿里巴巴商务卫视）是 2005 年底由迪拜中资公司华星集团斥巨资购买的一家当地电视台。它以阿拉伯语及英语播出，通过阿拉伯地区最主要的广播卫星 NILESET 传送。

亚洲商务卫视向中东地区的阿拉伯国家观众播放中国电视节目。在为期 1 个月的自我推广后，该台正式播出各类节目，包括《中国商旅直通车》《中国百业之窗》《商务资讯每日播报》《中国商贸快报》《中国文化驿站》

---

① 钟斌：《独闯阿联酋的重庆姑娘》，《重庆晚报》2007 年 6 月 20 日，第 17 版。

等栏目，每天 4 小时的节目分 6 个时间段滚动播出。电视台董事长王伟胜表示，希望这些节目成为帮助中国知名品牌产品进入中东市场的桥梁。与此同时，该台还将向阿拉伯观众介绍中国的名胜古迹、壮美河山以及传统文化，帮助他们了解中国。迪拜有 5 份华文报纸，它们分别是《新民商报》《东方商报》《华人时报》《华人之窗》《绿洲》。另外，2004 年，"华人社区中心"在阿联酋成立。该组织旨在维护在阿华侨华人的合法利益，为落难华侨华人提供必要的资助，帮助个人和公司清欠，通过当地行政部门调解雇佣之间的纠纷，为初来阿联酋的华人提供经商的可行性建议等。他们不分民族、地域，凡是中国人有困难，都为他们提供必要的帮助。①

（五）沙特阿拉伯华侨华人概况

据不完全统计，在沙特居住的华侨华人约有 15 万~18 万人，其中 90% 以上是维吾尔族，回族居次。② 他们主要分布在港口城市吉达、麦加、麦地那，其次在塔伊夫、达曼和首都利雅得。回族华侨华人主要居住在塔伊夫。据中国驻吉达总领馆介绍，新疆华侨华人在沙特有 70~80 年的历史，现已发展到第四代。早期新疆人给沙特带来了耕地、建筑、炊事、铁工、木工、制鞋等技术，颇受沙特人欢迎，对沙特的发展起到了一定的作用。还有一些人在新中国成立前夕因经商或朝觐来到沙特逐渐定居下来。改革开放以后，又有不少人走出新疆，到沙特探亲或做生意之后，留在沙特成为新移民。③ 第一代人大部分已入沙籍，少数人持中国台湾的"护照"，他们的生活水平没有特别富裕的。第二、三、四代移民则大都在沙特或外国接受高等教育，文化层次比较高，其中部分人继承父业做国际贸易，以及从事房地产、餐饮业和旅游业。移民中年轻一代的绝大多数已进入沙特政府、教育、卫生、建筑、通信、航空等部门供职，已融入沙特主流社会。

沙特老一辈的华侨具有强烈的故乡情和爱国情。例如，2001 年 2 月 22

---

① 根据 2008 年 8 月 25 日《世界新闻报》记者实地调查后估计阿联酋的中国人可能达 15 万。
② 根据《中东三国侨情调研情况》[2006 年 4 月，新疆外（侨）办与广东省侨办组成调研团对中东三国进行了侨情调研，新疆天山网，2006 年 7 月 19 日]。
③ 中国驻沙特阿拉伯王国前任大使孙必干认为，旅居沙特的华侨华人达 4 万多人，绝大部分是穆斯林，来自新疆、青海、宁夏和甘肃。参见安惠侯等主编《丝路新韵：新中国和阿拉伯国家 50 年外交历程》，世界知识出版社，2006，第 89 页。

日,中国甘肃朝觐团见到沙特的老华侨马致忠。他年过古稀,家住塔伊夫,来自甘肃临夏市八坊华寺街。他大半生侨居沙特,精通阿拉伯语。但是,在同家乡人交谈时,仍用老式八坊腔讲话。一年一度的朝觐期间,他总是第一个到甘肃团驻地看望乡亲,并带来蔬菜、瓜果、面粉、鸡蛋送给乡亲,甘肃老乡也给他带去茶叶、中药、布底鞋和衬衣。他还帮助中国人去医院看病,代购货真价实的纪念品。1994年5月7日,拜一民(时任甘肃朝觐团副团长)和马德祥(时任甘肃朝觐团团长)拜见了老华侨丁世明。他是甘肃省临潭县人。20世纪50年代,由于子女较多,家境贫寒,他常去西藏拉萨做生意,1958年底到国外,辗转到沙特,无法回到国内。当时他还年轻,为了生计,在当地结婚,生儿育女,定居塔伊夫。按照沙特王国法律,他不能加入沙特国籍,只能持临时护照,定期更换。而他在沙特出生的子女按规定加入沙特国籍。改革开放以后,他与家乡亲人取得联系。前妻所生的几个儿子先后去麦加朝觐,并与长期分离的生父和异母弟妹相认。后来前妻的小儿子丁目迪依托父亲的关系,在国内开办了穆斯林华侨有限公司,在吉达设立分公司。丁目迪现为全国青年联合会委员、甘肃省青年联合会副主席。1997年丁世明回到阔别40年的故乡临潭县,回国5个月后他因病去世,一位老华侨终于叶落归根。①

沙特华侨马蓉瑛女士,祖籍甘肃临夏,是马步芳的侄孙女。1992年帮助临夏籍的哈只顺利回国。1997年朝觐期间,她组织在沙特的甘肃同乡会筹集救灾款2万多美元,救济在火灾中的中国遇难人员,到医院为伤者送饭,并送去拐杖和轮椅。1995~2000年她共捐款52万元,帮助家乡修建清真寺和学校,修建人畜饮水工程。2001年3月8日,甘肃朝觐团长拜一民见到马蓉瑛女士和她的儿子。母子都是阿拉伯式打扮,母亲一口浓重的乡音,而儿子说中国话已有点吃力。儿子阿卜杜·巴斯现在是老国王大学的生物教师,曾在英国读硕士研究生,又在加拿大取得博士学位。马蓉瑛女士呼吁提高中国穆斯林的文化教育素质,她愿意支持家乡的教育事业,以实现一个爱国华侨的报国心愿。沙特维吾尔族华人亿万富翁艾明·阿不都乌莆尔是沙特出生的第二代华人,曾先后两次应邀到新疆参观访问,为新疆重点文物保护项目捐资600万元。"东突"头目艾山·买克苏木在阿富汗

---

① 拜一民:《麦加之旅》,甘肃民族出版社,2005,第99~102页。

被炸死后，其30名余党跑到沙特，以"解放新疆""帮助家乡发展教育"为名，威逼、恐吓侨居沙特的新疆籍少数民族华侨华人募捐。艾明·阿不都乌莆尔得知消息后，先后多次召集当地华侨华人，揭露"东突"分子的阴谋。他说："你们别相信这些人的话，我先后两次回过家乡，新疆目前社会非常稳定、民族团结，我们都应该为祖籍国的今天感到自豪和骄傲。千万不能做糊涂事。"经过他的宣传教育，没有一个人给"东突"分子捐钱。①这些案例说明，老一辈华侨对中国和中国文化的强烈认同感，对故乡有强烈的向心力，他们的后代慢慢融入沙特的主流社会，但只要有机会和条件，他们会以赤子之心，报效祖国。②

据《民族报》（2004年6月25日）报道，近年来，经临夏州政协副主席、州侨联副主席马文丕牵线搭桥、积极联系，由沙特华侨马仁援先生慷慨解囊，先后捐资85.4万元，帮助解决临夏县漠泥沟等4乡人畜饮水工程资金困难，充分表达了这位爱国侨胞的拳拳赤子之心。漠泥沟等4乡人畜饮水工程主要解决漠泥沟、马集、麻尼寺沟、韩集4个乡（镇）、19个行政村、3.12万人、2.35万头大小牲畜的饮水困难。该工程总投资249万元，于2000年动工建设时，沙特华侨马仁援先生捐资40万元，在2001年底完成了取水枢纽、南干管道的工程建设任务。2002年5月，马仁援先生第二次捐资7.4万元，解决了前川村184户和5个机关单位引水入户的资金问题。2004年4月，马仁援先生再次捐资34万多元，解决了多木寺、何家两

---

① 新疆侨办：《加强新疆籍华侨华人工作为新疆的社会发展和稳定服务》，2007年7月，第28页。
② 甘肃临夏回族自治州侨联：《临夏华侨在阿拉伯世界》，《侨史资料》，1988年第5期。该文认为临夏籍华侨华人形成原因有三：朝觐留学未归；经商侨居阿拉伯世界；西北原国民党军政人员，出逃到埃及和沙特阿拉伯。2002年8月21日新华网据甘肃省侨联主席方展盛介绍，甘肃省目前有归侨侨眷3万多人，海外华侨华人亲属10万人，在西部大开发的背景下，通过亲属或直接为甘肃捐资的海外华侨越来越多，侨联将协调各部门做好侨务工作，回报海外华侨对甘肃贫困地区教育事业的支持。2008年8月25日新华网甘肃频道报道，临夏州现有归侨8人，其中沙特2人、朝鲜3人、印尼2人、乌拉圭1人，侨眷2600人，海外华侨、华人1500多人。由于临夏州是一个以回族为主的多民族聚居地区，因而临夏州的侨情具有浓厚的区域特色，一是侨务工作对象绝大多数为少数民族，且绝大多数是穆斯林，因而侨情具有显著的民族和宗教特点。二是临夏州许多侨眷同时又是台属，具有双重身份，这使侨联工作和对台工作关系更加密切。三是临夏州众多穆斯林与中东阿拉伯国家的华侨相互交流，进行商贸往来，侨联工作具有向西部中东国家开拓、为临夏州发展内陆外向型经济搞好服务等特点。

村群众的引水入户的资金问题。2005年6月上旬，马仁援先生到临夏县察看漠泥沟4乡自来水入户工作期间，又先后两次捐款7.9万元，帮助部分贫困群众解决了生产生活困难。

受益区群众为了充分表达对马仁援先生的深情厚谊，临夏县漠泥沟乡何家村、马集乡多木寺村全体村民向马仁援先生敬赠了"引来甘泉润千家"锦旗。据《华声报》临夏州消息，2006年，甘肃省临夏州侨务办公室通过各种渠道积极争取侨务扶贫资金，加快了该州整体脱贫的步伐。过去的一年中，华侨马蓉瑛女士、马仁援先生为当地的贫困学生、困难群众和贫困侨眷分别捐资3.59万元和7.8万元，解决了穆斯林群众的冬季取暖、孩子上学等困难，受到了当地群众的好评。据《每日甘肃报》2005年11月17日报道，经甘肃省侨联常委、临夏州政协副主席、州侨副主席马文丕牵线搭桥，由沙特华侨马蓉瑛女士、马经武、马仁援先生在当地穆斯林群众开斋节来临之际，从海外寄来5660美元，其中马蓉瑛3600美元，马经武1040美元，马仁援1020美元，折合人民币4.57万元，给节日期间的家乡部分贫困群众帮扶送温暖。临夏州侨联将马蓉瑛女士、马经武、马仁援先生从海外寄来的人民币4.57万元用于购买面粉142袋、牛1头、纯毛毛毯70条，分别送到了临夏县马集、漠尼沟、刁祁和积石山县乩藏、中咀岭及东乡县风山、达板等乡（镇）的86户贫困群众和侨眷家中，使他们深切地感受到海外侨胞的关爱之情。近年来，临夏州侨办在认真配合做好侨眷工作的同时，通过邀请侨胞回国探亲，给他们寄送家乡面貌变化的图片、文字资料等方式，激发他们爱国之情、思乡之情。华侨马仁援先生回乡探亲期间，除了为漠尼沟等4乡人畜饮水工程捐款40万元，并给漠泥沟两座清真寺修建捐款7.5万元。

（六）土耳其华侨华人概况

居住在土耳其的华侨华人约有6万~8万人，其中维吾尔族约4万~5万人，哈萨克族约2万~3万人，维吾尔族主要居住在开赛利和伊斯坦布尔，哈族则聚居在伊斯坦布尔。尚有少量的乌孜别克族人、柯尔克孜族人、塔塔尔族人和汉族人。不同民族的华侨华人之间基本没有来往。[①] 土耳其认

---

① 国务院侨办侨务干部学校编著《华侨华人概述》，九州出版社，2005，第104页。

为中亚的突厥语系民族和新疆的维、哈族与土耳其同族、同语、同文、同教,因而在其入籍方面给予优待政策,在土耳其的新疆籍华人绝大多数已加入土籍。也有资料表明土耳其约有华侨华人9万人。

早期的维吾尔族华侨华人于20世纪30年代开始去土定居。新中国成立前夕和新中国成立后因经商、探亲、朝觐等在土定居,1962年"伊塔事件"走出新疆经中亚在土谋生。改革开放以后,因出国留学、探亲、经商和朝觐等原因到土定居。目前,维吾尔族华侨华人大多数从事中土之间的贸易,主要做服装、丝绸、中药材、家具、办公设备、家电、电子产品的批发和零售业务,还有的经营房地产、中医诊所、旅行社、餐饮业等,也有不少人在跨国公司供职,收入可观。他们逐步开始融入土主流社会,生活水平处于中偏下。

哈族华侨华人主要是于1949年走出新疆,经西藏到印度,后于50年代初到土定居者及他们的后代。其次为1962年"伊塔事件"时到土定居者。哈族华侨华人原先大多从事制革、皮衣加工和销售,收入非常可观,生活比较富有。但近年来,受市场的冲击,皮革、皮衣销量下滑,经济实力不如以前,生活水平开始下降。①

土耳其汉族华侨华人约400人左右,多以开设餐厅及帮厨为主,两者的活动中心也都集中在土耳其工商业大城市伊斯坦布尔。来自温州的明某成为汉族华侨创业发展的典型代表。明某家在温州做眼镜生意,他家企业在温州眼镜界排名第三,年产值上亿元。20世纪90年代,20岁刚出头的明某来到土耳其开拓市场。他克服重重困难,学会土耳其语,琢磨土耳其的眼镜行情。最好的年份,明某家的眼镜出口到土耳其的货值超过400万美元,在土耳其中低档眼镜中占据重要地位。2001年土耳其发生严重的经济危机,土政府限制从中国进口眼镜。其间明某与土耳其姑娘埃夫伦相爱结婚,并生下了爱子。同时,明某在伊斯坦布尔开办眼镜厂,决心在当地生产,这样明某的眼镜就可以土耳其产品的名义出口欧洲,并享受零关税的优惠待遇。明某的事业又进入"柳暗花明又一村"。②

中国新疆与土耳其有得天独厚的文化亲缘,土对新疆有亲近感,在民

---

① 李德华:《土耳其哈萨克族华人述略》,《甘肃民族研究》1989年第2-3期。
② 梁文洸:《揭开土耳其的面纱》,世界知识出版社,2005,第168~171页。

族、文化、宗教、语言等方面有相同或相似之处，这些都为新疆籍维吾尔族华侨和哈萨克族华侨融入本地主流社会奠定了天然有利的条件。土耳其少数民族华侨华人是中国反对和孤立"东突"恐怖分子必须团结和依靠的力量。

四 中东华侨华人的安全问题

中东地区因为宗教矛盾、民族矛盾和国家矛盾特别尖锐、复杂。因此，华侨华人在中东的安全形势非常严峻，绑架、恐怖袭击、抢劫、政变、动乱、灾害，甚至劳务纠纷、非法移民、非法留学都对人身安全和财产安全带来极大的威胁。中东是一个比较特殊的地区，那里华侨华人遇到的危险引起新闻界和外交部的高度关注。中国人在中东的安全问题分为以下类型。

（1）遭受恐怖分子袭击。2005年的11月10日，在约旦王国访问的中国军人姚立强在安曼Days Inn酒店遭到袭击，遭受重伤，与他同行的3位国防大学学员不幸遇难。2003年，多名中国工人在耶路撒冷两度遭遇炸弹袭击。2004年6月，在阿富汗的11名中国劳务人员被恐怖分子杀害。2001年，塔利班政权倒台，阿富汗安全形势严重恶化，平民伤亡激增。从总的情况来说，中国公民现在并未成为恐怖分子的明确目标，一般只是受到连带影响。所以中国人应特别注意一些恐怖活动的高发区。中国公民在前往中东地区时，需要特别注意的是，在这些宗教极端势力较为活跃的地方，言行方面都要照顾到当地的宗教情绪，不要引起不必要的麻烦。

（2）战争导致的安全问题。中东是发生战争及内战冲突最多的地区，因为战争造成非常混乱的局面，个人安全完全得不到保障。例如，海湾战争、伊拉克战争、阿富汗战争和以色列黎巴嫩战争严重影响当地华侨华人的人身安全。值得欣慰的是，外交部在华侨华人生死存亡的关键时刻，动用所有资源，迅速从黎巴嫩和伊拉克撤走华侨华人。此举展示了外交方针以人为本的理念，使广大华侨华人感受到祖国的强大和关心。

（3）抢劫、绑架、偷渡、贩毒、非法移民等问题，可归为来自跨国犯罪活动的威胁。偷渡是跨国犯罪最常见的一种形式。一些中国公民一心做着发财梦，经不住"蛇头"的欺骗蛊惑，冒险偷渡以色列和伊拉克。许多人在偷渡途中，就已经梦断他乡。中国前任驻伊朗大使华黎明在《世界知识》上撰文说，1994 年 6 月 4 日，在伊朗霍尔木兹甘省法里亚布铁合金厂负责设备调试的中国工程师被绑架事件，绑匪要价太高。他们的条件是：赎金 14 亿里亚尔（当时折合六十万美元）；释放三名在押的毒贩；释放死囚大毒枭沙赫巴赫什。那起绑架案经历时间之长，营救工作之复杂与艰难，十分罕见。在漫长的营救期间，中国大使馆与伊朗政府反复交涉，而受害人同时遭到了巨大的折磨，在给当时中国国家主席和总理的信中，他表示不愿死在异国他乡，相信政府会解救他。

他在近 10 个月的被绑架期间，每日风餐露宿，没有一天在屋内睡过觉，白天还要频频转移，躲避政府军的追剿。他和七八名伊朗人质还得为绑匪提水、扛行李。他不懂波斯语，听不懂命令，绑匪就对他拳脚相加。为此，他竟在这近 10 个月里学会了说波斯语。据他观察，这些贩毒集团与警方和政府官员都有勾结，所以政府军的清剿难以奏效。他说，1995 年 3 月 15 日左右，他被绑匪交给了政府方面的人。伊政府安排他在扎黑丹旅馆住了 3 天，由伊政府派士兵看守，其间伊方安排一名会说中文的伊朗人做翻译，要他写出被绑架和被释放的全过程，拍摄录像，并为他做了健康检查。1995 年 3 月 21 日，中国工程师获救。他建议在中东的华侨华人和中国公民提高自我安全保护意识，提高防范能力。因为不是每个人都可以享受贵宾待遇的贴身保护，而任何借助外力的保护都需要时间来反应。自我防范除了在出行后的警惕外，出行前的准备也同样重要。这些准备包括了留学或劳工相关信息的收集。

所有中东华侨华人应当排除各种偏见，打破地域和民族局限，友爱互助，平时加强联络，加强团结、共同防范，减少恶性案件发生。同时，要遵守当地法律，与当地人民友好相处，共同维护社会治安，树立华人的良好形象。中国驻中东各国使馆也应该认真评估不同地区、国家的风险指数，了解其风险状态，并及时告知当地华侨华人。中国公司在参与中东经济活动的竞标时，应该考虑提高安全成本，以便采取有效的安全措施。

中东地区均存在不同程度的不安全因素，一些国家法制不健全、局势动荡、恐怖主义、社会治安环境恶劣，黑社会和犯罪组织活动猖獗，中国公民极易成为犯罪分子谋财害命的对象。在中东的华侨华人人身权利、物质利益、安全利益常常会受到不同程度的侵害，特别是汉族华侨华人还有语言、宗教、文化和人际关系方面的孤独和无助。这时候，寻求祖国的帮助,就成了他们唯一的指望。中国外交界更加强化为中国公民利益服务的意识,真正落实"外交为民"的新理念。外交部和驻外使馆要建立健全应对紧急突发事件的机制,强化培训,并在外交经费方面予以保障,依法保护中国公民和华侨的权利。

五 中东华侨华人与中资企业

中东地区是世界上最大的石油产地。近年来,国际油价一路攀升,中东一些产油大国获益匪浅,但是中东各国总体工业基础仍然相对薄弱,产业结构比较单一。因此,中东地区有着非常广阔的投资前景。随着中国"走出去"战略的展开,中国企业在中东的投资逐渐增多,从城市基础设施建设、石油化工、电子通信到民用生活物品,各个领域都有了中国企业的身影。

根据新华网2006年11月23日报道,从北非的埃及、阿尔及利亚、利比亚到西亚的伊朗、土耳其,中国企业活跃在中东地区的各个国家。截至2008年6月,中国在埃及的合资和独资企业有230余家,投资总额达2.3亿美元,投资和合作的公司包括中国石化集团、华为电讯、中兴通讯等。中国的主要汽车厂商如奇瑞、华晨、吉利、江南汽车公司等,已经或正在通过与埃及厂家合作,进军埃及市场。中国公司在埃及开展工程项目承包成果显著。伊朗是中资公司打入海外市场最早、承揽工程项目最多、取得经济效益最好的国家之一。20世纪90年代,中资公司开始陆续进入伊朗市场,目前已有近百家中资公司在伊朗设立了代表机构,承揽的项目涉及石油天然气、化工、机电、通信、地铁、高速公路、车辆、电站、水坝、炼油厂改造、电解铝厂等各个领域。在伊朗的多数中资公司都能认真执行合同,守信用、讲时效、精心施工、注重质量,各项工程都得到业主的普遍好评,既为国家赢得了良好的声誉,也带动了国内机电产品及配套设备的出口。

中国企业在土耳其也有许多口碑不错的项目。中国铁道建筑总公司建设的土耳其安伊高速铁路项目是中国在土耳其投资最大的一个项目,总金额为12.69亿美元。这一项目是中土两国合作的重要项目,也是两国实现合作双赢的一个结果。中东的中资企业在为自身创造了可观的经济效益的同时,也为中东各国的发展做出了重要贡献,改善了中东的基础设施,扩大了当地劳动力就业,培训了一大批当地的技术工人,产生了较大的经济和社会效益。另外,中资公司还以优质的服务和优良的产品,逐渐改变了一些国家对中国产品的偏见,为中国企业在海外市场赢得了声誉。例如,中国寰球工程公司承包埃及一个化肥公司年产 40 万吨硫酸的项目,当时参与该项目竞标的有法国、德国、意大利、印度等国的好几家世界知名公司,但埃方业主在充分调查和衡量后,最终选择了中方技术和设备,这在埃企业界引起了很大反响。

在中国与中东经济合作不断强化的过程中,中东的华侨与华人也发挥着重要的作用。

首先,中东华侨华人是中资企业联系当地社会的桥梁和纽带。他们在中东生活了很长时间,基本上都是虔诚的穆斯林,精通阿拉伯语、波斯语或土耳其语,了解伊斯兰教义,熟悉当地风俗人情,知道伊斯兰文化中的禁忌,在当地有广泛的人际交往。他们为中国企业在当地落地生根、开花结果,修桥补路,牵线搭桥。当中资企业与当地土生土长的商人或企业家发生矛盾时,华侨华人利用跨文化的优势居中沟通,进行调解。

其次,中东华侨华人是中资企业忠诚可靠的员工,他们一般充当公司的翻译和联络工作,引导公司实现"本地化"的战略。中东一些国家的行政机构官僚习气严重,工作效率低下,投资审批手续繁杂,法制不健全,腐败严重,各种人为干扰因素仍大量存在,外国投资商利益难以得到有效的保护,办事拖沓还直接导致各种项目很少能够按期完成。中东地区政局相对动荡,一些国家社会治安环境恶化。中资公司比较多的伊朗由于近年来的经济增长速度缓慢,物价上涨过快,民众的生活水平实际上在逐渐下降,针对外国人的偷盗抢劫案件逐渐增多,尤其是中国公司和人员成为作案对象。据初步统计,2004~2006 年的短短 3 年中,以中国公司和人员为对象的偷盗抢劫案件约有 50 多起,有些公司甚至不止一次被偷被抢。有的抢劫者身穿警服,佩带枪支,强行进入中国公司和人员的住地行抢。因此,中东华侨华人是中国企业解决问题时必须团结和依靠的核心力量。

最后,中东的华侨华人帮助推广中国文化。中国已经在埃及、伊朗和黎巴嫩设立孔子学院,推广汉语教学。华侨华人是在伊斯兰文化中传播中华文化的一支天然的战略力量,是实行文化外交和民间外交的主力军。通过他们的言谈举止和真诚努力,让当地百姓更好地了解中国悠久灿烂的历史和博大精深的文化，加强对中国的认知度，减少对中资企业的抵制和误解，为中资企业服务当地社会，促进当地现代化发挥应有的作用。

六　中东华侨华人与中国国家安全

泛伊斯兰主义和泛突厥主义是威胁中国国家安全的两股势力。在实际操作中，两股势力往往合二为一。从历史资料来看，"突厥"只是古代中世纪的一个部落或者说部族，过去突厥人统治过的许多部落，今天形成许多不同的民族，分属不同的国家，突厥本身并没有发展成为近代民族。学术界只把使用阿尔泰语系或突厥语族的各民族，概括为地称为"突厥斯坦诸民族"。这些民族在我国有维吾尔族、哈萨克族、乌孜别克族、柯尔克孜族等民族，国外有阿塞拜疆人、土库曼人、土耳其人等民族。与突厥相关的"突厥斯坦"是一个地名，在锡尔河边，原来是泛指中亚古突厥人的发祥地。19世纪，欧洲地理学家为了叙述方便开始使用这个名词，并把所属的范围扩大，中亚的俄国部分成了"西突厥斯坦"，而中国新疆主要是南疆被称为"东突厥斯坦"。这是带有殖民主义色彩的地理名词。事实上，有关突厥斯坦的地名来源和演变，与维吾尔族并没有直接的关联，"突厥斯坦"无非是突厥人曾经住过的地方，但并不能证明它与维吾尔族人有多少联系。从族源上看，维吾尔族是个多源的民族，最主要的来源有两支：一支是来自蒙古草原的回鹘人，另一支是南疆绿洲上的原有居民，但其主体显然与突厥人无关。"突厥斯坦"作为术语充其量是一个地理名称而已，作为名称的确定也是19世纪的事。中国从来不曾用"东突厥斯坦"来称呼新疆。新疆自汉代起，称西域，清朝乾隆皇帝更名为"新疆"，取"故土新归"之意，在历史上除了汉语的"西域"和"新疆"以外，就没有一个能概括天山南北大地的地名。

"东突厥斯坦"一词传入新疆并被一些知识分子所熟悉，与土耳其难脱干系。土耳其人艾买提·卡马尔和从土耳其留学归来的维吾尔知识分子麦斯武德，疯狂宣传泛伊斯兰主义和泛突厥主义。[①] 大致是在上世纪初，"东突厥斯坦"这个概念一开始就是同"泛突厥主义"一起渗入新疆。从此，

---

① 潘志平、王鸣野、石岚：《"东突"的历史与现状》，民族出版社，2008，第69~70页。

地名成为一些人作为分裂国家的论据。① 可见，极少数新疆分裂分子和宗教极端分子，受国际上宗教极端主义和民族主义思潮的影响，将"东突厥斯坦"政治化，编造了一套所谓的"东突厥斯坦独立"的"思想理论体系"。到了20世纪20年代后，一个以分裂国家为核心内容的"东突厥斯坦独立"的思想体系的关键是要把新疆分裂出去。所谓的"新疆独立"论极力扭曲新疆的历史，杜撰"东突厥斯坦"自古以来就是一个独立的国家，从根本上否认新疆是中国的一部分这样一个基本的历史事实。事实上，新疆在公元前三世纪已成为中国领土的一部分。

"东突厥斯坦共和国"曾两次出现，一次是在1933年11月12日，政府设在喀什，一次是三区革命初期，成立于1944年11月12日，政府设在伊宁。新疆分裂运动利用的是泛伊斯兰主义和泛突厥主义思潮。这种思潮在19世纪末到20世纪初，在奥斯曼帝国泛滥。泛伊斯兰主义主张全世界穆斯林建立一个在奥斯曼帝国的苏丹兼哈里发统治下的大伊斯兰教国家，泛突厥主义主张在欧亚大陆建立一个以奥斯曼帝国为中心的大突厥人国家，将所有操突厥语族诸语言的民族统统囊括在里面。泛伊斯兰主义和泛突厥主义从20世纪初传入新疆，到民国初年略具规模。1933年，新疆时局混乱，东突厥运动趁机在喀什建立了"东突厥斯坦共和国"，国旗定为"新月，星星，蓝色"，国徽定为"两颗麦穗为中心的新月和星星"，国家法律以"可兰经为根据"。这个政权建立后，首先设立宗教法庭，把小偷的手砍下来示众，把上街不带面纱的妇女当场鞭笞。"东突厥斯坦共和国"的出现得到英国的支持。但该政权仍在3个月后破产。②

从此以后，"东突厥斯坦"已不再是一个地理名词，而是分裂主义的旗号。以此为开端，泛突厥主义和泛伊斯兰主义深度结合，总是危害新疆的社会发展和稳定。第二次"东突厥斯坦共和国"则是建立于三区革命时期。三区指新疆的伊犁、塔城、阿尔泰地区。引发革命的导火线是盛世才的暴虐统治。1944年8月，巩哈县牧民首先发动起义，11月12日，成立"东突厥斯坦共和国"，推举艾列汉·吐烈为政府主席。定国旗为绿底中镶黄色星月旗。1945年1月5日，这个政府还宣布"东突厥斯坦共和国"脱离中国

---

① 李琪：《中亚维吾尔人》，新疆人民出版社，2003，第181页。
② 马大正、许建英：《"东突厥斯坦国"迷梦的幻灭》，新疆人民出版社，2006，第63页。

而独立，宣扬反汉排汉。艾列汉·吐烈是一个狂热的泛伊斯兰主义者，因为三区革命初期，当时临时政府领导权控制在宗教上层封建势力手中，直到阿合买提江掌握政权后才被扭转。1945年10月，三区政府与国民党政府谈判，改组新疆省政府，成立联合政府。在成立联合政府的前夜，才取消"东突厥斯坦共和国"，改称新疆伊犁专区政府，并纠正三区革命初期的错误，抛弃"东突厥斯坦"的称号而恢复使用"新疆"这一名称。苏联在三区革命初期也利用过分裂势力。

新疆的伊斯兰教是从中亚传入的，多为逊尼派。在13个世居民族中，信仰伊斯兰教的有维吾尔族、回族，还有哈萨克、乌兹别克等7个民族。新疆的伊斯兰教具有宗教性与民族性的同一，他们的信仰历史上就是全民性的。[1] 新疆当地7个民族信仰伊斯兰教，而新疆接壤的8个国家有5个是伊斯兰国家。这些国家又通往中亚、西亚和阿拉伯等伊斯兰国家，当地5个民族属于突厥语民族，毗邻的伊斯兰国家也多属于突厥民族，背后还有土耳其这样野心勃勃的"世界突厥人祖国"。新疆还有6个当地民族是跨界民族，且毗邻国家就是他们的民族国家。中亚主要突厥民族的独立和伊斯兰教的复兴对维吾尔分裂势力起了刺激作用，他们利用跨界民族来往频繁，从事分裂新疆的活动。中亚5国独立之后，泛突厥主义、泛伊斯兰主义在那里死灰复燃，民族分裂势力、国际恐怖势力、宗教极端势力沆瀣一气，已经成为中国与中亚各国关系的主要障碍。

冷战结束后，引发了意识形态领域内的真空，民族主义乘机抬头，许多国家的少数民族分离意识增强。泛突厥主义者认为苏联解体是"突厥民族复兴"的大好时期，土政府在事实上也不自觉并不同程度地实施着大突厥民族主义思想。土右派民族主义行动党和繁荣党都具有浓厚的泛突厥色彩，在事实上影响着土政府的决策，认为土有责任帮助中亚突厥语民族在政治模式、经济和社会方面取得良好的发展成就。[2] 土政府以历史上同源或同一个民族为依托，利用语言、宗教和文化习俗等多方面的同一性，宣扬历史上曾有过的帝国辉煌，图谋建立大民族国家或建立大民族共同体。土

---

[1] 续西发：《新疆世居民族》，新疆人民出版社，2006，第241页。
[2] 土耳其民族行动党成立于1969年，2000年在大选中成为土耳其的第二大党，在政治上、经济上长期积极支持新疆分裂主义势力，是该国反华势力的代表。参见李琪《中亚维吾尔人》，新疆人民出版社，2003，第188页。

耳其公然提出"21世纪是突厥人的世纪"的口号,竭力拉拢中亚诸国,旨在营造一个以土耳其为首的包括各突厥语国家及民族在内的地跨欧亚的"突厥国家联合体",其范围包括土耳其、阿塞拜疆、哈萨克斯坦、乌兹别克斯坦、土库曼斯坦、吉尔吉斯斯坦六个独立国家以及俄罗斯的车臣、鞑靼斯坦和中国的新疆地区。20世纪90年代初土耳其扬言要重建一个"由中国长城延伸到巴尔干半岛的突厥世界"。泛突厥主义实际上是大民族主义,它强调主体民族在国家的政治、经济、文化生活中的地位和作用,而往往忽视其他民族的应有权利,从而导致民族之间产生矛盾和冲突。

1985年12月,土耳其《喉舌报》连续刊载"东突"分裂分子伊萨阴谋在新疆制造挑拨和分裂活动的反华言论。伊萨还计划在1986年1月底组织反华游行,并要到中国驻土耳其大使馆门前示威。1987年4月,《喉舌报》又发表署名文章,介绍伊萨·阿尔普太金的反共、反华历史,宣扬所谓"东突厥斯坦"的事业,污蔑和攻击中国政府。同年4月底,安卡拉大学举办"世界上的土耳其人"讨论会。在该会举办的展览中挂有所谓"东突"国旗。① 目前,海外的"东突"组织现在主要活跃于三个地区:中亚各国、欧美和西亚国家,以及南亚国家。1992年12月12日,境外"东突"分子在伊斯坦布尔召开第一届"东突厥斯坦民族代表大会",加强了各组织之间的联合。会上成立了"东突厥斯坦国际民族联合委员会",并确定了国名、国旗、国歌和国徽。1993年4月,在土耳其举行并成立了"东突筹备委员会"会议,1996年11月再次召开东突厥斯坦代表大会预备会。1998年12月,来自11个国家的"东突"分子在土耳其首都安卡拉举行第三届"东突民族大会",宣布成立"全世界东突厥斯坦解放组织联盟",自命为境外的"唯一合法代表","统一领导世界各地的东突'革命'组织","全力配合东突境内的'民族解放运动'"。1999年,在国庆50周年之后的两个月,渐成气候的"东突"分裂组织在土耳其的伊斯坦布尔召开会议,确立了暴力夺权的方针,并计划实施恐怖战。

2000年11月,境外一些"东突"组织在爱沙尼亚首都塔林召开"第三届世界维吾尔青年代表大会",鼓吹该组织是"全世界维吾尔青年的最高领

---

① 詹世亮:《出使土耳其埃及记》,上海辞书出版社,2007,第44页。作者在1984年9月至1987年7月任中国驻土耳其大使,1987年8月至1991年11月任中国驻埃及大使。

导机构"。在境内,"东突"分子在 1996 年 10 月成立了"伊斯兰真主党",标志着其开始建立统一的组织。"东突厥斯坦伊斯兰运动"(以下简称"东伊运"),是"东突"恐怖势力中最具危害性的恐怖组织之一。其宗旨是通过恐怖手段分裂中国,在新疆建立一个政教合一的"东突厥斯坦伊斯兰国"。该组织已于 2002 年 9 月 11 日被联合国认定为恐怖组织。① 他们在境外建立基地、培训暴力恐怖分子,不断派人潜入中国境内,策划、指挥恐怖破坏活动。

境内的分裂势力和境外联系更为紧密,并且直接得到国际恐怖主义组织的支持,其在新疆境内的破坏活动也更为剧烈隐蔽。民族分裂的骨干分子、暴力恐怖犯罪分子和宗教极端势力加紧勾结,并与土耳其华侨华人中的少数败类有着千丝万缕的联系。"东突"恐怖分子的主要人物基本是旅居在土耳其和阿富汗的维吾尔族华侨华人,他们是一批分裂祖国,危害维吾尔族利益和国家利益的恐怖犯罪分子。

艾山·买合苏木(在境外称哈桑·宗杜罗赫)属维吾尔族,1964 年出生于中国新疆喀什地区疏勒县。1993 年 10 月,艾山·买合苏木因从事暴力恐怖活动被中国警方抓获,被决定劳动教养 3 年,1997 年逃往境外。1997 年 4 月,他在巴基斯坦成立了"东突厥斯坦伊斯兰运动",任该组织主席。"9·11"之后,"基地组织"与塔利班开始在巴基斯坦与阿富汗边界大规模建立训练营地,大量"东突"人员在其中接受了培训。在塔利班的阵营内,甚至有一个由"东伊运"组成的"中国营",全部由来自新疆的约 320 名恐怖分子组成。2001 年 2 月,本·拉登恐怖势力与塔利班高层人物在坎大哈又商谈训练"东突"恐怖分子的事宜,决定拨巨款帮助训练"东突"恐怖分子。2003 年 10 月 2 日,在巴基斯坦北部山区,艾山·买合苏木被美国和巴方军队击毙。

买买提明·艾孜来提,男,维吾尔族,1950 年出生,大学文化,原籍中国新疆和田地区墨玉县,原在新疆电影制片厂工作,1989 年逃往土耳其。1996 年,买买提明·艾孜来提建立"东突厥斯坦解放组织"后,纠集大批暴力恐怖分子在车臣等地区进行暴力恐怖训练,并在中国和中亚地区策划和实施了一系列暴力恐怖活动。

---

① 公安部 2003 年 12 月 15 日第一批认定的四个"东突"恐怖组织之一。这四个组织分别是"东突厥斯坦伊斯兰运动""东突厥斯坦解放组织""世界维吾尔青年代表大会""东突厥斯坦新闻信息中心"

多里坤·艾沙，男，维吾尔族，1967年9月2日出生，中国新疆阿克苏市人，高中文化程度。后潜逃土耳其，任"东突厥斯坦解放组织"副主席。1996年11月，任"世界维吾尔青年代表大会"执行委员会主席，后连续担任该组织三届主席职务。2002年11月，担任"东突厥斯坦维吾尔代表大会"筹委会副主席。曾在新疆与多名犯罪分子组成团伙，从事盗窃、抢劫等犯罪活动和爆炸等恐怖活动。此外，还大力宣传、支持、从事各种暴力恐怖活动。①

据国务院新闻办公室的报道，中国境内外的"东突"分裂组织有50多个，40多个主要在境外活动。② 中亚的"东突"组织大约有11个，其中有4个直接从事暴力恐怖活动。土耳其事实上成为东突分子的活动中心之一。有约20个"东突"组织在土耳其活动，其中3个训练恐怖分子，组织武装，向中国境内偷运武器；还有3个在巴基斯坦、阿富汗交界处的山区活动，分别从事策反和接应外逃人员，偷运武器，进行政治、宗教渗透。而"东突"的政治组织主要集中在德国。

大多数"东突"组织还选择了其他方式，例如派遣骨干分子入境，加强对境内"东突"势力的扶持和领导。他们立足中亚这一前沿阵地，对新疆进行思想渗透；设立专门出版机构，编辑出版煽动独立的书刊和音像制品，通过各种渠道不断输入新疆；设立专门电台，使用民族语言对新疆广播，大肆进行欺骗宣传；召开各种名目的国际研讨会、举办展览和发表公开信，叫嚣"新疆独立"，寻求国际敌对势力支持；拉拢、收买、策反大陆驻外人员和出国探亲、朝圣、留学人员，进行情报搜集和颠覆活动；等等。③

---

① 另外一个恐怖分子为阿不都吉力力·卡拉卡西，男，维吾尔族，1960年出生，中国新疆和田地区墨玉县人，现任"东突民族代表大会"副主席、"东突信息中心"主席。1997年新疆伊宁"2.5"事件后，阿不都吉力力·卡拉卡西鼓动境内"东突"分子"今后搞活动越大越好"。1999年4月，他曾与买买提明·艾孜来提等人就开展暴力恐怖活动问题制订了计划，商定"东突"组织在没有"东突"组织和维吾尔人族的非洲地区进行恐怖活动，重点对中国大使馆实施爆炸行动。
② 国务院新闻办公室：《"东突"恐怖势力难脱罪责》，《人民日报》2002年1月22日。
③ 2004年4月中旬，以"世界维吾尔青年代表大会"和"东突厥斯坦新闻信息中心"为首，纠合了一小撮"东突"分子在德国慕尼黑召开"世界维吾尔人代表大会"。2004年9月，在美国，"东突流亡政府"宣告成立。澳大利亚的"东突协会"主席艾哈迈德·埃根贝尔迪自封为总统，任命"东突民族自由中心"艾尼瓦尔·玉素甫为总理。"'世界维吾尔人代表大会'的主席名叫热比娅·卡德尔。她曾是新疆女首富，前全国政协委员，因贩毒被判刑后保外就医，现在被"东突"的大部分分支组织供奉为"维吾尔之母"，2006年9月，她被瑞典议会议员埃诺克松提名为"诺贝尔和平奖"候选人。

从华侨华人角度来看，土耳其自认为是中国维吾尔族、哈萨克族的祖国，利用历史、语言、文化和宗教的同源性，出台了针对他们的优惠政策，获得了他们的好感和认同。一方面，土耳其把这些维吾尔族人和哈萨克族人看成游子回家，赤子归国，看成是自己的归侨。另一方面，土耳其的官方、民间和学术文化界，鼓吹泛突厥主义，或明或暗支持这些华侨华人中的"东突"分子。可以说，土耳其在与中国竞争对他们的吸引力和凝聚力，在争取这些人的对土耳其的国家认同、民族认同、文化认同和制度认同。换言之，相当多的土耳其少数民族华侨华人逐渐融入当地社会，对中国政府有很深的误解和偏见，对中国政府的态度冷淡、疏远，甚至敌视。

七 对中东华侨华人的政策思考与建议

1. 加强调查统计工作

建议中国驻中东各国的使领馆，提前制好华侨华人个人情况调查表，包括姓名、年龄、民族、性别、宗教信仰、职业、父母情况、对中国的国家认同、未来希望。在遵守国法和保护个人隐私的前提下，利用国庆招待会和春节招待会，请与会者填表，或者委托与会者为统计员，请他们统计周围的亲朋好友，并付给他们一定的劳动报酬；或者利用当地的中资企业和华人社团以及老乡会，代为统计；也要利用各国的政府机构和人口统计资料，及时汇总华侨华人的情况。没有科学细致的统计调查，一切研究无从谈起。

2. 加强感情联络工作

牢固树立"大侨务"观念，继续执行和完善"走出去、请进来"的战略方针。强化在国务院侨务办公室的指导下各省区侨办与中国驻外使（领）馆的大联合、大合作的机制。侨办要同中东国家有影响的重点华侨华人及其社团建立联系。与此同时，邀请中东国家的华侨华人及其主要社团代表回国访问参观，在交往中逐步消除隔阂，增进了解，融洽感情，建立友谊，扩大对中国友好力量，以促进民族大团结，维护社会稳定。

西北5省区侨办应该加强对中东华侨华人调研联络工作。据悉，1998年以来，新疆侨办与国侨办一起先后派出18个工作组178人次赴中亚、西亚和南亚及澳大利亚等新疆籍华侨华人相对集中的国家和地区外调。尤其是 2000 年，以国侨办刘泽彭副主任为团长的侨情调研团赴沙特、巴基斯坦、印度、哈萨克斯坦、吉尔吉斯斯坦五国深入华侨社团慰问考察，掌握了中西亚、南亚国家的第一手侨情资料，为更好地开展侨务工作奠定了基础。2005 年 5 月，新疆侨办主任尼相·依不拉音带队，率自治区公安、安全、民宗委等部门人员组团赴土耳其、沙特、埃及。同年 10 月，以自治区副主席贾帕尔·阿比不拉为团长的自治区政府代表团一行 8 人对哈萨克斯坦进行了为期 7 天的友好访问及侨情调研。通过上述走出去与中国驻外使（领）馆座谈了解，走访华侨华人社团及多方考察印证等艰苦细致的工作，基本摸清了新疆籍华侨华人的总体数量、历史背景、区域分布、生活质量、才智底数、政治倾向、认同态度及境外敌对势力对这一群体的争夺方法、手段和消极后果等。特别是对重点人，即在华侨华人圈子里有影响、对中华民族有认同感的侨领；对出生在当地，文化程度高，有稳定的工作和收入，对中国感情淡漠、民族认同感不强的第二、三代华侨华人；对华侨华人中的右派分子及极端宗教分子等情况，都做到心中有数。同时在国内也开展了大规模的归侨侨眷身份的普查、认定工作，摸清了其在海外眷属情况，以归侨侨眷工作推动海外华侨华人工作。

2004 年 6 月 11 日晚，应邀来新疆考察的中西亚 7 国 18 名新疆籍华侨华人代表受到了新疆维吾尔自治区政协主席艾斯海提·克力木拜的接见，双方表示将进行更深入的交流与合作。这 18 名华侨华人分别来自吉尔吉斯斯坦、巴基斯坦、哈萨克斯坦、塔吉克斯坦、乌兹别克斯坦、土耳其、沙特阿拉伯。他们受新疆政府的邀请前来新疆进行为期八天的考察访问。艾斯海提·克力木拜会见时简要地介绍了新疆的社会、经济、科技、文化、旅游等方面的发展状况，同时希望能够与中西亚国家增进友谊，加强交流合作，进一步加快新疆各项事业的发展。中西亚 7 国的新疆籍华侨华人代表则表示，将把新疆社会稳定、经济发展、民族团结的大好局面介绍给国际友人，鼓励他们来新疆投资，为新疆同中西亚国家架起友谊的桥梁，为家乡的社会稳定、经济繁荣做出自己的贡献。新疆是中国西部主要侨乡，有 30 万归侨侨眷和 100 万海外侨胞，海外侨胞主要分布在中西亚国家。近年来，随着中国"东联西出"战略的深入开展，新疆正发挥华侨桥梁的作用，加强同中西亚各国的交流与合作。

3. 加强宣传舆论工作

中央电视台、地方电视台与中东各国电视台合作，以文化为纽带，以阿拉伯语、土耳其语或波斯语为媒介，宣传中国的民族宗教政策，报道中国西北经济和社会发展的大好形势，增加对中东华侨华人的吸引力和感召力。新疆卫星广播和卫星电视在中东开播，以扩大宣传效果。邀请和接待各国记者、外交官以及学者教授，通过安排西北省区领导接受采访，深入各族穆斯林群众生活，实地参观考察，让国外或在某一地区影响较大的媒体及记者，对中国穆斯林有一个全新的认识。通过他们报道中国的伊斯兰文化和穆斯林风土人情，达到在世界上正面推介中国的目的。有针对性地主动向有关人士散发维吾尔语和阿拉伯语画册、报刊、宣传册、CD、VCD光盘等宣传品。定期购买外宣品寄往中国驻沙特、伊朗和土耳其等国使（领）馆及当地30个侨社。同时，着手扩大与周边国家的文艺交流与合作。通过形式多样的外宣，促使中东各国媒体日益趋向客观公正，减少在涉及人权、宗教、民族等方面的负面报道。

4. 孤立"分裂分子"，团结华侨华人

中东华侨华人及其社团是我们必须要团结的一支强大的政治力量，如果我们苦口婆心，精诚所至，中东华侨华人将成为促进新中国政治稳定、民族团结、经济发展、社会进步的重要力量。反之，将可能成为"东突"分裂中国、妨碍中国稳定的工具，对中国产生破坏力。建议侨办要加强合作交流，及时、全面掌握"东突"等分裂分子在华人社会活动以及华侨华人的反应情况；做有心之人，掌握其最新动态，尤其是对我华侨华人及其社团的新动向，在获取信息的时效性、全面性上，还需要进一步同驻外使（领）馆，国家安全、公安、统战部门，对我友好的海外华侨华人社团加强合作，这种合作主要是要建立起多层次的信息源和信息快速交流的有效渠道和机制，确保有关信息获取及时、全面，而且能够相互印证。

此外，应当多形式、多渠道地让中东华侨华人社团和其驻在国及时了解中国，在了解中增进互信、互谅，力争让分裂分子的反动宣传和策反不攻自破。中东华侨华人对中国、对新疆了解极为有限。他们日常能听到的几乎均是经过西方记者或"东突"分裂分子根据各自需要"加工"后的消息。这些消息造成华人对中国产生误解，损害了中国的形象，扰乱了中东华侨华人的人心。因此，应当增加资金投入，整合对外宣传力量，邀请中东国家有影响的新闻机构来中国访问，利用他们的渠道，传播我们的声音。有计划地组织中国特色的武术、杂技和音乐演出团组赴中东国家进行巡回演出，大力宣扬中国伊斯兰教特色文化艺术，开展柔性宣传。继续通过国侨办的侨务网络和宣传渠道对外宣传。侨办继续办好"中国寻根之旅"夏令营和冬令营活动。使华裔青少年亲身感受到中华文化的博大精深，在潜移默化中帮助他们增加对祖（籍）国的认同感。尽快创建西北五省区侨办自己的网页，利用国际互联网广泛宣传西北五省区改革开放、经济建设和社会发展的成就，介绍西北投资环境和招商项目等，促进中国全方位地向伊斯兰世界开放和合作。加强海外华文教育工作，在中东更多的国家设立孔子学院。

有针对性地强化民间联谊工作，全方位、面对面地同中东各国华侨华人进行交流，真诚地帮助他们解决实际问题，力争最大限度地孤立、分化、瓦解分裂分子，关注华侨华人的需求，切实让他们感受到祖（籍）国的关爱。同时，有的放矢地开展华侨华人的工作，达到既有利于中国，又有利于华侨华人生存和其驻在国利益。此外，借助国家整体外交的优势，以国家关系的友好发展，最大限度地争取中东华侨华人支持中国的立场，并对中国打击"东突"，维护国家主权和祖国统一予以理解和合作。伊朗、沙特、埃及、土耳其等国政府均十分重视同中国的关系，都反对宗教极端主义，反对国际恐怖主义和民族分裂主义，尊重中国的领土完整，反对和禁止"东突"在其境内从事分裂中国的活动。

中东华侨华人具有从事国际经济活动的优势。他们所具有的多种文化背景、跨越国界的人际关系、多种语言能力和擅长经贸活动的特点，为中国以经济活动为纽带开展中东华侨华人工作提供了有利条件。沙特、土耳其华人有一定的经济实力，对来中国特别是新疆家乡投资或进行贸易活动感兴趣的人很多，他们看好并希望投资中国。通过经贸活动，加强华人与祖（籍）国的实质性往来，以侨引资、引智，带动沙特、土耳其人与中国的经贸往来，从而有利于提高华人在当地的社会、经济地位，增进华人对中国的感情。这也有利于扩大新疆的对外开放。在互利互惠中强化华侨华人对祖（籍）国的认同和归属感，以共同的经济利益，促进他们自发地反对分裂、维护祖国的稳定统一。

中东华侨华人可以在中国向西开放中发挥桥梁作用。从海外华人社会情况看,中东华侨华人对中国向心力日渐增强。双边关系的发展和中国的日益强盛,促使中东华人社会与祖(籍)国日益亲近,愿了解祖(籍)国并与之发展关系,尤其是经贸关系。例如,土耳其籍华人加利力称,在土耳其的一些华侨华人由于受反动宣传和歪曲事实报道的影响,曾经对祖(籍)国有过一些片面的认识,但随着回国探亲和经商的华侨华人越来越多,在亲眼目睹了祖(籍)国翻天覆地的变化后,都感到无比自豪,大部分华侨华人改变了以前的错误认识,对祖(籍)国的了解和认识趋于客观、理性。在2004年新疆组织的两次国外侨情调研中,当有人对我国的民族、宗教及计划生育政策提出质疑甚至歪曲时,很多华侨华人当场站出来给予批驳。①

5. 以中东华侨华人促进中国与中东国家关系的良性发展

中国与中东国家友好交往,再加上中国的民族、宗教政策得到中东各国的理解和赞赏。② 中东各国的华侨华人在所在国人数较少,绝大部分信仰伊斯兰教,他们与当地社会和政府和谐相处,未对所在国的政治、经济、文化、民族关系和宗教关系造成伤害,甚至很快融入当地社会。因此,他们一般处境良好。另一方面,要充分发挥中东华侨华人在人际关系、宗教、语言和民族关系上的特色和优势,细化民间外交的途径和内容,扩大和深化中国与中东地区的政治、经济和文化关系。③

6. 充分利用中国伊斯兰教协会的纽带作用

中东华侨华人的绝大部分是穆斯林,他们是中国伊斯兰文化的体现者和执行者,中国伊斯兰文化是中国文化和伊斯兰文化交往融合的产物,也是中国文化联系中东伊斯兰文化的纽带和桥梁,因此中东华侨华人跨越两个文化,同时也沟通两个文化。中国伊斯兰教协会对内联系和团结2000万中国穆斯林,对外代表中国伊斯兰教同伊斯兰世界交往。中国伊斯兰教协会利用自己的网络和影响力,利用与中东各国政府、宗教机构和民间的良

---

① 新疆侨办:《加强新疆籍华侨华人工作,为新疆的社会发展和稳定服务》,2007年7月,第25页。
② 伊朗驻中国大使馆文化参赞阿高杰里先生多次称赞中国对穆斯林的关心,称赞中国的宗教政策。
③ 海外3000万华侨华人华族是中国发展的独特机遇和巨大优势,团结所有海内外华侨华人华族共同争取整个中华民族大团结局面的形成。参见吴前进《国家关系中的华侨华人和华族》,新华出版社,2003,第219页。

好关系，利用伊斯兰教的学习和研究的机遇，了解中东的侨情，关心中东的侨胞，团结中东侨胞，孤立"东突"分子，与相关机构精诚合作协助引智和引资，开拓侨务工作新局面。

7. 充分发挥中东华侨华人中的知名人士和学者的团结联络作用

政府各级侨办和中国驻中东使（领）馆应当紧密合作，对在政治上有影响、社会上有地位、经济上有实力、专业上有造诣的中东侨胞，利用出访、朝觐时机，邀请他们回中国参观考察、参加节庆活动，加强与他们的联络和感情交流，充分发挥他们在海外华人社会和主流社会中的影响力，为中国的发展稳定做贡献。对那些对中国持有偏见的华侨华人和华裔新生代，有计划、有目的地邀请他们来中国参观访问，给予他们高规格的礼遇，接受领导人的会见，参加大型活动，让他们在切身感受祖（籍）国日新月异的变化中转变对中国的敌视态度，达到争取一个，影响一片的效果。中国驻中东使（领）馆和各级政府外办侨办要强化宗教学和民族学修养，通力合作、主动出击、热情洋溢，通过深入细致艰苦的联络工作，广交朋友，力争最大限度地孤立、分化、瓦解分裂分子，让中东华侨华人在发展中国与中东经贸关系方面大有作为；在反对和遏制"东突"分裂势力，维护国家统一和民族团结方面大有作为；在开展民间外交，传播中华优秀文化、扩大中国人民与中东各国人民友好交往方面大有作为。

八 困境与思路

中东华侨华人对中国的国家认同和文化认同受各种因素的制约。第一，宗教因素。信仰伊斯兰教的人对中东居住国更亲近一些，对中国文化疏远一些。第二，民族因素。突厥语族的各民族对中东居住国更认同一些，对中国疏远一些，回族对中国的心理亲近一些，处于伊斯兰文化汪洋大海中的汉族对中国国家认同和文化认同非常强烈。第三，迁移时间。迁移的时间越久远，对中国的主观认同的欲望和可能性相对较小。第四，教育因素。在中国接受了正规完整教育的人对中国的认同更坚定一些，没有接受中国教育的人很容易融入当地社会。第五，居住国的优待政策和吸引力。土耳其和沙特对来自中国的维吾尔族和哈萨克族在入籍、上学和就业方面给予优待，所以，这些华侨华人更认同现在的居住国。第六，经济因素。与中国有经济关系，且从中受益的人对中国更亲近更友好一些。第七，对中国的了解程度。对中国的经济发展和社会进步越了解，就对中国越友好，就越能理解中国的文化心理和立场。①

目前，除了对阿联酋的华侨报道较为细致具体以外，仅有一些记者对中东华侨华人和中东中资企业做了一些简单报道，特别是以色列、约旦、伊拉克、土耳其、阿富汗和伊朗华侨华人的安全问题引起媒体的高度关注，但中国学术界没有人研究当代伊朗、沙特、土耳其华侨华人现状与发展趋势，也没有涉及中东中国公民的安全问题。②中国驻中东各国大使馆仅在国庆节和春节招待本地的华侨华人代表，缺乏对中东华侨华人的权威统计，因为中东各国的华侨华人较多地融入当地社会，中东的华人社团、学校和报纸杂志微乎其微，中东各国也没有对中东华侨华人的人口进行权威统计和研究。根据目前掌握的文献资料和实地调研，中东华侨华人总数超过40万。③可以说，对中东华侨华人的研究刚刚起步。国家相关部门必须从战略的高度继续支持对他们的跟踪研究。

我们应该以马克思主义的综合观、联系观和发展观为指导，把握建立和谐世界的深刻内涵，利用中国与中东各国友好交往的历史机遇，利用现代社会发达的传媒和通信手段，整合政府、企业和学术界的所有相关力量，以高度的责任感和严谨的学术态度，以历史学、民族学、国际关系学、宗教学、人口学和社会学的基本概念和基本原理来分析中东华侨华人的历史渊源和现实状况，具体应用历史文献、田野调查、问卷调查、类型分析的

---

① 北京大学李安山教授认为：纪录、祖籍地、客观认同、迁移时间和主观认同是辨识少数民族华侨华人的标准。
② 邱永峥：近来，一些在伊朗的中国公民因不了解伊朗国情，误对当地政治、经济及军事敏感地区拍照，被伊朗警方以涉嫌从事间谍活动扣留，并被送交法庭审讯。外交部提醒赴伊朗中国公民，要严格遵守当地法律法规和宗教风俗，以免造成麻烦。2007年8月17日，伊朗司法机构首次公布了两名中国游客因为对伊朗中部阿腊克的重水反应堆和军事设施拍照被捕的详细情况。《伊朗为何把中国游客当"间谍"》，《青年参考》2007年8月21日，第24版。伊拉克有数百名中国人，坚守换来不错业绩，时刻面临安全考验，在巴格达中国商城有3名中国雇员留守，吃住全在商城里面，中国华为公司和中兴公司有人留守在巴格达，在苏莱曼尼亚华侨梁老板开设唯一一家中国餐馆"神龙阁"，雇用了来自四川的夫妇俩为厨师和服务员，华侨陈宪忠在伊拉克北部代胡克市开办"库尔德斯坦中国贸易中心"。参见程刚、谷棣《探访在伊拉克的中国人》，《环球时报》2007年6月4日，第8版。
③ 根据1997年暨南大学华侨华人文献资讯中心公布的世界华侨华人人口分布数据，推算出中东主要国家华侨华人总数为107814人。这个数字完全落后于现实。

方法，尽可能利用中东当地历史文献、统计数据、华侨华人学者和中国在中东的外交官调查中东华侨华人的实际情况，综合利用古今中外资料详细考证。① 只要坚持不懈地努力，就一定会将中东华侨华人的研究推向前进。

对中东华侨华人的研究从世界地理角度看填补了华侨华人分布区域研究的空白；从汉族与少数民族的关系来看，对中东华侨华人的研究是对华侨华人中维吾尔族、哈萨克族和回族的深入研究，加强了华侨华人研究中的薄弱环节；从文明关系角度看，对中东华侨华人的研究有助于探讨中华文明与伊斯兰文明友好的历史规律，为中国外交工作和侨务工作尽点滴之力；从国家安全角度看，对中东华侨华人的研究可以帮助我们预防泛伊斯兰主义和泛突厥主义对中国的危害。

---

① 根据国务院侨办侨务干部学校编著《华侨华人概述》，九州出版社，2005，第229页，20世纪末21世纪初沙特阿拉伯有华侨华人17万~20万，土耳其有8万人，阿富汗有100人，约旦有700人，阿曼有100人，科威特有604人，黎巴嫩有100人，伊朗有200人，以色列有150人，阿拉伯联合酋长国有7000人，巴林有18人，伊拉克有1000人，叙利亚有200人，也门有500人。本人认为这些数据完全落后了，各国的华侨华人人数一直处于剧烈的变动之中。

引人瞩目的中土关系[*]

谢立忱[**]

内容提要 近年来,中土双边关系表现出强劲的发展态势,双方在各领域的交流与合作均取得长足发展,可谓亮点频出。究其原因,这既体现了土耳其"东向"战略与中国"西进"战略的某种成功对接,又反映了中土关系具有一定的硬基础和软基础,还与国际体系本身的变迁有关联。然而,中土战略合作关系在经济、政治等方面仍存在诸多挑战,尚未真正落到实处。有鉴于此,深化落实中土战略合作关系,双方要尽力做到五个"一"。

关键词 中国 土耳其 关系

自1971年中土正式建交以来,两国关系已走过近半个世纪的风风雨雨。受西方等因素的影响,直到20世纪末,中土关系虽获得较大改善,但整体仍处于较一般的水平。进入21世纪后,特别是伴随正发党的上台,这种状况发生了改变,中土双边关系迅速升温,两国迎来了历史上彼此关系最灿烂的时期。

一 中土关系迅速升温的表现

21世纪以来,中土双边关系呈现出明显的快速发展势头,双方在各领域均展开了愈加紧密的交流与合作,可谓亮点频现。

---

[*] 本文得到山西省高等学校哲学社会科学重点研究基地项目"西亚国际关系中的认同因素"(2012322)的资助。

[**] 谢立忱,历史学博士,山西师范大学历史与旅游文化学院亚洲区域发展研究中心副教授(临汾 041004)。

1. 政治领域

2000 年 4 月，中国国家主席江泽民对土耳其进行国事访问。访问期间，中土双方在政治、经贸、文化、安全等领域达成广泛共识，签订了一系列合作协议，并提出建立着眼于 21 世纪中土新型合作伙伴关系的大体框架。2003 年 1 月，土耳其执政党正义与发展党主席埃尔多安访华。其间，双方就加强双边合作及伊拉克问题交换了意见，并取得共识。埃尔多安表示，土政府将继续坚持一个中国的政策，尊重中国的主权和领土完整，反对任何形式的恐怖主义，愿与中方建立反恐合作。[①] 埃尔多安重视发展对华关系，这次访华对中土关系的发展产生了较大的助推作用。2005 年 2 月，土耳其共和国副总理兼外长阿卜杜拉·居尔对中国进行正式访问，双方集中讨论了两国间的经济合作问题。2006 年 10 月，中国空军司令员乔清晨上将对土耳其进行正式友好访问。其间，双方就两国间开展航天技术合作等问题进行了磋商。2009 年 6 月，土耳其总统居尔来华进行国事访问。双方签署了多份双边合作文件，内容涵盖外交、能源、文化、传媒、贸易等领域。胡锦涛主席同居尔总统还就两国关系和共同关心的国际及地区问题深入交换了意见。2010 年中国国务院总理温家宝访问土耳其期间，温总理与埃尔多安总理举行了会谈，在合作打击"三股势力"、深化双边合作，以及加强彼此在国际事务中的协调与配合等问题上达成了广泛共识。中土双方发表联合声明，决定将两国关系提升为战略合作关系，这成为两国关系史上具有重要里程碑意义的事件，标志着中土关系步入全面发展的新阶段。应国务院总理温家宝的邀请，土耳其总理埃尔多安于 2012 年 4 月 8 日抵达中国新疆乌鲁木齐，开始对中国进行为期 4 天的访问。这是土耳其总理首次访问新疆维吾尔自治区。4 月 10 日，国家主席胡锦涛在北京人民大会堂会见了来访的埃尔多安。其间，双方均表示希望扩大中土在经济、人文等领域的交流与合作，加强两国在重大地区和国际问题上的沟通和配合。埃尔多安再次重申，土耳其坚定奉行一个中国政策。[②] 2013 年 4 月 26 日，土耳其成为上海合作组织"对话伙伴国"。土耳其外长达武特奥卢在当天的签字仪式

---

① 《朱镕基会见土耳其正义与发展党主席埃尔多安》，中新网，http://www.chinanews.com/n/2003-01-14/26/263559.html，2003 年 1 月 14 日。
② 《胡锦涛会见土耳其总理埃尔多安》，新华网，http://news.xinhuanet.com/politics/2012-04/10/c_111761442.htm，2012 年 4 月 10 日。

上讲道，土耳其将与中国等上合组织成员国共命运。① 土耳其是首个与该组织确立此种关系的北约成员国，不管土耳其能否最终成为上合组织正式成员国，土耳其加入上合组织大"家庭"，无疑为中土两国搭建起了新的交往平台，将推动双方在非传统安全等领域的进一步合作。2014 年 5 月 16 日，中国国家主席习近平应约同土耳其总统居尔通电话，习近平主席强调中方始终从全局和战略高度重视两国关系。居尔也表示高度重视土中关系，土方愿通过亚信会议的多边平台同中方加强合作，共同促进亚洲安全和稳定。② 同年 8 月 12 日，国家主席习近平致电祝贺埃尔多安当选土耳其共和国总统。习近平在贺电中表示，中方高度重视两国关系发展，愿同土耳其一道努力，增进两国人民的传统友谊，深化各领域互利合作，推动中土战略合作关系不断发展，造福两国和两国人民。③

2. 经贸领域

21 世纪以来中土双方日益认识到对方在本国对外贸易战略中的重要地位，均把发展双边经贸关系置于重要位置，尤其是正发党上台后，中土经贸关系获得迅速发展。2003 年中土双边贸易额较之上年增长了近 2 倍，到 2013 年两国贸易总额从 2000 年的十几亿美元猛增到近 300 亿美元。目前，中国已是土耳其的第三大贸易伙伴，尽管土耳其长期处于较大的贸易逆差状态，且总体上中土间的贸易额在彼此对外贸易总额中所占比例较小，但两国经贸关系发展潜力巨大、势头强劲，特别伴随 2013 年"丝绸之路经济带"战略的正式提出，中土经贸关系将被注入一股新的活力、迎来更大的发展机遇。2010 年 10 月，时任中国总理温家宝访问土耳其期间，中土双方商定使用两国货币代替美元进行贸易结算，并力争到 2015 年使双边贸易额达到 500 亿美元，2020 年达到 1000 亿美元。④

3. 文化领域

这一时期中土在文化领域的交流与合作也日渐丰富、不断深入。这方

---

① Joshua Kucera, "Turkey Makes it Official with SCO," 28 April 2013, http://www.eurasianet.org/node/66896.
② 《习近平同土耳其总统通电话向矿难死难者表示哀悼》，中新网，http://www.chinanews.com/gn/2014/05-16/6181041.shtml，2014 年 5 月 16 日。
③ 《习近平致电祝贺埃尔多安当选土耳其总统》，新华网，http://news.xinhuanet.com/politics/2014-08/13/c_1112065349.htm，2014 年 8 月 13 日。
④ Selçuk Çolakoğlu, "Turkey - China Relations: Rising Partnership," *Kapak Konusu Ortadoğuanaliz*, No. 5, 2013, p. 40.

面的一大亮点是中土两国先后开展了分别以"丝路之源,魅力中国"和"土耳其就在这里"为主题的"2012 土耳其中国文化年"、"2013 中国土耳其文化年"活动。这种互办文化年活动是中土两国文化交流史上的具有重大里程碑意义的事件。中土文化交往中的另一亮点是中国和土耳其先后成功举办主宾国活动,即中国以主宾国身份参加 2013 年第 32 届伊斯坦布尔国际书展和土耳其以主宾国身份参加 2014 年第 21 届北京国际图书博览会,该项活动对中土两国文化关系的发展无疑产生了巨大的推动作用,并揭开了中土文化交流的"新篇章"。除此之外,中土两国高校之间也不断加强往来,尤其是中国在土耳其建立的孔子学院,不仅为土耳其人学习汉语提供了平台,而且成为他们了解中华文化的窗口,将有利促进两国间的深度人文交流。另外,值得一提的是,中土近期在伊斯兰教育领域确立了密切的合作联系。事实上,中国对来自巴基斯坦、阿富汗或沙特的过于极端的伊斯兰教义愈发感到不安,因而把神秘的、内省的、温和的土耳其版的伊斯兰教义作为抵御极端主义的最佳防波堤。①

4. 军事领域

近年来,中土在军事领域的交往亮点频出。例如,2010 年下半年,中国空军应土耳其之邀首度参加了在土举行的代号为"安纳托利亚之鹰"的空军联合演习,因为这类演习此前主要由美国和其他北约国家参与②,所以此次军演标志着双方的政治互信大为增强,两国关系被推向了一个新的高度。再如,2013 年 9 月 26 日,土耳其国防部部长伊尔马兹(Ismet Yilmaz)宣布,中国精密机械进出口公司赢得为土耳其制造远程防空和导弹防御系统的招标。③ 尽管在美国和北约的不断施压下,土耳其领导人口风突变,致使这笔交易基本化为泡影,甚至有评论称土耳其只是把"红旗-9"防空导弹作为土与其他竞标者讨价及引起美国重视的一种筹码,但其在中土两国关系史上的意义不容抹杀。

---

① Zan Tao, "An Alternative Partner to the West? Turkey's Growing Relations with China," 25 October 2013, p. 7, http://www.mei.edu/content/alternative - partner - west - turkey%E2%80%99s - growing - relations - china.
② 《土耳其邀请中国空军参加联合演习》,环球网,http://world.huanqiu.com/roll/2010 - 10/1157257.html,2010 年 10 月 10 日。
③ 《中国售土导弹吓坏美欧 红旗 - 9 具何魔力?》,中新网,http://www.chinanews.com/mil/hd2011/2013/10 - 09/252225.shtml,2013 年 10 月 9 日。

二 中土关系迅速升温的动因

中土关系快速发展的原因是多方面的,具体包括以下几点。

1. "东向"与"西进"

就土耳其来讲,早在图尔古特·厄扎尔(Turgut zal)时代(1983~1993年)土耳其以亲西方为主要特征的对外战略便开始发生调整,厄扎尔当时执行的是东西方并重的对外政策。不过,直到正发党上台土耳其才基本完成这种战略调整,其外交日益"向东"扩展,愈加重视与中国等亚洲国家的交往。与此同时,2000~2001年的短暂金融危机过后,土耳其对外战略也做了重大调整,尤其是采取务实的全方位的经济外交政策。2005年,土耳其启动了中国在其中占有重要地位的新亚太经贸战略,从而有力推动了中土关系的经贸发展。就中国来说,自改革开放以来,其外交战略也在根据国内外形势的变化而不断地进行调整。冷战结束后,尤其是20世纪末21世纪初以来中国外交"向西看"的态势便渐趋显现,中国日益重视与中亚、中东等西部国家发展密切关系。2013年9月,习近平主席在哈萨克斯坦纳扎尔巴耶夫大学发表重要演讲,提出共建"丝绸之路经济带"的构想,标志着中国在实施向西开放战略的道路上又迈出了实质性的一步,"西进"成为中国外交的一个新的"风向标"。"西进"战略既是改革开放以来新疆等西部地区经济发展和向西开放战略的一种必然,又是中国全方位对外开放战略的组成部分,还是应对美国全球战略重心东移、扩大中国战略纵深以及保持中国地缘战略平衡的需要。伴随着中国向西开放步伐的加快,土耳其自身的战略价值日益引起中国的关注,因为土耳其对于中国"西部大开发"战略以及作为该战略的拓展和延伸的"西进"战略的顺利实施均发挥着举足轻重的作用。因此,中土关系的迅速走近是两国多年来外交战略调整的结果。基于新的战略环境的土耳其"东向"外交和中国的"西进"外交,促成了两国间的战略对接,大大提升了彼此在对方外交布局中的分量,进而有力推动了双方关系的迅速发展。

2. 硬基础与软基础

新世纪尤其是正发党上台以来,中土双方的利益交汇点增多、战略借重性增大、彼此认同度增高,这成为新时期全面升温的中土关系的硬基础与软基础。中土两国之间不断增多、增大的利益交汇点是双方关系的硬基础。就中国来说，作为欧盟的联系国和欧洲自由贸易区成员国，土耳其可以在中国与欧盟之间起到某种经济纽带作用；土耳其与中东、中亚各国地理上的邻近及经济上的密切联系，使其可以成为中国投资者和贸易商开拓中东、中亚市场的基地；作为北约成员国，土耳其有可能架起中国与西方以及中东国家沟通的桥梁；作为欧亚交通、经贸、能源的枢纽，以及从中亚到里海、中东地区"丝绸之路经济带"沿线上经济实力最强的国家，土耳其无疑是"丝绸之路经济带"建设尤其是远景建设的重要参与力量以至关键支撑。同时，作为继"金砖四国"之后的新秀，土耳其还是G20成员和经济合作与发展组织（OECD）成员。因此，土耳其经济的快速增长势头和巨大发展潜力也凸显了土耳其对中国的经济和战略价值。另外，中国在解决"东突"和打击中亚地区的"三股势力"，维护中国西北边疆的安全和西部周边环境的稳定等问题上，同样需要借助土耳其自身独具的影响力。可见，土耳其的多重身份、特殊的地缘位置及较强的经济实力，使其在中东、中亚、里海、黑海、巴尔干、高加索等多个地区具有独特的地缘政治影响力，在东西方之间扮演着某种桥梁作用，因而土耳其可以成为中国发展对外关系可资利用的一种重要资源，也是中国顺利推行欧亚战略的"借力"对象之一。

同时，土耳其在许多方面需要借重中国，尤其是它的"大国梦"。大体来讲，土耳其的"近华战略"背后存在着明确的政治、经济和军事动机。[①] 经济上，土耳其试图分享中国市场这块巨大蛋糕，希望通过搭乘中国这列经济快车加快自身的发展。政治上，安卡拉希望在有关土耳其的塞浦路斯、库尔德等国际争端问题上得到中国这个联合国安理会五大常任理事国之一的政治大国的支持；借助中国的亚洲大国、上海合作组织的发起国和东道国身份，"回归"亚洲，增加本国在东亚、中亚的影响力。军事上，土耳其视中国为廉价的军火制造商，希望加强与中国的军事合作（包括一些技术转让），以减少土对西方在军事上的依赖。总体上，土耳其期望通过利用中国崛起的机遇、发展与中国的关系，增强自身综合国力，扩展外交空间，减少对欧美的依赖，尽早实现土耳其成为一个同时具备软硬两方面实力的

---

① Selçuk Çolakoğlu, "Turkey – China Relations: Rising Partnership," Kapak Konusu Ortadoğuanaliz, No. 5, 2013, p. 35.

地区性大国乃至一个全球性的力量的"大国梦"。

就软的方面来看,中土双方经过长期的认知调整与定位,渐渐形成了一种良性认同,且分享着某些共同价值观,这成为中土两国迅速走近的巨大向心因素。首先,中土两国人民在历史上有着源远流长的交往经历和极为相似的兴衰命运,当前昔日的"亚洲两大病夫"均怀有"强国梦"(土耳其的"大国梦"和中国的"民族复兴梦"),且逐渐意识到对方的重要性,尤其是土耳其总体上一直将中国的崛起视为自身发展的机遇。例如2007年,土耳其驻华大使奥克塔伊·厄聚耶(Oktay Özüye)在接受一家中文杂志采访时谈道:"土耳其的政府官员和商界人士均把中国的崛起视为一种机遇而非威胁。因此,我们正积极寻找各种机会与中国伙伴进行合作。"① 基于这种共识,冷战结束特别是正发党上台以来,中土双方都把发展双边经贸关系放在重要位置,从而将两国关系特别是经贸关系推上了快速发展的轨道。其次,伴随世界政治经济格局的变迁,作为新兴国家的中土两国均不满于当前不合理的国际政治经济秩序,皆有变革旧秩序、重建新秩序的意愿。例如,2000年4月江泽民主席在土耳其进行国事访问期间,同土耳其总统德米雷尔就当时国际和地区形势等有关问题交换了看法。双方认为,中土两国都是重要的发展中国家,在维护世界与地区和平与稳定方面发挥着积极作用,都致力于建立公正合理的国际政治经济新秩序,决心将进一步加强两国在国际及地区事务中的协调与合作。② 另外,近年来,土耳其积极向上海合作组织靠拢,申请获得上合组织对话伙伴国地位,这既意味着土耳其在向非西方世界示好,又不免使人产生"土耳其不满于美欧主导的世界秩序"的印象。③ 因为上合组织往往被描述成东方的"反北约"组织,该组织的成立被视为是要改变这种不公正的国际秩序的一种尝试。④

---

① Oktay Özüye, "To Be a Good Role of Bridge between West and East: An Interview with Turkey's Ambassador to China," *Business Weekly*, 26 October 2007. Quote from Zan Tao, "An Alternative Partner to the West? Turkey's Growing Relations with China," 25 October 2013, p. 5, http://www.mei.edu/content/alternative-partner-west-turkey%E2%80%99s-growing-relations-china.
② 《江主席与德米雷尔总统会谈》,人民网,http://www.people.com.cn/GB/channel1/10/20000420/43512.html,2000年4月20日。
③ Joshua Kucera, "Turkey Makes it Official with SCO," 28 Apric 2013, http://www.eurasianet.org/node/66896.
④ Joshua Kucera, "Turkey Makes it Official with SCO," 28 Apric 2013, http://www.eurasianet.org/node/66896.

3. 国际体系的变迁与新兴国家的"聚合"

自 21 世纪以来，国际体系或国际体系内部要素发生了愈益明显的变化，这些变化推动了中国、土耳其等新兴国家的某种"聚合"。第一，伴随美国等西方传统大国的持续性衰落和新兴国家的群体性崛起，国际体系结构的多极化趋势更加明显，新兴国家渐渐从边缘走向中心，开始在国际体系中分享权力和分担责任，尽管他们在国际议程设定和制度话语等方面仍处于劣势，但国际体系的这种变化却为新兴国家通过合作进一步增强国力和彰显实力提供了一定契机。第二，随着新兴国家逐渐参与到他们具有共同利益的金融与经济等领域的全球治理中来，加之非传统安全威胁的大量涌现和安全威胁性质的变化，以及由西方建立的国际制度的有效性与合法性日显不足，从而为新兴国家变革国际制度和应对共同的新安全威胁提供了重大的合作机遇。第三，作为国际体系中的观念结构的重要变化，多边合作成为新兴国家及原有大国的一种共识，他们愈加认同"合作的益处显然超越竞争的作用"的观点。具体到中土关系，国际体系在体系结构、体系制度和体系文化上的这些变化不仅有助于强化两国的合作观念，而且为双方在政治、经济、外交等各方面的合作提供了体系上的动力与条件。

三 中土战略合作关系面临的挑战

中土两国之间尚存有一些棘手问题，彼此对某些地区及国际事务的看法也存在诸多分歧，双方战略合作关系仍面临种种挑战，具体表现在以下两个方面。

（一）经济方面

1. 贸易失衡问题

中土经贸合作始于 1965 年，贸易不平衡则始自 20 世纪 90 年代中后期。1993 年时，土耳其还保持着对华贸易顺差地位。然而，此后土耳其便长期保持对华贸易逆差状态，尤其是正发党上台后这种状况愈演愈烈，迟迟得不到根本改观。

表 1　土耳其与中国贸易情况

单位：百万美元

年份	土耳其出口中国	土耳其从中国进口	总量	进出口差额
2000	96.010	1344.731	1440.741	-1248.721
2001	199.373	925.620	1124.993	-726.247
2002	268.229	1368.317	1636.546	-1100.088
2003	504.626	2610.298	3114.924	-2105.672
2004	391.585	4476.077	4867.662	-4084.492
2005	549.764	6885.400	7435.164	-6335.636
2006	693.038	9669.110	10362.148	-8976.072
2007	1039.523	13234.092	14273.615	-12194.569
2008	1437.204	15658.210	17095.414	-14221.006
2009	1600.296	12676.537	14276.833	-11076.241
2010	2269.175	17180.806	19449.981	-14911.631
2011	2466.316	21693.336	24159.652	-19227.020
2012	2833.255	21295.242	24128.497	-18461.987

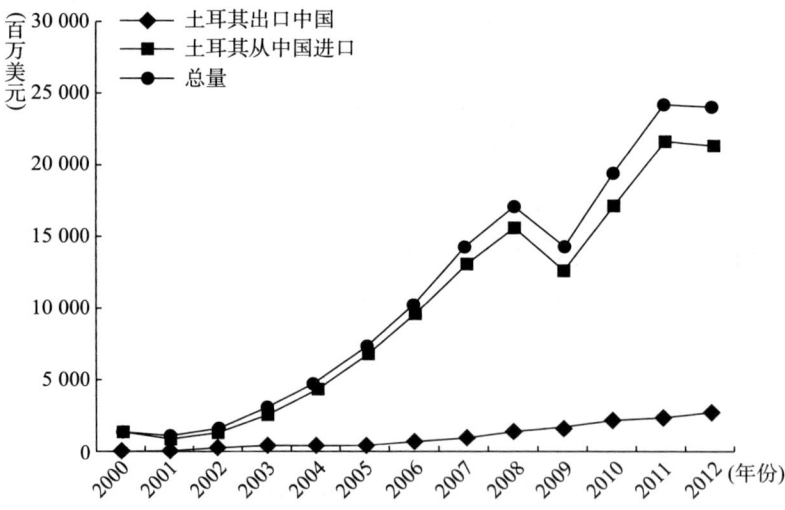

图 1　土耳其与中国贸易情况

资料来源：The data is from the Turkish Institute of Statistics (TÜİK). Quote from Zan Tao, "An Alternative Partner to the West? Turkey's Growing Relations with China," 25 October 2013, p. 3, http://www.mei.edu/content/alternative - partner - west - turkey%E2%80%99s - growing - relations - china.

土耳其与中国走近的一个重要原因就是土耳其商人可以从中国经济增长中获益，但这种严重的贸易失衡状况不仅使土耳其滋生不满，而且深感不安。土耳其驻华大使馆商务参赞恩德·昂基（Ender Öncü）便指出，土耳其应寻求实现对华出口产品的多样化。① 土耳其希望实现 2015 年中土贸易额达到 500 亿美元的良好愿望，事实上也体现了土耳其对改变这种贸易失衡状况的深深关切。贸易不平衡已成为近年来中土双边关系中最重要的议题，双方领导人会面时土方代表几乎必谈该问题，极力敦促中方采取措施，尽早实现贸易平衡。显然，贸易失衡问题不利于中土政治关系的健康发展。同时，突出的对华贸易逆差现象还导致土耳其国内贸易保护主义的勃兴，致使土耳其对中国商品采取反倾销调查、配额等多种限制性措施，使得中土经贸摩擦数量不断增多。土耳其是紧跟美欧、对中国产品进行反倾销调查的唯一中东国家，也是对中国发起反倾销调查较多的 5 个国家之一。②

2. 经济竞争问题

相似的产业结构和共同的重点出口市场，使得中土两国商品的互补性较低，竞争性却很高。中土两国所倚重的纺织、机电等行业均以欧盟和中东为核心或关键出口市场，因而竞争不可避免。虽然土耳其与欧洲邻近，但作为欧盟第二大纺织品供应国的土耳其日益感受到了欧洲市场上中国纺织品具有的强竞争力。伴随近年来中国对欧洲等地区国家纺织品等商品出口的不断增多，土耳其相关产业部门均倍感来自中国商品的压力与威胁。同时，中土两国公司在中东和非洲也展开了激烈竞争。这种竞争特别是双方在建筑领域的竞争均降低了两国公司的利润。因此，土耳其认为，中土两国公司应加强在这些地区的合作，从而增加彼此的收益。另外，随着中亚在中土两国外交战略中的重要性的进一步提升，双方在中亚的经济竞争难以避免。事实上，中土在该地区能源领域的竞争已然显现。

尽管中土经贸关系的主流是互利双赢，经济摩擦、竞争属于正常的国际现象，并已日渐引起中土双方的重视和应对，但中土间的这种摩擦、竞

---

① "Turkey – China Trade Relations Weaken as Crisis Hits," *Today's Zaman*, 19 March 2009. Quote from Zan Tao, "An Alternative Partner to the West? Turkey's Growing Relations with China," 25 October 2013, p. 3, http://www.mei.edu/content/alternative – partner – west – turkey% E2% 80% 99s – growing – relations – china.

② 肖宪：《构建中国与土耳其新型战略合作关系》，《西亚非洲》2011 年第 9 期。

争已从微观层面逐渐上升到宏观层面，且长期的特别是比较大的贸易逆差具有不可持续性，因而如果处理不善，任其扩大、升级，乃至发生"政治化"，势必影响中土关系的顺利发展。

（二）政治方面

1. 维吾尔人问题

就政治领域来讲，新疆维吾尔人问题仍是中土关系中的一个敏感问题。众所周知，土耳其曾长期是"东突"分裂主义者的大本营、"东突"分裂运动的幕后或公开支持者。尽管自20世纪末以来，土耳其在"东突"问题上的态度发生了重大转变，转而正式承认新疆是中国不可分割的一部分，并开始采取措施限制"东突"分子在土耳其的活动。然而，这并不意味着该问题已彻底从两国关系中消失。之所以这样讲，绝非空穴来风。第一，土耳其共和国建立后，泛突厥主义并未被凯末尔主义所完全取代，且不时沉渣泛起，在文化和政治领域内时隐时现，仍不失为现代土耳其的一种社会思潮和一支重要政治力量，而"东突"分裂运动便是泛突厥主义的某种变种。第二，由于土耳其曾长期是"东突"分子的避难所，"东突"势力同土国内各阶层已建立了较为密切的联系，且土耳其社会中也始终存在一股支持"东突"的力量，尤其是目前执政的正发党本身就带有浓厚的泛突厥主义和伊斯兰色彩。

不过，长期以来，在对待"外部土耳其人"问题上，土耳其政府往往实行双重标准，既考虑国内民众对"外部土耳其人"问题的反应，又奉行实用主义原则，总体上优先考虑国家利益，公开反对泛突厥主义。[①] 所以，"东突"问题对中土关系的负面影响也不应被无限夸大。例如，土耳其总理埃尔多安对2009年的新疆"7·5事件"的一度过激反应，就是一个典型例子。中土关系只受到该事件较小程度的冲击，事后两国关系仍得以继续发展。当然，考虑到土耳其的突厥身份和外交的某种情绪化色彩，对于"东突"这个事关中土关系顺利发展的重大问题也不能掉以轻心。

伴随中土关系的发展尤其是土耳其在"东突"问题上态度的转变，维吾尔人民族权利问题渐渐成为中土间的一个主要议题。土耳其就像一位亲

---

① 参见拙作《认同视角下的土耳其对外政策》，《西亚非洲》2011年第9期。

善大使一样，不断向中国政府传递新疆维吾尔自治区维吾尔人的政治和文化权利诉求。安卡拉希望维吾尔人能够在中土两国之间架起一座友谊之桥，起到一种黏合剂作用。为此，北京应该保障维吾尔人的基本人权，并保护维吾尔族认同。① 实际上，维吾尔语在当地的式微是维吾尔人正面临的最大挑战。在"双语教育"运动所及范围内，北京要求少数民族学校开设普通话必修课。北京声称，该政策将有助于民族整合，以及少数民族获得平等的经济发展机会。然而，反对该项政策的维吾尔人认为，双语教育制度的实行，促使普通话得到普及、成为主要教育语言的同时，却导致少数民族语言渐渐变成一种民族文化的象征，而失去原本的交流职能。②

不过，需要指出的是，事实上，中国海南航空公司于2011年已开通了上海—乌鲁木齐—伊斯坦布尔国际航线，从而有利于新疆对土耳其的进一步开放。而且，土耳其国内一些企业已经在乌鲁木齐进行投资兴业。在中国穆斯林阿訇教育问题上，双方也取得了可喜进展。中土双方已经就土耳其宗教事务局帮助培训中国穆斯林阿訇（维吾尔人和回族人）问题签订了协议。③ 此外，土方领导人总统居尔、外长达武特奥卢、总理埃尔多安也得以先后访问新疆的城市。所有这些无疑有助于加强双方在维吾尔人问题上的沟通、了解以至共识，防止双边关系因该问题出现新的危机。

2. 地区及国际事务

在过去几十年中，土耳其之所以致力于同中国确立密切关系，主要基于政治和经济两方面的考虑。从政治角度讲，安卡拉希望在有关土耳其的国际争端问题上得到中国的支持。然而，在土耳其看来，自20世纪80年代以来两国关系进一步紧密，土耳其在塞浦路斯、爱琴海、库尔德工人党、纳戈尔诺－卡拉巴赫（简称纳卡）、波斯尼亚内战和科索沃等问题上，并未得到中国的支持。④ 例如，在2001年1月中国外交部部长唐家璇访问土耳

---

① Selçuk Çolakoǧlu, "Turkey – China Relations: Rising Partnership," *Kapak Konusu Ortadoǧuanaliz*, No. 5, 2013, p. 41.
② Stephen E. Hess, "Islam, Local Elites, and China's Missteps in Integrating the Uyghur Nation," *Journal of CentralAsian & Caucasian Studies*, Vol. 4, No. 7, 2009, p. 89.
③ Selçuk Çolakoǧlu, "Chinese Perceptions of Turkey," *The Journal of Turkish Weekly*, 8 October 2012.
④ Selçuk Çolakoǧlu, "Turkey – China Relations: Rising Partnership," *Kapak Konusu Ortadoǧuanaliz*, No. 5, 2013, pp. 42 – 43.

其期间，对于土外长伊斯梅尔·杰姆（Ismail Cem）希望中国政府能够支持土耳其的塞浦路斯政策的要求，唐家璇以中国避免在该问题上发布有约束力的声明为由，进行了婉拒。① 再如，在 2002 年 4 月朱镕基总理访问土耳其时，土方希望获得中国在塞浦路斯问题上的公开外交支持的愿望再次破灭。② 近年来，中土在有关地区及国际事务上的分歧进一步凸显。对于遭遇"阿拉伯之春"的突尼斯、埃及、也门和叙利亚等国，中国本着不干涉内政的原则，倾向于支持这些国家的现有政权，而土耳其则选择深度介入，支持这些国家民众的民主要求，趁机推广"土耳其模式"，施展自身的软实力。③ 在近期的叙利亚问题上，中土之间的立场也极为悬殊。中国坚持尊重叙利亚国家主权的一贯立场，积极主张通过政治谈判方式解决叙利亚危机，因而与土耳其支持叙反政府武装的干涉别国内政的高调介入行为形成鲜明对比。与西方有着千丝万缕联系的土耳其在外交原则等方面与中国有较大分歧。在 2012 年 4 月土耳其总理埃尔多安访问中国期间，中土就彼此在"阿拉伯之春"等问题特别是叙利亚问题上的意见分歧进行了交谈，但双方未能就此取得共识。④

四 深化落实中土战略合作关系的五个"一"

近年来，中土双边关系在各个领域取得了长足发展，但所谓"战略合作关系"尚未真正落到实处，若使这种关系名副其实，安卡拉和北京均需采取一种积极的态度和适当的策略，解决两国间现有的问题，同时全面推进双方各领域的友好合作。具体来讲，中土关系要想真正提升到"战略合作"层面，要尽力做到五个"一"。

---

① "Turkey, China Agree to Boost Cooperation in Investments," *The Korea Times*, 10 January 2001. Quote from Selçuk Çolakoğlu, "Turkey – China Relations: Rising Partnership," 25 October 2013, p. 36, http://www.mei.edu/content/alternative – partner – west – turkey% E2% 80% 99s – growing – relations – china.

② "Çin ile 4 anlaşma imzalandı", *Hürriyet*, 16 April 2002. Quote from Selçuk Çolakoğlu, "Turkey – China Relations: Rising Partnership," p. 37.

③ Selçuk Çolakoğlu, "Turkey – China Relations: Seeking a Strategic Partnership," *The Journal of Turkish Weekly*, 17 April 2012.

④ Selçuk Çolakoğlu, "Turkey – China Relations: Rising Partnership," Kapak Konusu Ortadoğuanaliz, No. 5, 2013, p. 40.

1. 一个基石

经贸关系的迅速发展是新世纪以来中土双边关系的重大亮点，也是两国战略合作关系健康发展的一块基石。长期以来，土耳其尤为看重中国的经济发展带来的重大机遇，欲借助中国力量增强自身的国际地位，提高本国在欧亚大陆腹地的影响力。硬实力有时也能展现出富有魅力的软性一面①，也可以产生吸引力。对于中土战略合作关系的发展而言，中国的崛起特别是强大的经济实力对土耳其的这种巨大吸引力是一个不可或缺的要素。所以，土方居高不下的严重贸易逆差不仅是不可持续的，而且长此以往必将损害中国对土耳其的这种软实力。有鉴于此，中土两国应携手对双边贸易不平衡问题进行综合治理，逐步推动两国贸易走上平衡、健康、高水平的发展轨道。

2. 一个前提

维吾尔人问题曾经并继续成为中土关系中的一个敏感因素。纵观中土关系史主要是冷战后的中土关系史，土耳其在"东突"问题上的立场与态度直接关涉中土两国关系的冷暖，俨然成了双方关系的晴雨表。因而，土耳其改变了对"东突"分裂势力的支持政策，这是中土友好关系尤其是战略合作关系的前提，土方对"东突"的打击力度及新疆维吾尔人问题的彻底解决则关涉中土关系的友好程度乃至战略合作深度。

3. 一个助力

进入 21 世纪以来，伴随中国愈发注重提升文化外交的软实力建设，中土文化交流与合作活动进行得如火如荼，但受语言障碍和西方媒体偏见报道等因素影响，中国与土耳其的文化交流还存在较大局限。土耳其普通民众对中国尚缺少应有了解，因而不利于中国在土耳其的文化软实力的提高。不过，由于种族、语言、宗教和文化上的原因，土耳其与中国穆斯林主要是维吾尔人特别是知识分子之间存在一定的相互吸引力。尽管土耳其声称在凯末尔时代便放弃泛突厥主义、正发党时期便放弃"突厥世界统一"之梦，但土耳其在维吾尔人中的影响力却不断上升。② 中土近期在伊斯兰教育

---

① 〔美〕约瑟夫·奈：《软实力》，马娟娟译，中信出版社，2013，第 34 页。
② Zan Tao, "An Alternative Partner to the West? Turkey's Growing Relations with China," 25 October 2013, p. 7, http://www.mei.edu/content/alternative – partner – west – turkey% E2% 80% 99s – growing – relations – china.

领域确立的密切合作联系是土耳其对中国施展软实力的另一重要方式。① 对外关系的发展既需要经济硬实力，也需要文化软实力。无论对土耳其还是对中国来讲，软实力对于推动两国关系的发展非常重要。国与国之间的合作是出于自身利益考虑，但合作要分程度深浅，合作程度会受到吸引力或排斥力的影响。② 因此，中土应携手并进，把两国文化交流推向更高水平，努力实现中土文化交流的机制化、常态化、民间化，进而为两国友谊培育深厚根基，加强政治互信，推动双方深化战略合作，提升合作水平，充分发挥人文交流的软助力作用。

4. 一个关键

尽管中土在文化上存在诸多相似之处，在反恐、中东和谈等国际及地区问题上持相同或相近的立场与看法，但由于中土在外交立场、外交准则等方面有较大差异，致使两国对当前的叙利亚危机等地区及国际事务持有不同看法，严重制约两国战略合作关系的发展。中国以包括"互相尊重主权和领土完整""互不干涉内政"在内的和平共处五项原则作为处理对外关系的基本准则，坚持"不谋求地区事务主导权，不经营势力范围"等外交立场。与此相对，推崇西方价值观、认同西方政治话语霸权的土耳其有着在内涵和实现方式上不同于"中国梦"的"大国梦"。土耳其为实现成为地区大国乃至全球性力量的"大国梦"，往往选择高调介入某些地区与国际事务，不顾他国主权。同时，虽然21世纪以来土耳其外交的"东转"色彩日益鲜明，但这只是土耳其在新形势下所做的一种战略调整，而非实质性的战略转变，安全和技术等方面的依赖决定了土耳其无法真正离开西方的怀抱。例如，叙利亚危机促使土耳其重新调整对西方的姿态，再次坚定地站在西方阵营，紧靠北约共同应对日益紧张的地区及全球局势，从而与中国的政策主张迎头相撞。③ 事实上，西方尤其是美国也颇为看中土耳其的战略价值，包括"土耳其模式"在中亚特别是中东的软实力价

---

① Zan Tao, "An Alternative Partner to the West? Turkey's Growing Relations with China," 25 October 2013, p.7, http://www.mei.edu/content/alternative-partner-west-turkey%E2%80%99s-growing-relations-china.
② 〔美〕约瑟夫·奈：《软实力》，马娟娟译，中信出版社，2013，第39页。
③ Selçuk Çolakoğlu, "Turkey-China Relations: Seeking a Strategic Partnership," The Journal of Turkish Weekly, 17 April 2012.

值。所有这些，决定了未来土耳其在地区及国际事务上的立场或多或少将受到西方因素的影响，从而妨碍中土间某些共识的达成。因而，加强中土两国在某些地区热点和全球议题上的协调与配合，便成为进一步深化落实中土两国战略合作关系的关键。然而，在地区及全球性危机背景下，受西方等因素的影响，中土有可能形成完全对立的政策，从而阻碍两国间的战略合作。① 因此，中土双方应充分借助上合组织、G20 等现有平台、机制，加强两国在全球治理、地区热点等问题上的利益契合，夯实彼此间的战略合作关系。

5. 一个突破

土耳其虽为北约成员国，但在武器进口等方面往往受到北约和欧盟国家的制约，并未享受到"北约待遇"。冷战后特别是 21 世纪以来，随着土耳其平衡战略（冷战结束后，土耳其试图在北约系统中采取的精巧的平衡战略，既忠于北约又为本国争取最大的利益）的展开，加之中东战火不断的地缘政治环境的刺激，土耳其渐渐将目光从原有的北约欧洲方向，转向了亚洲东方的中国，希望分享中国的军事技术尤其是导弹技术。② 与此同时，中国也希望加强与土耳其的军事交往，通过土耳其打开中东、西方国际市场，获取重要的经济乃至战略安全"红利"。然而，土耳其的西方核心身份和来自西方的压力，致使中土之间的军事交往受到较大限制，因为军事属于传统高政治问题，军火贸易很容易发生"政治化"，如前面提到的土耳其购买中国"红旗－9"导弹事件就是一个典型例子。因此，中土双方在军事领域的突破性进展将会对两国战略合作关系的发展产生重大助推作用。

综上所述，当前快速升温的中土关系的影响已不限于双边层面，而具有了全球维度，日益引起两国媒体甚至西方媒体的广泛关注。然而，中土若想使两国关系真正提升到战略合作层面，双方尚需要在政治、经济等领

---

① Selçuk Çolakoğlu, "Turkey – China Relations: Seeking a Strategic Partnership," The Journal of Turkish Weekly, 17 April 2012.
② Nuraniye Hidayet Ekrem, "Türk – Çin lişkilerinin Gelişmesi," *Uzak Doğu – Pasifik Araştırmaları Masası*, 22 August 2006, http://savunmavestrateji.blogcu.com/turk – cin – iliskilerinin – gelismesi/481827. Quote from Zan Tao, "An Alternative Partner to the West? Turkey's Growing Relations with China," p. 6.

域采取诸多重要举措。① 目前,中土彼此间的认识定位或战略定位仍未完成,尚存在诸多变数,由此可以得出较为谨慎的结论:中国是土耳其的一个难以取代西方的潜在合作伙伴,而土耳其则是中国的一个仍充满较大不确定性的潜在战略伙伴。

---

① Selçuk Çolakoğlu, "Turkey – China Relations: Seeking a Strategic Partnership," The Journal of Turkish Weekly, 17 April 2012.

古代埃及历史

古埃及托勒密王朝的社会结构与专制王权*

郭子林**

内容提要 古埃及托勒密王朝的社会结构主要体现为复杂的族群关系、较为固定的等级和阶级关系。作为外来统治者,托勒密王朝的国王们运用法律和司法手段解决不同族群个体成员之间的矛盾。他们在不打破等级和阶级关系的情况下,通过建立个人从属性质的统治阶级内外关系,使不同族群中的精英有机会进入统治阶级,使这些精英在严格服从国王领导的情况下,发挥缓和族群矛盾的作用。这恰恰是古埃及托勒密王朝能够实施近300年专制王权统治的重要原因之一。

关键词 古埃及 托勒密王朝 社会结构 专制王权

公元前323年,马其顿的亚历山大三世病殁巴比伦。① 他的部将托勒密立即前往埃及,出任埃及和利比亚两地的总督。② 从此,古埃及便开始了马其顿托勒密家族的统治时期,史称"托勒密王朝"(公元前323～前30年)。③ 目前,学界一般认为在近3个世纪的时间里,托勒密王朝实施的是

---

* 本文系国家社科基金一般项目"古埃及王权研究"(项目批准号13BSS010)和中国社会科学院创新工程项目"制度与古代社会"的阶段性研究成果。

** 郭子林,中国社会科学院世界历史研究所副研究员(北京10006)。

① Skelton and P. Dell, *Empire of Alexander the Great*, New York: Chelsea House Publishers, 2009, p. 66.

② M. M. Austin, *The Hellenistic World from Alexander to the Roman Conquest: A Selection of Ancient Sources in Translations*, Cambridge: Cambridge University Press, 1981, p. 42.

③ 托勒密王朝始于公元前323年,是由王朝本身认可的。"帕罗斯铭文"证明了这点:"当亚历山大去世时,托勒密控制了埃及。" M. M. Austin, *The Hellenistic World from Alexander to the Roman Conquest: A Selection of Ancient Sources in Translations*, p. 39. 帕罗斯铭文是公元前264～前263年,一个无名作家在帕罗斯岛一块大理石上刻写的铭文,记录了从雅典第一个神秘国王到公元前264～前263年的重要政治和文化事件。该铭文是托勒密王朝统治帕罗斯岛时铭刻的,代表了托勒密王朝的观点。

比之前"更为复杂的王权①制度"。② 笔者认为托勒密王朝的专制王权继承了法老埃及（约公元前3100～前332年）专制王权的基本内核，也融合了早期希腊城邦遗留下来的王权思想以及马其顿的君主制因素，是一种相较于法老埃及专制王权更为强大的专制统治。③ 当然，托勒密王朝这种专制王权统治有一个形成发展以至衰亡的演变过程。④ 尤其值得注意的是，它直接使埃及在公元前3世纪末期至公元前2世纪中期成为地中海世界的强国，而且这种制度贯穿于托勒密王朝历史的始终。

托勒密王朝的国王和王室以及主要统治者并非埃及本土人，而是来自希腊的马其顿人。作为外来统治者，托勒密国王们在埃及实施近300年的专制王权统治，其原因何在？这必定是多方面原因共同促成的。就此而言，我们不仅要考察专制王权本身的内容和特点，还应该考量其他相关因素。前者是学界持续关注和探讨的问题，后者则没有引起学者们的足够重视。既然托勒密王朝的统治者是外来人中的希腊马其顿人，被统治者主要是埃及本土人，那么当时的埃及社会一定存在统治者与被统治者所代表的不同族群之间的关系问题。族群关系与等级关系和阶级关系有着密切联系，这些关系一起构成了托勒密王朝统治时期埃及的社会结构。托勒密王朝如何构建这样的社会结构，是其专制王权统治能否实施和能够实施多久的关键因素。本文通过解读托勒密王朝遗留下来的纸草文献等史料，参考西方学者关于托勒密王朝等级和阶级等社会关系的研究，探讨托勒密王朝社会结构的建构和调整与专制王权之间的深层次关系。

一 托勒密王朝的族群关系

根据现存史料，古埃及并不是完全孤立于外部世界的文明。它与美索不达米亚自始至终存在接触和交流，⑤ 也与东地中海世界其他国家和地区进

---

① 关于王权、专制王权或专制主义的概念及理论思考，参见郭子林《王权与专制主义——以古埃及公共权力的演变为例》，《史学理论研究》2008年第4期。
② Ian Shaw, ed., *The Oxford History of Ancient Egypt*, Oxford: Oxford University Press, 2000, p. 407.
③ 郭子林：《论托勒密埃及的专制主义》，《世界历史》2008年第3期。
④ 郭子林：《论托勒密埃及专制主义的形成与演变》，载于沛主编《中国社会科学院世界历史研究所学术文集》第6辑，江西人民出版社，2008，第84～103页。
⑤ Lionel. Casson, *Egypt and Mesopotamia*, Princeton: Princeton University Press, 1971.

行多种形式的往来,① 更与北非接壤的埃塞俄比亚和利比亚等地区有各种关系。从某种程度上讲,埃及在与周围世界的交往中获得很多发展动力,不仅吸收了其他文明的先进技术,还使一定数量的非埃及人以商人、雇佣兵等身份进入埃及。可以说,波斯人统治时期(公元前525～前404,公元前343～前332年)②,埃及已经是一个世界性国家。约翰·D. 瑞(John D. Ray)根据考古材料反映的情况,指出当时的埃及至少有这样一些人:埃及人、波斯人、爱奥尼亚人、卡里亚人(Carians)、腓尼基人、讲阿拉姆语的人、埃兰人、西里西亚人、米底人、利西亚人、摩押人(Moabite)、阿拉伯人、雅典人、努比亚人、利比亚人和犹太人等。③ 在这些人中,埃及人的数量显然占绝大多数,波斯人的数量少于埃及人,或许多于其他人,还有为数不少的犹太人④。法国埃及学家迈克尔·超万(Michel Chauveau)给出了相对具体一些的观点,指出在马其顿的亚历山大三世征服之前,埃及已存在许多外来人口:诺克拉底斯有一些希腊人,孟菲斯有一些希腊人、雅利安人、叙利亚和腓尼基人,另外波斯国王曾在诸如埃勒凡塔这样的一些要塞城市安置了一些叙利亚人和犹太人移民。⑤ 亚历山大三世征服以后,更多的希腊移民、马其顿移民、小亚细亚地区的人们和犹太人等涌入埃及。这样,托勒密一世统治埃及时,在埃及这块土地上不仅生活着埃及本土人,还有很多希腊人、马其顿人以及其他族群。

当时,埃及究竟有多少人,我们没有任何准确数字。根据狄奥多拉斯的记载,公元前1世纪埃及大约有300万人,"古代"大约有700万人。⑥

---

① 郭丹彤:《埃及与东地中海世界的交往》,社会科学文献出版社,2011; Guo Zilin, "Review on 'Intercourse between Egypt and Eastern Mediterranean World,'" *World History Studies*, vol. 1 (2014), pp. 114 – 117。

② Erik Hornung, Rolf Krauss, and David A. Warburton, eds., *Ancient Egyptian Chronology*, Leiden: Brill, 2006, pp. 494 – 495; Toby Wilkinson, ed., *The Egyptian World*, London and New York: Routledge, 2007, p. xxiii.

③ John D. Ray, "Egypt 525 – 404BC," in John Boardman, et al., eds., *The Cambridge Ancient History*, vol. 4, Cambridge: Cambridge University Press, 1988, pp. 273 – 275.

④ 在上埃及的埃勒凡塔有犹太人社区。John D. Ray, "Egypt 525 – 404BC," in John Boardman, et al., eds., *The Cambridge Ancient History*, vol. 4, p. 277.

⑤ Michel Chauveau, *Egypt in the Age of Cleopatra: History and Society under the Ptolemies*, trans. by David Lorton, Ithaca and London: Cornell University Press, 2000, p. 95.

⑥ Diodorus Siculus, *The Library of History*, trans. by C. H. Oldfather, Cambridge, Massachusetts: Harvard University Press, 1933, I. 31.

这里的"古代"究竟指的是什么时候，不得而知。根据现代学者的估算，在后埃及时期（约公元前 664～前 332 年），人口最多的时候应该是第 26 王朝（约公元前 664～前 525 年），最多也就是 300 万人。波斯人统治时期，社会动荡，人口不会超过 300 万。① 威利·克莱瑞斯（Willy Clarysse）和 D. J. 汤普森（Dorothy J. Thompson）以阿尔西诺诺姆的盐税记录为基础，估算埃及的人口，认为公元前 3 世纪中期，古埃及人口最多超不过 150 万人。② 也就是说，根据目前的学术研究，在整个托勒密王朝，人口在 150 万至 300 万之间。这些人口当中有多少埃及人，多少希腊城邦人，多少马其顿人，多少波斯人，还有多少其他族群的人，我们根本不得而知。

尽管我们不知道托勒密王朝统治时期埃及各个族群的人口数量，但我们仍然可以确信当时的人口整体上包括两大类，即埃及本土人和外来人。前者作为一个整体处于被统治地位，而后者则既有统治者，也有被统治者。马其顿人和部分希腊城邦移民是主要统治者群体。这些统治者群体大多居住在埃及的四个希腊城市里。这四个希腊城市是帕雷托纽姆、诺克拉底斯、亚历山大城和上埃及的托勒密斯。它们在埃及占据特殊地位，或多或少地以希腊自治城市的方式组织起来。甚至有人认为，"希腊城市，尤其亚历山大城，完全是希腊式管理，希腊人在希腊城市与埃及人包围的社区内都讲希腊语，住希腊式房屋，遵从希腊人的社会实践"。③ 例如，亚历山大城有自己的法典，④ 市民被分配在部落和德莫（demo）中，市民称自己为某某德莫的成员，⑤ 而非亚历山大城的人，甚至当他们居住在埃及其他地区的时候，也称自己为某某德莫的成员。笔者以为，尽管这些城市享有某些自治和某些特权，但在实践中它们与国家的其他部分相似，是完全臣服于国王的。迈克尔·超万指出，"希腊城市的公民权被严格地控制着，而且是有限

---

① B. G. Trigger, B. J. Kemp, D. O'Connor and A. B. Lloyd, *Ancient Egypt: A Social History*, Cambridge: Cambridge University Press, 1983, p. 300.
② Willy Clarysse and Dorothy J. Thompson, *Counting the People in Hellenistic Egypt*, vol. 2, Cambridge: Cambridge University Press, 2006, p. 102.
③ Lionel Casson, *Everyday Life in Ancient Egypt*, Baltimore: The Johns Hopkins University Press, 2001, p. 137.
④ G. P. Goold, ed., *Select Papyri*, vol. 2, trans. by A. S. Hunt and C. C. Edgar, Havard University Press, 1934, pp. 3–9.
⑤ G. P. Goold, ed., *Select Papyri*, vol. 2, trans. by A. S. Hunt and C. C. Edgar, Havard University Press, p. 185.

的权力"。"它们设有公民大会、议事会、行政长官和公共机构,但这些都未达到真正民主政府的水平。"① 文献表明,亚历山大城的市民能够被国王在任何时候召去执行特殊的任务,诸如参与诺姆的司法审判。② 可见,这四个希腊城市的希腊人从整体上看保持着自己本族群的生活方式,也享有一定的特权,但一定受到托勒密国王的控制和管理,是托勒密国王的臣民。

还有一点需要注意,埃及境内的希腊城市居住的并非全是希腊人。例如,亚历山大城的人口构成就比较复杂,而且不太容易管理。波里比阿描述了公元前2世纪后期亚历山大城的人口居住情况:

> 亚历山大城一共住着三类人。第一类是埃及本土人,他们性情多变而且暴躁,不容易管理。第二类是雇佣兵,他们人数相当多,是傲慢专横而且野蛮的一类人。在国内保留一定数量的雇佣兵是埃及的一个悠久传统,但是由于国王软弱,这些雇佣兵渐渐学会了横行霸道,却忘记了顺从。第三类便是亚历山大城人了,这也不是一个真正文明的民族,比雇佣兵更加傲慢(或者说,比另外两类人更傲慢),因为他们虽然已经混杂了,但是他们属于希腊人,还记得希腊的各种风俗。③

波里比阿的叙述反映的或许仅仅是某个阶段的情况,更或许是带有个人偏见的陈述。但迈克尔·格兰特(Michael Grant)经过审慎研究之后,给出了态度相对平和的看法,认为"亚历山大城的希腊人有他们自己的特殊权力和组织,但没有公民大会,或许没有议事会(或者最初有一个议事会,但很快就消失了)。大犹太社区也拥有自己的自治组织。除此之外,亚历山大城还居住着几万名埃及人和不计其数的其他族群的人口"。④

---

① Michel Chauveau, *Egypt in the Age of Cleopatra: History and Society under the Ptolemies*, trans. by David Lorton, Ithaca and London: Cornell University Press, 2000, p.125. 当然,也有人认为"亚历山大城没有市议会"。(William Tarn and G. T. Griffith, *Hellenistic Civilisation*, London: Edward Arnold Ltd., 1952, p.185.)
② G. P. Goold, ed., *Select Papyri*, vol. 2, trans. by A. S. Hunt and C. C. Edgar, Havard University Press, pp. 221–225.
③ Polybius, *The Histories*, vol. 6 (books xxviii–xxxix), trans. by F. W. Walbank, Christian Habicht, W. R. Paton, Cambridge, Massachusetts: Harvard University Press, 1927, xxxiv. 14. 1–5.
④ Michael Grant, *From Alexander to Cleopatra: the Hellenistic World*, New York: Michael Grant Publications Ltd., 1982, pp. 37–38.

无论波里比阿比较激烈的言辞,还是迈克尔·格兰特较为和缓的语气,它们都表明希腊城市(至少是作为托勒密王朝首都的亚历山大城)的人口是混杂的,而且各个族群之间不容易和平相处。事实上,从史料来看,不仅埃及境内的希腊城市存在这样的状况,埃及境内其他地区也是如此。因为有一部分希腊人和其他族群的人居住在埃及境内希腊城市之外的地区。在这种多族群居住的社会里,不同族群个体成员之间的矛盾不可避免。例如,托勒密二世时期,一个埃及人说:"我不知道怎样像一个希腊人那样行事。"托勒密三世时期,一个埃及祭司说一位希腊人闯入其家中,把他打倒,"因为我是一个埃及人"。[①] 这样的言辞彰显了族群个体之间心理上和生活实践中的矛盾现象。托勒密王朝通过实施两套法律体系和相应的司法审判制度,比较好地解决了这种具体化的矛盾。[②] 然而,除了公元前2世纪中期以后埃及本土人掀起的几次起义斗争之外,托勒密王朝作为整体的各个族群之间基本维持了相对和平的关系,甚至出现了不同族群成员之间通婚的情况。[③] 那么,这种局面是如何形成的呢?或者说,托勒密王朝是如何调节不同族群之间的关系的?要回答这个问题,我们必须从考察托勒密王朝的等级和阶级关系入手,因为这些族群以等级和阶级关系的方式参与到托勒密王朝社会结构当中。

二 托勒密王朝的等级、阶级和统治关系

西方学者非常重视对托勒密王朝阶级关系的研究,当然这样的研究主要是从整个希腊化世界的层面展开的。也就是说,他们将托勒密王朝的阶级关系纳入整个希腊化世界,而非单独对其进行考察。其中,最具代表性的研究成果是 M. I. 罗斯托夫采夫和 C. 哈比希特提供的。

M. I. 罗斯托夫采夫在其皇皇巨著《希腊化世界的社会经济史》中,分

---

① Westermann, W. L. and E. S. Hasenoehrl (eds.), *Zenon Papyri*, vol. 1, p. 66, line 19 – 21; Oates, J. F., A. E. Samuel and C. B. Wells (eds.), *Yale Papyri in the Beinecke Rare Book and Manuscript Library*, 46, column I, line 13, 7.

② 关于托勒密埃及的法律体系和司法实践,参见郭子林《托勒密埃及的法律与司法实践》,《历史研究》2010年第4期。

③ Ian Shaw, ed., *The Oxford History of Ancient Egypt*, Oxford University press, 2004, p. 411.

别研究了各个时间段里几个希腊化王国的社会关系,认为在公元前281年至公元前221年之间,托勒密王朝的埃及社会人口分成固定的等级,包括法律上的自由人,经济上独立的工人,底层的"国王农夫",数量相对有限的奴隶、祭司、外来人(希腊人和马其顿人,被描绘为国王真正的权力伙伴)。高级官僚、军队和税农都从外来人中雇佣。税农不是直接收税的人,而是负责指导和监督那些付税者的人。① 这种社会关系到公元前168年之后发生了变化,"关系划分不再是以作为上层等级的希腊人和作为下层等级的埃及人作为区分标准,而是以富人和穷人作为关系划分标准,很多埃及人属于富人,很多希腊人属于穷人"②。也就是说,在M. I. 罗斯托夫采夫看来,托勒密王朝时期埃及的社会关系以公元前168年为界。公元前168年之前,埃及的社会关系比较复杂,但总体上希腊人和马其顿人是社会上层,掌握着权力,还是富有者,埃及人基本上都属于社会下层。公元前168年之后,埃及的社会关系相对较为简单,只有穷人与富人之分。

  M. I. 罗斯托夫采夫的观点有合理之处,他看到了托勒密王朝存在上层等级的希腊人和下层等级的埃及人这样的划分,并从经济地位上划分了公元前168年之后托勒密王朝的富人阶级和穷人阶级。然而,他混淆了等级和阶级的关系,他在讨论托勒密王朝的阶级关系时,实际上将等级关系与阶级关系混合在一起,用阶级(class)这个词同时指代等级和阶级。

  一般来说,"阶级是指在生产关系中由生产资料所有关系所决定的社会集团,是以剥削劳动者为其特征的,因此属于经济的范畴;而等级则是指在社会分工和劳动组织中人们所占的地位序列,是以权利和义务关系为其特征的,因而属于社会和政治的范畴"③。根据这样的理论,等级是以社会地位为存在基础的,而阶级是以财产和经济关系为根据的。当然,这里的阶级主要是指财产阶级。在托勒密王朝,希腊马其顿人是统治者,他们在社会上始终享有法律意义上的特权,是第一等级的人;埃及本土人是被统治者,无论他是穷人还是富人,他都是低于希腊马其顿人的第二等级的人。

---

① M. I. Rostovtzeff, *The Social & Economic History of the Hellenistic World*, Oxford: Oxford University Press, vol. 1, pp. 249 – 261.
② M. I. Rostovtzeff, *The Social & Economic History of the Hellenistic World*, Oxford University Press, vol. 1, p. 695.
③ 施治生、徐建新主编《古代国家的等级制度》,中国社会科学出版社,2003,序言第4页。

第一等级的希腊马其顿人最初依靠国王的信任、商业技能、雇佣兵身份等获得财富,是富有者,但到托勒密王朝后期(公元前168年~前30年),很多希腊人失去了国王的信赖或失去了其祖先的商业技能等,沦落为穷人,这是阶级关系的变化,而非等级关系的变化。从等级上讲,这些贫穷的希腊马其顿人仍然在社会地位上高于埃及本土人。在整个托勒密王朝历史上,埃及人当中始终有富有者,也有穷困者,但富有者也始终成不了第一等级的人。这种等级关系是由托勒密王朝这种特殊的社会状况决定的。只要托勒密王朝的国王或王室是希腊马其顿人,那么埃及社会的第一等级就是希腊马其顿人。当然,从财产阶级上来讲,希腊马其顿人当然会有富有阶级的人,也会有贫穷阶级的人;埃及人也同样有贫穷者和富有者。从理论上讲,"这种错位现象,主要是由于社会成员兼有阶级和等级双重身份,阶级成分总是流动变更,而等级身份相对稳定滞后的缘故"①。

  C. 哈比希特详细考察了希腊化时代君主国的统治阶级,认为"王友"或"国王的朋友"构成了希腊化时代各个君主国的统治阶级。这个阶级具有重要意义:"他们形成了君主的稳定委员会,他们对君主的决议实施决定性影响;国王的命令通过他们传递,由属于同一个群体的人们执行,因为他们占据所有重要地位。他们与国王一起统治王国和其臣民。""这个统治阶级的成员几乎毫无例外都是'希腊化的人',主要是希腊人,也有马其顿人,至少从亚历山大三世以来,马其顿人因语言和文化而被视作希腊人。埃及本土人、叙利亚人或犹太人没有出现在这个群体里,波斯人和其他伊朗人也没有出现在这个群体中。两代以后,本土人才出现在统治阶级之中,仅仅在孤立的事例中。"他还认为希腊化时代的君主们选拔来自希腊世界各个城邦或地区的、具有不同背景的人,出任各种重要职位,这些人包括工匠、哲学家、医生、科学家等,只要有能力,都可以任用。这些人是为了个人的发展和财富而接受国王的提拔和任用。这些人与国王之间是个人服从关系。这种关系有利于国王的统治。②

  C. 哈比希特将"王友"视作希腊化时代君主国家的统治阶级,这具有合理性;他还非常有见地地指出了希腊化王国的君主与部分官僚之间是一

---

① 施治生、徐建新主编《古代国家的等级制度》,中国社会科学出版社,2003,序言第4页。
② Christian Habicht, *The Hellenistic Monarchies: Selected Papers*, trans. by Peregrine Stevenson, The University of Michigan Press, 2006, pp. 26–40.

种个人从属性质的关系。但他或许低估了希腊化时代君主国本土人在王朝早期或整个王朝统治中的参与程度。至少在埃及托勒密二世时期,一个名为赛努舍普斯(Sennushepes)的埃及本土人担任了国王的后宫监督官,并在库普提特(Koptite)诺姆出任高级职位;还有一些埃及本土人出任孟狄斯(Mendesian)诺姆的高级行政和军事职位。[1] 托勒密二世时期的高级祭司马涅托必定是埃及人。[2] 另外,C. 哈比希特也没有区分托勒密王朝的等级和阶级关系。在他看来,希腊化时代的等级关系和阶级关系在统治阶级这个层次上是合二为一的。实际上,统治阶级既有希腊马其顿人,还有其他任何族群的人,甚至有埃及本土人。这里便出现了一个新的现象,即统治阶级的等级属性和阶级属性如何定位?也就是说,这里引申出了一种关系,即统治关系。本文认为不应该将希腊化时代托勒密王朝埃及的等级关系、阶级关系和统治关系简单地重合起来,这三种关系在托勒密王朝的埃及是有差别的。

这里的统治关系是指统治阶级与被统治阶级的关系。一般来说,托勒密王朝的统治阶级主要是希腊马其顿人,在实践中并不仅限于希腊马其顿人,还包括埃及本土人。从理论上讲,被统治者是埃及本土人,但在实践中部分希腊马其顿人也是被统治者,这种实践意义上的被统治者就是托勒密王朝的被统治阶级。统治阶级和被统治阶级是从权力关系上来讲的,权力关系决定了一个事实:只有部分希腊马其顿精英能够成为统治阶级的成员,而部分埃及人精英也可以成为统治阶级的成员,只要条件允许,或者只要托勒密王朝的国王需要并允许埃及本土精英加入统治阶级。同时,这种权力关系也导致了经济关系的相应阶级化。甚至可以说,统治阶级与被统治阶级之间的关系蕴含着权力关系和利益关系。

本文到此已经涉及三种关系:等级关系、财产阶级关系和统治关系。一般来说,等级关系往往是由国家或政府或习俗力量规定了的,只要规定者不变,既定的等级关系就不会轻易地在短期内发生变化,具有较强的封闭性,因为它体现的主要是一种社会地位。财产阶级关系是以财产或财富为基础的,财产阶级中的富有者阶级可以包括高等级的人,也可以包括低

---

[1] Ian Shaw, ed., *The Oxford History of Ancient Egypt*, Oxford University Press, 2004, pp. 412.
[2] Manetho, *History of Egypt and Other Works*, Cambridge, Massachusetts: Harvard University Press, 1940, p. x.

等级的人。当然，从长远来看，财产阶级关系的变化会促动等级关系的变化。统治关系则是一个与等级关系和财产阶级关系相交叉的关系。统治关系中的统治阶级既可以包括高等级的人，也可以包括低等级的人，被统治阶级也是如此；统治阶级的部分人因为各种原因可能会降低为被统治阶级；统治阶级的成员往往是在财产上比较富有的人，被统治阶级的成员则相对贫穷。可见，从理论上讲，在这三种关系中，统治关系是最开放的，可以容纳各种身份和社会关系的成员。

在托勒密王朝的埃及，这三种关系都存在。在托勒密王朝，统治阶级主要是希腊马其顿人，他们也是社会的第一等级，享有各种特权；被统治阶级主要是埃及本土人和其他外来移民，他们是第二等级。在第二等级中，还有一个埃及本土祭司和地方贵族阶层，他们充当了希腊马其顿人统治埃及的工具，当然也享有一定的权力，社会地位相较于普通埃及本土人要高一些，他们是第二等级中的上层。理论上，第一等级和第二等级上层的人构成统治阶级，但在实践中并非所有的第一等级和第二等级的上层人都是统治阶级的成员。第二等级的下层，即社会的最底层，是普通埃及本土人和其他外来移民。他们基本上都是被统治阶级的成员。被统治阶级的成员经过努力也有上升为统治阶级成员的可能。不可否认，"有一些高级祭司和几个独特的埃及人在行政机构中获得了重要职位，他们形成了一个埃及本土人官僚阶层，但在主要政治领域，埃及人的社会职位比希腊移民低。他们只是王室土地的技工和佃农，即使他们获得了份地或'私人'土地，他们的土地所有权通常也比希腊人的少"[①]。"埃及祭司仍执行日常的宗教活动，庆祝重大节日，而埃及的农民仍然开发他们的土地，对赋予了他们尼罗河洪水的神祇感恩至深。但整体上，埃及人已从领主降到了低级劳动者，降到了社会第二等级，在它之上是一个希腊人阶层。"[②] 一部分埃及本土人可以借助财富和知识进入一个较高的社会阶层，也就是说社会最底层的普通埃及人可以上升为第二等级的上层，但必须接受教育，了解希腊文化。比如马涅托，他显然既懂希腊文又懂埃及文，而且对两种语言都很精通，

---

① H. Idris Bell, *Egypt from Alexander the Great to the Arab Conquest* (*A study in the diffusion and decay of Hellenism*), Oxford: The Clarendon Press, 1948, p. 36.

② Lionel Casson, *Everyday Life in Ancient Egypt*, Baltimore: The Johns Hopkins University Press, 2001, p. 137.

因而才获得重用。而埃及人中能够接受教育的人并不多，只有那些社会上层人士和富有者才有这样的机会。因而广大的下层农民仍然生活在他们的传统世界里，保持他们古老的传统和生活模式，用他们自己的语言制定契约。① 也有学者认为"古埃及第 30 王朝的后裔似乎在马其顿人统治时期占据高级军事职位；在托勒密二世统治时期，一个名为赛努舍普斯的埃及本土人担任国王的后宫监督官，并在库普提特诺姆担任高级职位；还有一些埃及人出任孟狄斯诺姆的高级行政和军事职位。这些事例和其他事例证实了我们的强烈猜测，即公元前 160 年左右在亚历山大城出任高级宫廷官僚的（埃及人）狄奥尼索斯·培托萨拉匹斯（Dionysios Petosarapis）在托勒密王朝有很多（埃及）前辈担任高官，后者比我们目前倾向于认可的数目多"。②

三 托勒密王朝统治阶级的内外关系

在上述的三种社会关系中，统治关系是最开放的，从而统治关系中的统治阶级内部成员的关系和统治阶级与被统治阶级的关系在社会结构中占据重要地位。托勒密王朝统治阶级的直接体现者是政府部门及其庞大的官僚体系，统治阶级的内外关系基本上是通过官僚体系的构成和内外关系表现出来的。托勒密王朝的官僚和政府部门由三个大的等级构成：宫廷官僚及相应的部门，中央官僚及相应的部门，地方官僚及相应的部门。③

宫廷官僚由大臣、官僚、警卫、"廷臣"、奴隶和宦官等一大群人组成。这些人都是国王的人，他们中的大多数都是王室成员，或者是与王室有密切关系的人，或者是王室成员的某些代理人。④ 人们习惯于称托勒密宫廷为"国王之家"。我们也知道"国王之家"的一些官僚的头衔，如"传达官"

---

① H. Idris Bell, *Egypt from Alexander the Great to the Arab Conquest* (*A study in the diffusion and decay of Hellenism*), pp. 42 – 43；J. G. Griffiths, "Village Life in Ptolemaic Egypt," *The Classical Review*, New Ser. vol. 24, No. 2 (Nov., 1974).
② Ian Shaw, ed., *The Oxford History of Ancient Egypt*, pp. 411 – 412.
③ 关于托勒密王朝官僚体系及其内部关系，参见郭子林《托勒密埃及官僚制度探微》，《内蒙古民族大学学报》（社会科学版）2006 年第 3 期。本文出于文章篇幅考虑，不再详细阐述这个问题，仅仅对主要内容概括述之。
④ F. W. Walbank, A. E. Astin et al. eds., *The Cambridge Ancient History*, vol. 7, Cambridge: Cambridge University Press, 1928, Cambridge: Cambridge University Press, 1928, p. 116.

"首席猎人""王家侍卫武官""首席司膳总管""首席司酒官""首席医师""普通医师""家庭教师""国王的养父""卧室服侍人员",以及大批的护卫人员。还有一些"廷臣"和高级官僚的助手或随从。① 另外,还有"雕刻者""男管家""马车夫"等。② 这些头衔所有者的具体职务,不得而知,但从其头衔来看,也许他们的职务便是完成其头衔所赋予的任务。这些头衔所有者中的"廷臣"又分成五类,即"王友"(和那些与他们地位平等的人),"第一朋友们"(和那些与他们地位平等的人),"贴身护卫长官"或称"高级护卫"③,"朋友们"和"继承者们"。这些名字可能起源于公元前3世纪,在公元前2世纪广泛使用。公元前3世纪,这些名字都是名誉头衔,只给宫廷人员,到公元前2世纪,也授予诺姆官僚。④ 这些荣誉性的头衔还包括"随从""卫士"及随后出现的"荣誉亲王"⑤ 等。事实上,上述这些头衔已有了级别之分。公元前2世纪时,这些头衔里面的"朋友"与职务常常并提,⑥ 说明"朋友"只是荣誉,而官衔才体现其实际职务。另外从史料可见,这些"朋友"有的是财政官,也有的是总督等。⑦ 也就是说,到公元前2世纪,这些"王友"变成了国王的正式官僚。也有学者指出,国王的这些"朋友"组成了国王的咨询委员会,对国王的决策产生了重要影响。⑧ 宫廷内部大量的官僚不仅是国王日常生活的服务者和护卫者,还构成了国王咨询委员会的成员,保证了国王的饮食、安全、健康,并可能为国王提供某些决策参考建议,在很大程度上影响着国王的生活起居和关于

---

① Pierre Jouguet, *Macedonian Imperialism and the Hellenization of the East*, trans. by M. R. Dobie, London and New York: Routledge, 1996, p. 298.
② F. W. Walbank, A. E. Astin et al. eds., *The Cambridge Ancient History*, vol. 7, Cambridge: Cambridge University Press, 1928, p. 116.
③ F. W. Walbank, A. E. Astin et al. eds., *The Cambridge Ancient History*, vol. 7, Cambridge: Cambridge University Press, p. 116.
④ Pierre Jouguet, *Macedonian Imperialism and the Hellenization of the East*, trans. by M. R. Dobie, London and New York: Routledge, 1996, p. 299.
⑤ F. W. Walbank, *The Hellenistic World*, Oxford: Blackwell Publishers, 1992, p. 77.
⑥ M. M. Austine, *The Hellenistic World from Alexander to the Roman Conquest: A Selection of Ancient Sources in Translations*, Cambridge: Cambridge University Press, 1981, pp. 434, 436.
⑦ M. M. Austine, *The Hellenistic World from Alexander to the Roman Conquest: A Selection of Ancient Sources in Translations*, Cambridge: Cambridge University Press, 1981, pp. 379, 434, 436.
⑧ Christian Habicht, *The Hellenistic Monarchies: Selected Papers*, trans. by Peregrine Stevenson, The University of Michigan Press, 2006, pp. 27, 29.

国家大事的决策。宫廷官僚是国王身边的人，是直接为国王服务的宫廷人员，甚至可以说是国王在宫廷内部的仆人。他们虽然地位特殊，享有某些特权，但并不是国王权力的执行者，也不是凌驾于中央机构和中央官僚之上的特殊官僚。

中央部门是按照国家应该具有的职能部门设立的，例如行政、财政、司法、宗教、文化和军事等。这些部门内部都设有数量不等的官僚，履行相应的职责，完成部门所赋予的任务。例如，在中央主管行政的是"首席大臣"，主管财政的是"首席财政大臣"等。这些官僚的职责也有交叉的情况，但没有出现像法老埃及"维西尔"（相当于中国古代的"丞相"）那样的官僚和衙署。这些部门的最高官僚都是由国王直接任命的，其他级别的中央官僚或者由国王直接任命，或者由最高中央官僚代表国王任命。低级中央官僚受其上级的管理，但所有中央官僚都听从国王的命令，至少从理论上讲都是国王任命的官僚。这样，这些中央部门和官僚执行的是国王赋予的职权，完成的是国王交与的任务。当然，中央部门和官僚只是将国王的各种权力拆分开来执行。

托勒密王朝保持了古埃及传统的诺姆结构，全国仍保持40个左右的诺姆，上埃及和下埃及各设一个总督区，以便监管各个诺姆，各个诺姆内部设有与中央对应的行政、财政、司法、文化和宗教以及军事等部门及官僚，诺姆下面设区，区下设村。区和村主要以行政长官、财务官、警察和大量书吏等为主。越是底层官僚，其履行的职权越具体。诺姆一级的官僚受中央官僚管理，接受大区总督监督，实践中或理论上由国王任命，为国王服务。区级官僚向诺姆级官僚负责，村级官僚向区级官僚负责，理论上他们都是由国王任命的，向国王负责。

从国王到宫廷和中央，再到诺姆，直到村，官僚数量越来越多。官僚呈金字塔状分布，顶点是国王，最底层是村级官僚。同时，国王的权力也是从上往下越来越细化，但权力越往下越具体。此外，每个层级的官僚之间既有分工，也必然有合作。至少从纸草文献来看，税农在收税的过程中得到了村长、村书吏、村财政官、村警察等的配合或管理。从而，托勒密王朝国王的权力主要是通过大批中央和地方官僚来实施的。如果用一个模型来展示，那么托勒密王朝的大批官僚构成了一个以国王为顶点、以国王的权力为中心支柱的、由顶点向底层呈放射状分布的"金字塔"。

从前面的叙述来看，虽然托勒密王朝官僚之间的权力界限模糊，但相互关系却比较明显。托勒密王朝的官僚之间主要是从属关系。一切官僚都从属于国王，一切地方官僚都从属于国王和中央，地方各级官僚又从属其上级。例如："正常关系是村书吏有责任向他的上司——王室书吏递交一份有关耕种和收获情况的报告。"① 村书吏必须要接受王室书吏的领导和监督。有学者进一步认为，在托勒密王朝，"每位官僚奴隶般地服从其上司，并专制地控制其下属"②。

这里阐述出来的是托勒密王朝官僚体系内部的构成和相互关系。那么，托勒密王朝的官僚体系是只对希腊马其顿人开放吗？抑或对固定的族群或等级或阶级开放？

利昂·摩林（Leon Mooren）和詹姆斯·L. 奥尼尔（James L. O'Neil）专门考察了托勒密王朝时期埃及官僚的族群来源，有力地说明了托勒密王朝官僚体系的内外关系。利昂·摩林详细列举了文献当中出现的托勒密王朝官僚的名字、族群、职务和头衔等。③ 詹姆斯·L. 奥尼尔在利昂·摩林的基础上做了进一步研究。④ 下面按类别阐述从文献当中发现的托勒密王朝的官僚构成情况。

利昂·摩林发现了 32 位"真正的王友"，其中 3 个可以确定为马其顿人。詹姆斯·L. 奥尼尔认为利昂·摩林列举出的塞琉古（Seleukos）（M02）也是马其顿人。具体情况如表 1。

表 1 托勒密王朝时期埃及官僚的族群来源（1）

名字	职业或身份	族群来源	利昂·摩林的编号
亚历山大之子珀罗普斯（Pelops son of Alexander）	公元前 280 年代托勒密王朝在萨摩斯安置的行政长官	马其顿人	M011（这里的 M 代表 Leon Mooren，下同）
基勒士（Killes）	公元前 311 年加沙战役当中的将军	马其顿人	M04

---

① Michel Chauveau, *Egypt in the Age of Cleopatra: History and Society under the Ptolemies*, trans. by Darid Lorton, Ithaca and London: Cornell University Press, 2000, p. 90.
② Pierre Jouguet, *Macedonian Imperialism and the Hellenization of the East*, trans. by M. R. Dobie, London and New York: Routledege, 1996, p. 303.
③ Leon Mooren, *The Aulic Titulature in Ptolemaic Egypt*, Brussels, 1975.
④ James L. O'Neil, "Places and Origin of the Officials of Ptolemaic Egypt", *Historia: Zeitschrift Für Alte Geschichte*, Bd. 55, H. 1 (2006), pp. 16 – 25.

续表

名字	职业或身份	族群来源	利昂·摩林的编号
卡利克拉特（Kallikrates）	公元前310年托勒密王朝安置在塞浦路斯的将军	马其顿人	M06
塞琉古（Seleukos）	公元前310年托勒密王朝的舰队司令	马其顿人	M02

除了表1中的4个马其顿人，利昂·摩林还发现了另外7个拥有宫廷头衔的马其顿人，詹姆斯·L. 奥尼尔还发现了其他8个执掌官方岗位的马其顿人。这样，两位学者总共发现了19位马其顿族裔的宫廷官僚。这些宫廷官僚可以分为两组。第一组共计8位，是真正的马其顿人，掌握着高级职位，大多掌握着军事方面的职位。其中4位是托勒密国王的亲属。这几位宫廷官僚主要是在公元前4世纪或公元前3世纪早期为托勒密王朝服务。① 具体情况如表2。

表2 托勒密王朝埃及官僚的族群来源（2）

名字	职位或身份或事迹	族群来源	与托勒密国王的关系
迈内劳斯（Menelaos）		马其顿人	托勒密一世的兄弟
马加斯（Magas）	公元前310年代塞浦路斯的司令，昔兰尼的行政长官，后来成为昔兰尼的国王	马其顿人	托勒密一世的继子
托勒麦斯（Ptolemaios）	在大约公元前259年的起义中被杀死	马其顿人	托勒密二世的神秘儿子
托勒密（Ptolemy）	将泰尔麦索斯（Telmessos）作为自己的私有财产	马其顿人	托勒密二世的继子，利希马科斯（Lysimachos）之子
欧斐尔拉斯（Ophellas）	托勒密一世在昔兰尼安置的第一个行政长官	马其顿人	托勒密一世的官僚
阿美尼亚斯（Ameinias）	公元前3世纪卡利亚的两位行政长官之一	马其顿人	—
阿里斯托劳斯（Aristolaos）	阿美尼亚斯（Ameinias）的儿子，公元前3世纪卡利亚的两位行政长官之一	马其顿人	—

① James L. O'Neil, "Places and Origin of the Officials of Ptolemaic Egypt," *Historia: Zeitschrift Für Alte Geschichte*, Bd. 55, H. I (2006), pp. 16–17.

续表

名字	职位或身份或事迹	族群来源	与托勒密国王的关系
珀罗普斯（Pelops）	叙利亚行政长官，前述珀罗普斯（M011）之子	马其顿人	—

第二组有 11 人，也掌握着军事方面的主要职位，但地位较低，主要发现于公元前 2 世纪中期及其之后的时期。这些人很可能仅仅是托勒密国王的卫队成员。利昂·摩林列出了 374 个带有宫廷头衔的人，其中只有 11 人（大约 3%）是马其顿人。

埃及本土人也形成了一个近 400 人的群体，这些人主要依靠埃及人的命名方式识别出来。利昂·摩林的名单中只有两个埃及本土人是"真正的廷臣"。一个是狄奥尼索斯·培托萨拉匹斯（Dionysios Petosarapis，M026），是在大约公元前 165 年领导本土人起义的一位高级官僚，这是最早可以证实为托勒密王朝服务的埃及人。另一个是阿基拉斯（Achillas，M029），是公元前 48 年领导对抗尤利乌斯·恺撒（Julius Caesar）的领袖之一。此外，帕奥斯（Paos，M054）也是在托勒密王朝服务的最早埃及本土人，是公元前 130 年代底比斯的行政长官。另一个掌握这一职位的埃及本土人是弗穆斯（Phommous，M058），他在公元前 115 年掌握该职位。利昂·摩林还列出了 11 位掌握着较低级职位的埃及本土人，这主要依靠他们自己的名字或者他们父亲的名字来断定。詹姆斯·L. 奥尼尔还发现了其他埃及本土人，例如托勒密八世统治早期昔兰尼的行政长官托勒密·塞姆派特希斯（Ptolemy Sympetesis）。[1]

两位学者通过对文献当中宫廷官僚的考察，发现托勒密王朝早期的宫廷官僚基本上是希腊人和马其顿人，而且希腊人占据多数；从托勒密王朝中期开始，即最早从公元前 2 世纪中期开始，埃及本土人越来越多地出现在埃及宫廷官僚行列。另外，两位学者都发现托勒密王朝的很多宫廷官僚来自小亚细亚、希腊城邦，甚至是来自西亚的犹太人移民。[2] 詹姆斯·L. 奥尼尔最终的结论是托勒密王朝的统治者和统治阶级主要是希腊人和马其顿人，

---

[1] James L. O'Neil, "Places and Origin of the Officials of Ptolemaic Egypt," *Historia*：*Zeitschrift Für Alte Geschichte*, Bd. 55, H. I (2006), pp. 17-18.

[2] James L. O'Neil, "Places and Origin of the Officials of Ptolemaic Egypt," *Historia*：*Zeitschrift Für Alte Geschichte*, Bd. 55, H. I (2006), pp. 18-25.

他们始终视自己为外来人。但我们认为上述学者考察的结果足以证明部分埃及本土人或埃及本土精英参与到了统治阶级之中。另外，我们知道，至少从托勒密二世开始，埃及本土人就担任了王朝的高级官僚。例如，托勒密二世时期的高级祭司马涅托必定是埃及人；托勒密二世统治时期的埃及人赛努舍普斯是国王后宫监督官，并在库普提特诺姆享有高级职位；在同一时期，还有一些埃及人出任孟狄斯诺姆的高级行政和军事职位。[①] 可以说，托勒密王朝的国王们完全打破了族群的界限，或者说在保持社会等级和财产阶级关系相对稳定的情况下，根据统治的需要，以才能为基础，将不同族群身份的人吸收进统治阶级，有"任人唯才"的意味，而这些人才与托勒密国王之间建立起来的必然是一种个人从属性质的关系。官僚与国王之间的这种关系使托勒密王朝的统治阶级与其本身之外的被统治阶级之间形成一种开放流动的关系，被统治阶级中的部分人是潜在的统治阶级成员，具有进入统治阶级的可能。

这种统治阶级的内外关系使全国的官僚，尤其是宫廷官僚及中央官僚，只对国王个人负责。在国王与宫廷及中央官僚之间没有类似于中国古代丞相这样的官僚。这使国王可以更好地控制那些处于分权状态的中央官僚，有效地保持这种个人从属性质的关系。而且，这种统治阶级的内外关系并未打破整个官僚体系中的上下级关系。这就使国王进一步控制全国官僚。此外，这种关系在很大程度上打破了等级和阶级的界限（但未破坏整个等级和阶级关系），使社会上优秀人才可以得到任用，使其才华得以施展，这有利于国家和社会的发展。最后，这种统治阶级的内外关系为各个族群的精英人士提供了上升的渠道，在一定程度上缓和了多个族群聚集之社会的矛盾关系，使社会结构具有了很大的弹性。当然，这种统治阶级内外关系得以实施和维持的首要条件是托勒密国王背后有一个强大的家族和希腊马其顿移民的支持，这个群体与托勒密国王休戚与共。这个群体的精英作为统治阶级当中的多数成员而成为受益者。与此同时，托勒密王室掌握的强大军事力量也是这种关系得以维系的重要保障。

总之，托勒密王朝是一个等级和阶级关系相对明确的社会。在这样的社会里，托勒密国王任命希腊马其顿人当中有才能的人担任埃及各个主要

[①] Ian Shaw, ed., *The Oxford History of Ancient Egypt*, Oxford University Press, 2004, p. 412.

部门的官职，允许埃及本土人中的精英和非希腊马其顿移民中的优秀者在一定范围内加入统治阶级。这些官僚与托勒密国王之间形成一种个人从属性质的关系，对国王绝对效忠。这种关系与埃及官僚体系的上下级关系结合起来，使托勒密国王彻底控制了全国的官僚体系。同时，希腊马其顿精英作为托勒密国王的强大支持者出任官职，保证了外来统治者的根本利益。埃及本土精英和非希腊马其顿优秀者加入托勒密王朝的统治阶级，既可以成为托勒密王朝国王统治国家的坚强助手（是作为外来族群的托勒密国王进行统治所需要之人），也可以在很大程度上降低埃及本土人及非希腊马其顿移民对外来族群统治家族的仇视情绪。因为这种统治阶级的内外关系为部分埃及人和非希腊马其顿移民在埃及社会和国家中获得认可和发展提供了途径，整个埃及的书吏或受过教育的能够读写的人以及非希腊马其顿优秀者都可以担任不同层次的官僚，而且被统治阶级中的部分人或其后代也可以通过个人的努力进入统治阶级。这样，托勒密王朝的这种统治阶级的内外关系在不打破等级关系和财产阶级关系的情况下，保证了专制王权官僚体系的运行和官僚对国王的效忠，很好地调和了不同族群之间的关系，起到了维护社会稳定的作用，进而保证了专制王权在一个稳定的社会结构中顺利运行。这也是古埃及托勒密王朝能够实施近3个世纪的专制王权统治的重要原因之一。

古埃及和谐文化探源*

赵克仁**

内容提要 和谐文化是埃及文明的重要内容。它不仅包括人与自然的和谐，人与社会的和谐，还包括人与人之间的和谐。和谐文化是埃及文明能够延续3000多年经久不衰的重要因素。和谐文化是在尼罗河环境中形成的，有自然的因素，也有人文的因素。自然因素在于古埃及人生活的尼罗河环境、绿洲生态；人文因素在于古埃及灌溉农业孕育出的制度文明，而制度文明的核心内容是埃及宗教。

关键词 古埃及 和谐文化 渊源

古代埃及人给人类留下了许多宝贵遗产。高度发达的埃及文明是人类古代文明的精华。在埃及文明中，和谐文化是埃及文明的重要内容之一。目前我国学界虽有人对古埃及的和谐文化进行研究，但对和谐文化的表现研究较多，① 而对其原因深究得不够。总体来说，学界对本选题研究的基础薄弱，其深度和广度都有很大的提升空间。本文拟专题探讨古埃及和谐文化形成的原

---

* 本文为2012年河北省教育厅重点项目"古埃及社会教育对河北公民教育的启示"（项目编号：SD124002）阶段成果。

** 赵克仁，河北师范大学历史文化学院教授（石家庄 050024）。

① 国内学者从不同视角探讨埃及和谐文化，如中国社会科学院世界历史研究所郭子林在《诉讼与和谐——文献视域中的托勒密埃及诉讼制度》一文中指出，古埃及的和谐理念与我们今天要创建的和谐社会有本质区别，古埃及的和谐理念是潜在的、被动的，而我们今天创建和谐社会是积极主动的，有意识的。古埃及的和谐文化是为王权统治服务的，今天的和谐社会是中国特色社会主义的理论武器。［见《内蒙古民族大学学报》（社会科学版）2008年第1期］。内蒙古民族大学靳玲的两篇论文《古埃及伦理中的和谐观念》［《内蒙古民族大学学报》（社会科学版）2008年第1期］和《古埃及伦理中人自身的和谐》［《内蒙古民族大学学报》（社会科学版）2008年第5期］分别论述了古埃及伦理中的和谐观念。此外，中华世纪坛世界艺术馆公共教育部用图文并茂的讲解，简述了古埃及的和谐文化。（见中华世纪坛世界艺术馆《寻求和谐的古埃及文明》，《中国校外教育》（美术），2007年第Z1期，内封。）

因，弥补学界的不足，因此具有一定的学术意义，同时对当今建立和谐社会也有一定的借鉴和促进作用。

一 和谐来自尼罗河环境

在一望无垠的茫茫荒漠中，尼罗河孕育了绿色，而绿洲的出现使得那一片沉寂的世界喧嚣躁动起来，关于埃及文明的一切都围绕着绿洲展开。尼罗河给绿洲带来了希望和丰饶。早在史前人类时期，古代埃及的土地就被纵横交错的沟渠呈直角分割成盆地。因此，在古埃及祭司们书写的圣书体象形文字里，正方形依然代表着行政单位诺姆（nomes，相当于州）。[①] 埃及阳光的强烈，沙漠空气的清新，孕育生命之河的馈赠，总之古代埃及的自然条件造就了埃及文明。尼罗河诉说着埃及民族的史诗，两岸的绿洲是埃及人活动的舞台，金字塔蕴含着埃及人的生命哲学。埃及人清楚，他们的创造发明以及所作所为，不能靠外来民族的传授，而只能靠自己摸索感悟。只有一件事情是确知的，尼罗河每年都在大致相同的时期泛滥、干涸。由于对尼罗河的依赖，对于埃及民族而言，尼罗河在任何时候都是埃及所有事物的判断标准。

与其他文明不同，埃及文明不是靠侵略和掠夺他人发展起来的。埃及文明的发展模式是依赖自身而非外界，依赖自然而非战争。这种依赖自身的发展模式是维系国运民兴的基础。这种依靠自身而非掠夺他人的发展模式是人类最早的自我发展模式，实在是难能可贵。近代欧洲的文明国家一直靠向外侵略扩张和掠夺他人而发展自己，这种掠夺殖民地的发展模式导致欧洲的文明国家之间爆发了两次世界大战。直到二战结束，他们付出了血与火的代价后才幡然醒悟，改变了这种发展模式。二战后，掠夺他人发展自己的模式已经成为历史，国家的发展模式由自我发展模式逐渐演变为冷战后的合作发展模式。古埃及人在公元前3000年前已经采取了二战后人类靠两次世界大战才感悟出的这种发展模式，难道不可贵吗！因此古埃及不是一个好战的国家，埃及文明也不是建立在侵略扩张的基础之上，保持生态环境的可持续发展才是埃及文明的生存之道。

[①] Robert G. Morkot, *The Egyptians, An Introduction*, London and New York: Routledge Taylor & Francis Group, 2005, p. 6.

决定埃及民族历史的，绝不是战争。在这个由绿洲组成的国度里，战争并不能谱写历史。沙漠之中奇妙的绿洲，狭长的尼罗河，也几乎没有邻邦，对内对外都激发不起征服的欲望。埃及的黄金是从努比亚运来的，其他许多物品是从叙利亚带入尼罗河三角洲的。很长一段时间内，正是贸易促进了这片绿洲与小亚细亚及东非的联系，而不是战争。

　　埃及神话中有关狮头战神塞克美特（Sekhmet）的传奇故事在充满雄壮之余还满含哀伤情调，原因在于埃及人民憎恶战争。然而太阳神在其年迈时派遣战争女神来到人间，来摧毁对他有所企图的人类。女神降临人间，整座城池浸入血泊之中。当太阳神清晨时分看到遍野的血流时，他震惊了。"我宁愿保护人类免受战争之苦"，他一边哭泣一边对仆人说道，"还是让大地沉浸在迷人的红酒中吧"。① 于是，战争女神再次造访这片大地时，她看到了田野中自己的倩影，于是开怀畅饮，结果酩酊大醉。尔后，她再也不曾光顾尘世，人间从此一片和平景象。

　　根据记载，第五和第六王朝时期，埃及人曾入侵过巴勒斯坦和叙利亚，但那不过是深入中东腹地追杀偷袭者罢了，并且该事件没有留下太多的历史记录。② 第六王朝珀辟一世（Pepy I，公元前2289～前2255年）的重臣维尼（weni）曾镇压贝都因人的暴动，把他们驱逐到巴勒斯坦一带。根据记载，维尼进军巴勒斯坦时所率领的"好几万士兵"大都是在行军途中随处招募的。③ 其实古王国时期的埃及主要是雇佣军，基本没有多少正规军，正规军大多是王室的护卫队和边界的巡逻队。

　　在古埃及3000多年的悠悠历史长河中，埃及只有300年的时间沦为异族统治。埃塞俄比亚和利比亚人控制埃及的时间很短，并且占领的也只是部分地区。即使是喜克索斯王朝④，除了他们首次使用马拉战车和一则幽默故事流传下来之外，在埃及境内别无所存。那个故事涉及居住在三角洲地

---

① Byron E. Shafer, ed. *Religion in Ancient Egypt: Gods, Myths, and Personal Practice*, Ithaca and London: Cornell University Press, 1991, p. 110.
② Robert G. Morkot, *The Egyptians, An Introduction*, pp. 100 – 101.
③ Barry. J. Kemp, *Ancient Egypt: Anatomy of a Civilization*, London and New York: Routledge, 1992, p. 26.
④ 喜克索斯人（Hyksos），叙利亚和巴勒斯坦一带的塞姆族游牧部落，公元前1674年侵入埃及。他们越过西奈半岛，并以尼罗河三角洲的阿瓦里斯为中心，建立"牧人王朝"。王位共传6代，相当于埃及15、16王朝，公元1548年被埃及人驱逐。

区的国王，他给在尼罗河上游底比斯亲王捎去口信，要求将所有的河马杀掉，只因为它们的喧嚣扰乱了他的美梦。① 历史上入侵埃及的三四个异族并未留下任何东西，埃及的征服战争也没有为其自身带来任何历史转折或变革。埃及历史上一些伟大的征服者如图特摩斯三世、阿蒙霍特普三世、塞提一世等，如今只有历史学者还能知晓他们深入幼发拉底河及青尼罗河征战的史实，当今的人们惊诧的是拉美西斯二世的巨大雕像，并为其神庙的恢宏与气势所感慨。在拉美西斯二世67年的执政生涯中，从未发起过进攻，并把北部叙利亚拱手送给了仇敌赫梯人，之后还与他们结成盟友。② 绿洲环境并不培养士兵，君主们只好从努比亚或者亚洲囚犯中招募士兵。

在没有战事的日子里，埃及的陆军被派去修建金字塔、神庙、挖掘沟渠或者开矿，而海军则会开展海洋商业探险活动。在女王哈特舍普苏特（Hetshepsut，公元前1503～前1482年在位）神庙的壁画上，描绘着公元前1470年埃及海军的一次远征，目的地是非洲东海岸上的神秘国度蓬特。这支舰队如同中国历史上的郑和下西洋，是以和平的姿态远航的，返回时从蓬特带回许多特产，如香料、没药、黄金、象牙，甚至狒狒。③ 可以说，哈特舍普苏特的远航是和平贸易之旅。

二　和谐来自绿洲生态

古埃及优越的地理条件来自大自然的恩赐，同时位于尼罗河流域的努比亚与埃及的情况截然不同。尼罗河河床上的岩石将努比亚尼罗河和埃及尼罗河区分开来。花岗石和石英砂岩以六大瀑布的形式出现在尼罗河床上。这极大地限制了努比亚灌溉农业的发展，沿岸750英里长的土地，只有1～3英里宽的区域得到开垦。然而阿斯旺以下，洪水进入古埃及王国境内，从地质学角度来讲，绝大多数都是石灰石，尼罗河从松软的白垩色泥土中，掘开开阔的河床。直到这里尼罗河才将携带了1000多英里的淤泥沉积下来，

---

① Robert G. Morkot, *The Egyptians, An Introduction*, London and New York: Routledge Tayler & Francis Group, 2005, p. 115.
② John A. Wilson, *The Culture of Ancient Egypt*, Chicago and London: The University of Chicago Press, 1971, pp. 243-244.
③ J. H. Breasted, *Ancient Records of Egypt*, Vol. II, New York, 1962, pp. 246-295.

然后就形成了比苏丹境内流域面积大 15 倍的肥沃土地。① 在埃及，绿色田野到黄色沙漠之间实际上也就咫尺之遥。古埃及的土地向人们展示了河水如何征服沙漠，两岸的人们如何顺应自然，而太阳主宰一切的真实而令人钦佩的图景。

生态是指一切生物的生存状态，以及它们之间和它与环境之间环环相扣的关系。沙漠中绿洲的生态是脆弱的，人类只是绿洲生态中的一个环节。面对残酷的自然，脆弱的生态，埃及人的命运与绿洲生态紧密联系在一起。生态环境决定着埃及人的生与死，定夺着埃及人财富的多寡，关系到埃及人身体健康的程度。尼罗河养育着埃及人。人与尼罗河的关系是一生共生、一毁俱毁的关系。埃及人都是尼罗河的子民。由此埃及人把维持绿洲的生态平衡提高到最高层面，对滋养他们的尼罗河、哺育他们的太阳产生出极大的敬畏感。他们认为这些影响他们命运的自然因素就是神，对他们顶礼膜拜。正如马克思所说："自然界起初是作为一种完全异己的、有无限威力的和不可制服的力量与人们对立的，人们同它的关系完全象动物同它的关系一样，人们就象牲畜一样服从它的权力。"② "由于自然力被人格化，最初的神产生了。"③ 在古代，自然崇拜是埃及宗教的重要内容，直到古埃及时代结束都难以替代。

随着自然崇拜的发展，埃及人更加渴望生命。埃及人认为凡有旺盛生命的东西都是美的，是值得赞美和崇拜的。这时，埃及人的自然崇拜集中体现在对有生命的动植物的崇拜。④ 随着人们对动植物知识的增加，人对自身仍然无知和迷茫，于是埃及人把关注的焦点放在人身上，一些动物神也被人格化。埃及人认为，人也来自自然，人具有强壮的身体，旺盛的生命力标志着人与自然之间的关系是和谐的。人的身体健康与生命长短成为衡量人与自然关系的标准。所以埃及人既关注死亡也关注生命。在埃及宗教中，死亡是人生命的另外一种形式，而并不是人生命的终结。人以灵魂的形式继续在冥界生活。埃及人对生命的热爱一直依靠强壮的体力来维系。

---

① Robert G. Morkot, *The Egyptians*, *An Introduction*, London and New York: Routledge Taylor & Francis Group, 2005, pp. 19 – 20.
② 《马克思恩格斯选集》第 1 卷，人民出版社，1995，第 35 页。
③ 《马克思恩格斯选集》第 4 卷，人民出版社，1995，第 220 页。
④ 参看拙文《古埃及动植物崇拜及其影响》，《世界宗教研究》2010 年第 1 期。

埃及宗教对人死亡后永恒的世界的描述中，依然把阳光照耀和尼罗河庇佑而得到的健壮的身体、容光焕发的面容作为来世的最佳境界。可以看出，埃及人对生命之爱表现得多么浓烈。强壮、健硕，这是古埃及人一生所求的东西，因为它们能赐予生命以力量，但这大概也算得上是古埃及人感情与思想上的局限。当沙漠无边无际延伸，在尼罗河所创造出的那条狭窄而繁茂的绿洲，当地的埃及人一边撷取着丰盈的果实，一边享受着生命的欢歌。与此形成强烈对比的是，沙漠地带的人们则常常暗自悲伤。这种反差比苍茫的暮色更能发人深省。一边是茫茫的沙漠，一边是茵茵的绿洲，大自然赋予埃及的绿洲生态环境，使埃及的宗教与哲学诞生了：对生命之顶礼膜拜，成为死亡之祭礼的前提。没有绿茵的沙漠是无法孕育文明的。绿洲是埃及文明的基础。埃及文化就是绿洲文化。

为了准确预测尼罗河的水位，埃及的祭司们需要去观察星辰，从中找出星辰与尼罗河水流之间的关系，以便计算河水涨落的时间，而对涨水高度的计算引发了对海拔的测量。埃及的天文地理知识都是在观察尼罗河的过程中产生的。由于一年一度的尼罗河水不断刷新着尼罗河下游三角洲地区的原野，人们用来标示土地的分界线每年都被大水冲毁，这就促使了对土地面积的丈量，在保护财产和解决土地纠纷的过程中，埃及产生了几何、算术等学科，同时也创造出宗教、法律，产生了公平、正义的社会概念。总之，埃及文明是在绿洲生态环境下产生的。

通过对古代埃及文献的阅读，这个民族的面貌与活力展现在我们面前。在这个国度只有少数人才能享受较长的生命，在这里人类根本没有任何社会平等的概念。奴隶制在埃及的存在显然比稍后的希腊或基督教国家中更为合情合理。这个民族蔑视死亡，珍惜生命。耄耋之年的拉美西斯二世（Ramesses II，公元前 1303～前 1213）在塞德（Sed）节上，举行了一场亲自参加的体育盛会，祝愿自己永葆青春，并决定每年都举行这样的仪式，直到自己年逾九旬。[①] 由于现世的短暂，埃及人更多地将希望寄托于来世。为了在来世永生，他们不惜一切代价保存尸体，人体的每一个器官都有专科医生。令古希腊历史学家希罗多德感触良深的莫过于这样一个事实，即

---

① Samuel Henry Hooke, *Myth, Ritual, and Kingship : Essays on the Theory and Practice of Kingship in the Ancient Near East and in Israel*, London: University of Oxford Press, 1958, pp. 67 - 72.

除利比亚人外，埃及人是他所见过的最健康的人种。它指出埃及人如此健康的根源，在于当地温和的气候。① 在众人参与的体育运动中，法老们毫无畏惧，亲自上场，大显身手。国王之间的决斗得到习俗的认可，甚至在惯例上也有所规定。

流传至今的历史文献和文明遗迹，若非当地的稳定气候也难以保存下来。埃及一年三季，气温变化不大。正是干燥的气候，才使那些蕴含着埃及历史的坟墓和纸莎草经受住了岁月的侵蚀。当拉美西斯三世（Ramesses III，公元前 1197～前 1166 年在位）完好的头颅骨被考古学者发现时，他似乎在无声地讲述着过往的岁月。我们通过 DNA 检测后知道了他是谁，并将其与文献上的记载相联系，于是历史在这一刻复活了。②

生活在沙漠中的埃及人，只有顺应自然才能生存，埃及人的一切成就都是适应绿洲环境的产物。茫茫沙漠，沙石遍地。在这样的条件下，埃及人充分利用环境，通过石头表达自己的思想，展现自己的才能，创造了巨石文明。埃及人在石刻作品中渗透其和谐思想，表达他们追求永生的理念。雄伟的金字塔、巍峨的神庙建筑，成为埃及文明的象征。埃及没有茂密的森林，甚至连黄铜都要从遥远的地方运来。在 3000 多年的历史进程中，埃及人对石刻风格的感知能力得到充分的发展。在此期间，除了昙花一现的阿玛尔纳艺术外，艺术界很少发生革命，没有什么能够动摇这种信念。

三　和谐源于灌溉农业

沙漠之中，延伸着一条大河，河水滋润着两岸的土地，一条狭长的绿洲呈现在埃及干旱的原野上。这就是埃及！埃及所有的财富都源于尼罗河。它拥有绵延 6000 公里的河道，如同日月星辰，有规律地升降起落。在埃及，尼罗河是世间万物之源，每年在固定的时间里河水上涨，然后退出河床，涌入平原，将肥沃的泥浆沉积于平坦的土地上。这时，埃及所有的村庄都被河水隔绝开来，只有小船能够往来其间。从空中鸟瞰，村庄星罗棋布点缀着尼罗河水泛滥的区域，好似棕榈树的叶子漂浮在水面上，不计其数。

---

① 〔古希腊〕希罗多德：《历史》上册，王以铸译，商务印书馆，2005，第 143 页。
② Rosalie David, *The Ancient Egyptians: Beliefs and Practices*, Brighton: Sussex Academic Press, 1998, p. 138.

自然因素决定了埃及文明的基础是绿洲文化，因此维护绿洲的生态平衡，建立可持续的生产与消费方式成为埃及人的头等大事。

尼罗河历经数千公里的流程来到埃及，它没有给人们造成灾难，很少破坏埃及人的家园，它的到来更多的是作为一种创生的力量，去滋润一片土地，为沿岸的居民带来绿色与生命。尼罗河每年都要刷新埃及的土地，即便在通常意义上的潮涨潮落的季节里，它也特立独行。在古埃及人的眼中，洪水泛滥是作为尼罗河神性的具体体现。因为泛滥的洪水中具有孕育生命的神奇力量。夏天，当遍布全球的河流水位在下降或者干涸时，它却咆哮着涨起大水。埃及的新年因此被确定为7月。每年6~9月，尼罗河在上埃及的水位涨幅达13~14厄尔（埃及丈量单位，1厄尔等于45英寸），三角洲地带为7~8厄尔。① 埃及被称为尼罗河之子，然而可以肯定的是，古埃及人只有以极大的热情投入，并全力开发尼罗河流域的农业，才能将有利的条件变为丰收的果实。充足的阳光、丰沛的水源和埃及人辛勤的耕作，三者的紧密结合，孕育了古埃及大部分的财富。这几种因素的和谐运作，让古埃及得以生产出与人口需求持平的粮食。

从远古开始，埃及人就开始了对水源的治理和对灌溉的控制，先是顺其自然，然后是人工治理。为了农业灌溉，治理水源与疏通河渠成为人人都得参与的事业，不管他是庄稼地里的农夫，还是政府部门的高官。从广袤而恶劣的大沙漠中求得农田，从河谷中争取更多的肥沃淤泥，是埃及人追求的目标。尼罗河的泛滥虽有规律，但每年的水量有很大差别，因此需要居民团结合作治理洪水。在治理洪水的过程中，简单的分工应运而生，一些人成为船夫、农夫，一些人成为工匠、文书。

古埃及人测量尼罗河水位的方法可以上溯到古王国时期。考古学者在阿斯旺和开罗发现了20个古代埃及留下来的尼罗河标尺。它们是以大理石井的形式出现在尼罗河两岸，井的边缘刻有一雌一雄两只铜铸老鹰。涨潮的第一天，国王率领祭司们一边祈祷一边打开水井，所有的人都恭候着，聆听究竟哪只老鹰最早鸣叫。如果雌鹰首先鸣叫就意味着灾荒；如果雄鹰鸣叫则预示着一场大洪水的到来。② 百余天内，这条雄浑有力的河流，肆意摆布着这块充

---

① A. Moret, *The Nile and Egyptian Civilization*, Translated by R. T. Clart, London and New York: Routledge, 1996, p. 30.
② 〔德〕埃米尔·路德维希：《青白尼罗河》下册，郭院林等译，花城出版社，2008，第239页。

满期待的土地，然后以天神的姿态撤回到未知的世界中。它的身后留下的只有那象征着它存在的神庙，还有日夜守护着它灵魂的祭司。在埃及，尼罗河一直作为神明深受沿岸居民的膜拜，受到它所征服的人们的敬仰。

尼罗河水是如何形成的？这在法老时代是如此神秘，它像谜一样令埃及人琢磨不透。而如今尼罗河形成之谜这层神秘的面纱已经被揭开。它是由印度洋上的季风冲击埃塞俄比亚高原而形成的降水形成的。即便如此，人们仍无法估量它的威力。因为没有人知道季风的力量究竟有多大，也没有人能提前推断出云层形成的条件。因此，我们也就无从得知埃塞俄比亚的降雨量以及青尼罗河的流量，以及沿着青尼罗河与阿特巴拉河滚滚而下的洪水力量。不过早在公元前5世纪希罗多德到埃及旅行之前，古埃及的法老们已经可以精确计算出河水的流量，并根据计算的结果分配水量。当时人们在祈祷中要求得到16厄尔的水量，可见16厄尔意味着高水位。这也是梵蒂冈圣彼得广场上尼罗河神像周围雕刻了16个孩子的寓意。古罗马作家普林尼斯（Gaius Plinius，公元23~79年）在他的《自然史》中用罗马人简练的方式表达了埃及人的观点："12厄尔以下预示着饥荒，13厄尔表示充足，14厄尔显示欢乐，15厄尔代表保障，16厄尔象征丰收。"① 在古埃及，一切国计民生都依赖于尼罗河，充分验证了"靠山吃山，靠水吃水"的千年古训。

当洪水到来之际，埃德富的农民看着祭司们用尼罗河标尺测量出的水位读数，并将其与法老的表格相对照，他们对政府的神性陡然之间充满信心。法老宣称自己是"荷露斯之子"的神话，由于他对未来丰收图景的准确预测而更具震撼力。法老与自然紧密联系在一起，农民带着从未泯灭的好奇心关注着河水对法老的服从程度。他命令尼罗河水上涨，农民在神庙中听到，河水在即将跌入炼狱的瞬间，听从了法老的指示。然后，他们又听到祭司们低吟起古老的尼罗河赞美诗，以此呼唤尼罗河神的庇佑，这些尼罗河之歌至今仍被保留在底比斯的神庙中。② 作为自然力量，尼罗河是黑暗而令人恐惧的；在埃及境内，汪洋般的洪水滋润着广袤的原野，埃及人

---

① 〔德〕埃米尔·路德维希：《青白尼罗河》下册，部院林等译，花城出版社，2008，第239页。
② A. Moret, *The Nile and Egyptian Civilization*, Translated by R. T. Clart, London and New York: Routledge, 1996, pp. 30 – 31.

对神圣的河水，做到了充分的利用。每一块盆地都是农业省份的中心，每一个诺姆都依赖着邻近地区，每一个诺姆长在管辖区内河水时都要顾及下一地区。所有的地方官员都向中央机构呈递诉求，从中央政府接受命令。如此这般，由于尼罗河流域农业灌溉的需要，等级分明的君主体制在埃及形成了。

在尼罗河狭长的绿洲里，埃及民族逐渐兴盛起来。农业灌溉使埃及社会有了明确的分工，而劳动中的分工协作使埃及人凝聚成为一个共同体，和谐有序的埃及社会形成了。

四 和谐来自制度文明

埃及的制度文明与尼罗河的自然环境息息相关。在阳光炙烤的沙漠中，即使是在尼罗河绿洲里，一个人如果单枪匹马不与他人合作的话，很难逃脱死亡的厄运，于是在这里诞生了集体主义精神。因耕作和治理洪水的需要，远在象形文字出现之前，尼罗河流域就出现了第一个有组织的人类团体，埃及民族造就了一个井然有序的社会。它的问世是如此之早，在当时甚至连"国家"这个名词都还没有出现。在这个社会里，集权和服从应运而生。

法老政府的和谐文化是围绕着尼罗河展开的。尼罗河从埃塞俄比亚高原一路狂奔，在绿洲中蜿蜒曲折前行，抵达下游埃及境内，最后流入地中海。由于缺乏水利枢纽工程的控制，尼罗河水会在下游泛滥，变得难以控制。为了阻止诺姆长们为争夺河水与耕地进行无休止的战争，法老尝试将君权神授的思想灌输到人们的脑海中，并由此使他们产生敬畏心理。法老对国家的统治则通过建立祭司等级制度来巩固。通过宗教强化法老与神灵的联系来神化法老，培养官员们敬畏神灵、履行对国王的职责，成为法老治理国家的重要手段。尽管拥有至高无上的权力，所有的土地和人民都是他的私有财产，但法老终日惶恐不安。除非他能掌控尼罗河，能够疏导河水，增加粮食供给。否则洪水泛滥期间，自然环境造成的混乱将使他丧失所拥有的一切。与地中海地区的其他君主不同，当同时代的君主们凭借自己掌握的权力和实力，倾注于对外发动战争，通过掠夺来壮大自己的时候，此时的法老，却将主要精力倾注于逐步完善自己的政治制度和宗教文化建设。尼罗河流域的生存法则驱使法老政府,必须想方设法教化民众,让民众安心于农,而不是崇尚武力,颂扬战争。法老要建立的是一个和谐的农业社会,而非军事独裁政府。

可以说从埃及统一后的开国君主开始,埃及就努力营造一个和谐有序的社会,并为此做出了巨大努力。众所周知,埃及历史上第一位统一王朝的法老是美尼斯(Menes)。美尼斯虽然通过战争手段征服了北方,完成了南北政治上的统一。与一般征服者的做法不同,美尼斯并没有像人们想象的那样将自己加冕为整个埃及之王,强迫被征服地区的人民服从自己的统治,而是不厌其烦地举行了两次加冕仪式。他先在被征服的下埃及封自己为下埃及的国王,戴上了象征下埃及的红王冠;然后他再回到自己的故乡举行了一次上埃及国王的加冕典礼,戴上了象征上埃及的白王冠。这样,便使他成为头戴红白两个王冠的"双冠王"。他宣称自己是"上下埃及之王"。① 自此,继任的国王在十余年间都沿用此王号,同时必须具有双重身份。他用这种并不鲁莽的方式,迅速抚平了下埃及人因战败而留下的痛楚。下埃及的神灵和图腾,以及宗教信仰被完整地保留,并且在日后的岁月中逐渐与来自南方的神灵与宗教信仰进行融合,这就为埃及王朝建立后的发展奠定了坚实的基础。为了加强民族融合,巩固其统治基础,美尼斯没有把上埃及的都城作为统一后的首都,而是在河谷和三角洲的交界处,也就是原上下埃及的交界处建了一座新首都孟菲斯,被称为"白城"(White wall)。② 可见,从埃及第一王朝开始,美尼斯追求的目标就是建立一个和谐的社会。构建和谐社会最有效的手段是文化的融合与统一。没有文化上的融合,多元就是混乱。美尼斯采取的保留被征服地区文化的怀柔政策与构建和谐社会的方法对以后埃及政治的发展产生了深远影响,奠定了埃及多元和谐文化的基础。

埃及宗教体系的产生与发展经历了一个漫长的发展过程。最初的埃及宗教是自然崇拜,自然崇拜对维护尼罗河流域的生态平衡发挥了积极的作用。随着宗教的发展,埃及宗教出现了社会化和人格化的神,由此埃及神灵经历了一个合并的过程。进入王朝时代,太阳神是社会化的神,是国家

---

① Christiane Ziegler, *The Pharaohs*, London: Thames & Hudson, 2002, p. 19.
② Rosalie David, *The Ancient Egyptians: Beliefs and Practices*, Brighton: Sussex Academic Press, 1998, p. 17.

崇拜的主神，之后是尼罗河神奥西里斯，再后来出现了更为抽象的玛阿特女神。① 玛阿特是埃及建立和谐社会最重要的神灵。

在古埃及神灵形象中，我们可以看到玛阿特（Maat）是位长着翅膀、头顶上饰有羽毛的女神。② 根据埃及宗教神话，她是智慧之神托特的妻子，太阳神拉的女儿。玛阿特既是宇宙秩序的化身，又是真理、公平与正义的象征，是古埃及人对自然和社会认知的抽象概括，涵盖了宇宙秩序、社会秩序、个人修养等领域，代表着人与自然、人与社会、人与人关系的和谐与平衡，其内涵包括"真理""公理""正义""和谐""秩序"等③。它的内涵是如此丰富，一些学者认为玛阿特是难以翻译成现代词汇的，因为现代语言中难以找到对应的单词。玛阿特的本质是平衡与秩序。玛阿特喻示着宇宙的平衡状态：和谐有序。如果失去玛阿特整个世界将失去平衡，天翻地覆，动荡不已。古埃及宗教宣扬君权神授，法老的权威来自玛阿特，法老代替玛阿特管理着人间的秩序。如果没有法老人间将大乱，不再有秩序，不再有公平正义。法老是神的代言人，人神之间的和谐关系是建立在遵守玛阿特的基础之上。

古埃及没有成文的法典，在某种意义上，埃及的律法包含在宗教文化之中，形成所谓的法文化。古埃及女神玛阿特就是法律与正义。她规范着人们的行为，维系着社会的秩序，而法老也以玛阿特女神的名义管理着国家。为了自己统治的合法性，法老每年都要到神庙亲自祭祀玛阿特女神。给玛阿特女神丰厚的奉献。通过祭祀玛阿特的宗教仪式和供奉玛阿特女神，法老取得了统治人间的权力。④ 法老通过玛阿特赋予的权力和法力，保障人间秩序、社会秩序和自然秩序的平衡运转，为臣民带来真理、公平、正义和秩序。法老是尘世间活着的神灵，是埃及至高无上的统治者，他既是施政者又是最高祭司，负责传达神灵的旨意。法老的宗教职责是利用他与神灵的关系和玛阿特女神赋予他的法力，确保尼罗河洪水每年定期泛滥，保

---

① Adolf Erman, *Life in Ancient Egypt*, New York: Dover Publications, 1971, pp. 269 – 270.
② Pascal Vernus, *The Gods of Ancient Egypt*, New York: George Braziller Publisher, 1998, p. 187.
③ John A. Wilson, *The Culture of Ancient Egypt*, Chicago and London: The University of Chicago Press, 1971, p. 119.
④ Richard H. Wilkinson, *The Complete Temples of Ancient Egypt*, London: Thames & Hudson, 2000, p. 89.

障农业丰收；他的世俗责任是治理尼罗河绿洲，开沟挖渠，丈量土地，分配水源和土地，确保埃及的社会稳定。按照埃及宗教，法老具有治理自然与人类社会混乱秩序的双重力量。所以，埃及阳光充足、河水丰沛、人民富裕，社会秩序井然，这些都应归于法老的神力。

法老也只有在自称为"哈皮之子"（The son of Hapy，哈皮为尼罗河神）时，才是真正神的后裔。① 法老畏惧的不只是尼罗河，还有疾病。因为疾病终结的不仅是他的权力，也会终结他的生命。祭司们会杀死染病的法老以便使其灵魂传递给另外一位强壮的继承者，这种说法的唯一可靠证据来源于尼罗河中游的麦罗埃（Meroe）。根据宗教仪式而发动的谋杀行为，在上尼罗河的希卢赫（shiloh）地区，习惯上得到人们的默认。一旦战争失败或农业歉收，法老就面临着被废黜的危险。

在埃及，对女神玛阿特的信仰还关系到每个人的切身利益。按照埃及宗教，人死后，灵魂会进入冥界接受冥神奥西里斯的审判。如果他在现世遵守玛阿特，一生清白，则可以顺利进入一个无忧无虑的永生世界，也就是来世。如果他在现世违反玛阿特，一生作恶多端，则会受到惩罚，打入阴冷潮湿，毒虫遍地的地狱，永远不见天日。玛阿特不仅是活人要遵守的道德规范，也是判定亡灵能否进入来世的标准。在古埃及《亡灵书》所描述的亡灵审判仪式上，冥神奥西里斯端坐在座椅上，周围有42位陪审的神职官员，神灵托特用一杆天平来称量死者的心脏。天平的一端放着亡灵心脏，另一端则放着玛阿特女神的羽毛，只有一生做的善事多于恶事，心脏才能与玛阿特的羽毛等重或比她轻。② 若善大于恶则灵魂进入永生的来世；若恶大于善，则心脏会被等在旁边的怪兽吃掉，灵魂被打入地狱，永不得进入来世。为了顺利通过审判，人们必须在现世敬拜神灵，行善积德，按照宗教设定的道德标准约束自己的行为。只要在现世遵守玛阿特，也就是现存的社会秩序，无论贫贱、无论地位高低，亡灵都会通过冥神奥西里斯的审判进入来世，一个永生的世界。按照埃及宗教，玛阿特被认为是自然秩序与社会秩序的象征。在埃及这个神权政治统治的国度里，法老是埃及万事万物的中心，集神权与王权于一体，是沟通现世与来世，神界与人间

---

① Paul Johnson, *The Civilization of Ancient Egypt*, New York: Atheneum, 1978, p. 12.
② Byron E. Shafer, ed., *Religion in Ancient Egypt, Gods, Myths, and Personal Practice*, Ithaca and London: CornellUniversity Press, 1991, pp. 92 - 93.

的媒介。法老被认为是诸神的代表，代替神灵来管理埃及。尼罗河水的定期泛滥、农民的丰收、商业的繁荣、军队的强大都有赖于法老，因为法老是根据女神玛阿特的旨意来统治人间。玛阿特对于官员来说就是秉公执法；对于祭司来说就是虔敬神灵；对于农民来说就是辛勤耕耘；对工匠来说就是精雕细琢；对于士兵来说就是英勇作战。总之，玛阿特就是各守其职，社会井然有序，和谐美满。法老政府通过玛阿特这样的神灵控制着埃及人生活的方方面面，于是在古埃及形成了一种和谐文化氛围。只有在这样的国度里，科学技术才能长足发展。为了研究尼罗河，天体星空图被绘制出来了；为了合理分配河水，土地一次又一次被加以划分，于是几何学诞生了。3000多年来，人与自然、人与社会、人与人们之间形成了相对和谐的关系，这种和谐关系促使人们之间相互协作的愿望不断加强，集体主义在这里大放异彩。在这种和谐关系中，一座座金字塔建成了，一座座神庙竣工了；在这种和谐关系中，伟大的埃及文明诞生了。

结　论

综上所述，在古埃及和谐文化形成中，自然因素是基础，人文因素是灵魂。在人文因素中，灌溉农业营造了和谐的社会环境，法老的制度建设和宗教发展是构建和谐文化的中心内容。自然因素与人文因素之间既互相关联又互相促进，二者的互动构建了古埃及的和谐文化。从古埃及和谐文化形成的原因中我们受到如下启示。

第一，尼罗河环境形成的绿洲文化中包含着爱好和平、集体主义等人与人之间建立和谐关系的因素。这种关系可以为当今人们所借鉴。当今在全球化的背景下，我们要应对各种安全问题，如经济安全、金融安全、能源安全、网络安全、灾害天气、恐怖主义等，如果不团结合作，哪个国家都无法单独面对这样的问题。在这些问题上，人类应向古埃及人学习，团结合作，既要建立国内的应急机制，还要建立应对危机的全球机制；不仅要创建和谐的国内秩序，还要构建和谐的国际关系，应对共同的危机。第二，法老政府利用灌溉农业，建立起人与社会的和谐关系。这种做法也值得我们今天借鉴。当今人类的合作已不再局限于农业领域，但仍需在一些高科技领域，如航空航天、宇宙开发等领域中发扬集体主义，精诚合作。

第三，法老政府利用宗教文化向人们灌输生态保护思想，敬拜自然神灵，这种做法虽然不适应现代社会，但可以启示我们：优化人文生态环境，实现自然生态与人文生态的良性互动，从观念意识到行为方式再到生活习惯全面实行革命性转变，从制度安排到政策选择再到方法途径全面体现人文生态理念。如果不顾及地球生态环境的承受能力而片面追求高速发展，等待着人类的将是灭顶之灾。要实现上述目的，我们首先要做的是对全体成员进行公民教育，通过提高公民素质来实现上述变革。今天的政府要充分利用立法保护环境，通过公民教育实现生态文明社会，建立人与自然的和谐关系。近代以来的工业发展消耗了过多的地球资源，那种一味追求 GDP 的时代应该成为历史，未来的社会将是生态文明的社会。古埃及和谐文化为我们提供了深刻的启示，值得当今的我们深思。

中亚研究

试论中亚历史上文明交往研究中的一些关键问题[*]

黄民兴[**]

内容提要 文明交往论是彭树智先生提出的重要史学理论。从文明交往的角度看，以下有关中亚历史问题的研究值得高度关注：第一，中亚独特的地理环境和气候对本地文明起源和发展的影响。第二，中亚不同文明的内在特点和相互交往。第三，中亚政治制度文明的变迁。第四，中亚农耕文明与游牧文明的关系及其历史变迁。第五，影响中亚文明形成、演变的三大人文因素即国家、民族、文化（以宗教为核心）。第六，中亚地理位置和文明发展状况所导致的中亚对外文明交往的基本格局。第七，外来征服对本地区文明发展的影响。第八，中亚文明的跳跃式发展特点。第九，战争在中亚文明交往中的作用。第十，中亚文明交往的路线及其影响。第十一，游牧文明与农耕文明反复冲突的影响。第十二，中亚历史发展的周期性。第十三，近现代中亚的发展转型。

关键词 中亚 历史 文明交往 问题

关于中亚地区的地理范围，本文采取如下定义：古代的中亚地区包括今天的中亚五国，以及阿富汗、伊朗东北部、蒙古高原西部、巴基斯坦和印度北部、新疆地区，但核心地区为哈萨克斯坦、乌兹别克斯坦、吉尔吉斯斯坦、土库曼斯坦、塔吉克斯坦五国；近现代的中亚则基本上限于五国，

---

[*] 本文为国家社科基金重大项目"文明交往视野下的中亚文明史研究"（批准号：14ZDB060）阶段性成果。
[**] 黄民兴，西北大学中东研究所所长、教授、博士生导师（西安 710069）。

尤其是现代。① 中亚地处欧亚大陆各大文明（东亚儒家文明、南亚佛教—印度教、西亚伊斯兰教、欧洲希腊—罗马文明）的联结地带，也是古代陆上丝绸之路经过的地区。因此，不同文明之间的交往即文明交往在中亚历史发展中发挥了极其重要的作用。

文明交往论是彭树智先生提出的重要史学理论。这一理论源于武汉大学吴于廑先生的整体史观。整体史观从世界历史的整体发展和统一性方面考查历史，认为人类历史的发展过程是从分散向整体发展转变的过程，主张世界各个民族、各种文明在各自和不断交往的发展中，逐步打破了孤立、分散状态，最终融合成密切联系的全球统一体。同时，吴于廑先生也提出，古代社会的主要矛盾并非存在于奴隶与奴隶主、地主与农民之间，而是游牧文明与农耕文明的矛盾冲突，近代以后演变为社会主义工业文明与资本主义工业文明的矛盾。整体史观被教育部组织出版的《中国高校哲学社会科学发展报告（1978—2008）·历史学》② 列为改革开放以来中国三大有影响力的世界史研究体系中的第一种，并成为教育部指定的大学历史专业本科教材，即吴于廑、齐世荣主编的《世界史》（高等教育出版社 1993~1994 年版）和齐世荣主编的《世界史》（高等教育出版社 2006 年版）的指导思想。

文明交往理论认为，人类社会的核心问题是人类文明问题，文明的生命在交往，交往的价值在文明；文明交往是人类历史、现实和未来的关键问题，是人类社会发展的动力。文明交往涉及物质文明交往、精神文明交往、制度文明交往和生态文明交往四个层面；它探讨人类在不同历史时期交往的特征、作为交往思维手段的语言文字，以及民族和国家之间、人群、集团和地区之间、战争与和平之间的相互关系，并从多极主体交往论、互动合作论、文明自觉论、人际、国际和人与自然界和谐共处的视角进行文明交往的研究。③

---

① 关于中亚定义，参见潘志平《区域史研究的考察——以中亚史为例》，《史学集刊》2011 年第 2 期。
② 李学勤、王斯德主编《中国高校哲学社会科学发展报告（1978—2008）·历史学》，广西师范大学出版社，2008。
③ 彭树智先生关于文明交往的研究，参见彭树智《文明交往论》（陕西人民出版社，2002）、《书路鸿踪录》（三秦出版社，2004）、《松榆斋百记：人类文明交往散论》（西北大学出版社，2005）、《两斋文明自觉论随笔》（中国社会科学出版社，2012）和《我的文明观》（西北大学出版社，2013）。

从文明交往的角度看,以下有关中亚历史问题的研究值得我们高度关注。

第一,中亚独特的地理环境和气候对本地文明起源和发展的影响。例如,中亚地理、植被和气候的特点对国家形成、游牧民迁徙方向和周期、进而对游牧帝国与农耕帝国关系具有重要影响。中亚北方的大草原有助于游牧帝国的形成,而中亚南方的沙漠绿洲地带则是定居的绿洲国家发育的理想区域。有学者认为,游牧民族对定居国家的入侵往往与气候灾害有关。① 斯塔夫里阿诺斯在《全球通史》一书中也指出,欧亚草原上游牧民族自西向东的迁徙与欧亚大草原的地理坡度造成的西部水草丰茂、土地肥沃有关。②

第二,中亚不同文明的内在特点和相互交往。关于"文明"的定义不胜枚举,而彭树智先生认为其包括制度文明(政治观念、政治组织、政治制度,经济制度等)、物质文明(物质生产、物质交流、物质生活等)、精神文明(思想、文学、宗教、哲学、艺术等)和生态文明(人类社会对生态的影响和保护)。"贯穿于物质、精神、制度和生态文明四大交往的主线,是人与人、人与自然之间的主体—客体—主体的多种关系和普遍的社会联系。"③ 人类的历史开始于史前时期,这一时期的经济基础是采集渔猎经济,其交往属于前文明的原始交往,而原始交往的主要特点是血缘性和地缘性。研究中亚地区的原始交往和文明交往的具体特点以及不同文明间的相互交往和影响、传承具有重要意义。

第三,中亚政治制度文明的变迁。从历史上看,世界文明发达地区古代的国家形态经历了城邦—王国—帝国—大帝国的演变序列,④ 其中城邦一般指由一两个城镇(如果是两个城镇,其中有一个是主要的)为中心的国家,王国一般指由单一民族主导的幅员较大的国家,帝国一般指由单一民

---

① 参见王会昌《2000 年来中国北方游牧民族南迁与气候变化》,《地理科学》1996 年第 3 期;周彩云:《古代中国气候和生态环境变迁与游牧民族的迁徙》,《湖北教育学院学报》2007 年第 5 期。
② 〔美〕斯塔夫里阿诺斯:《全球通史:从史前史到 21 世纪》(第 7 版)上册,董书慧、王昶、徐正源译,北京大学出版社,2005,第 177 页。
③ 彭树智:《论人类的文明交往》,《史学理论研究》2001 年第 1 期。
④ 已故著名中国考古学家苏秉琦提出中国古代国家的发展阶段可以概括为三部曲,即"古国—方国—帝国",与此接近。

族主导的地域辽阔的大型多民族国家，"大帝国"概念由日本学者谢世辉提出，指古代形成的横跨欧、亚、非三大洲的大帝国（早期的如波斯帝国、亚历山大帝国）。① 上述演变序列的变化说明，随着古代政治实体治理能力的不断加强，其控制范围日趋扩大，这势必促进其版图内文明交往深度和广度的不断发展，最终形成了以帝国版图为大致范围的文明圈。上述序列在中亚的具体表现是一个值得深入研究的问题。

同时，国内外学术界关于国家形成的动力有不同说法，如阶级矛盾的演变、长途贸易、战争等。例如，已故的著名华裔美国考古学家张光直指出："近东的人们，例如苏美尔人……他们的一切必需品基本上都是从贸易交换而来。"他进而宣称，基于贸易和技术的古代中东文明对西方文明产生了重大影响，而与强调"政治上扩张和殖民开拓"的中国和美洲文明形成了鲜明对比。② 因此，关于早期中亚国家形态形成演变的动力或因素也是一个重要的研究课题。

第四，中亚农耕文明与游牧文明的关系及其历史变迁。这一关系是影响本地区整个历史的极为重要的基本线索。吴于廑先生提出，在上古，从中国、印度、伊朗、阿富汗、小亚到欧洲先后发展成为农耕和半农耕地带，形成欧亚大陆上一个偏南的长弧形，即亚欧大陆上的农耕世界。宜于游牧的地带基本偏北，几乎和农耕地带平行，它东起西伯利亚，经我国的东北、蒙古、中亚、咸海、里海之北、高加索、南俄罗斯到欧洲中部，形成自东而西、横亘于亚欧大陆的居中地带，即游牧世界。在农耕地带偏南也有从事游牧的部族，如阿拉伯人。

亚洲大陆拥有三大游牧民类型：草原游牧民（如匈奴、突厥），沙漠游牧民（阿拉伯人）和高原游牧民（藏民），其中只有草原和沙漠游牧民在历史上建立过辽阔的帝国。游牧文明与农耕文明的关系是相当复杂的，既有和平的也有暴力的，具体的交往形式包括移民、贸易、通婚、归化、战争、征服等。以贸易而言，贯穿整个欧亚大草原的草原丝绸之路是东西方之间一条重要的经济文化通道。同时，游牧文明与农耕文明之间的接触无疑大大加快了游牧文明的发展。另一方面，草原帝国始终维持了对农耕帝国的

---

① 〔日〕谢世辉：《世界历史的变革——向欧洲中心论挑战》，蒋立峰译，人民出版社，1989。
② 张光直：《考古人类学随笔》，三联书店，1999年，第223页。

军事优势，双方进行了长期的博弈。①

吴于廑先生指出，古代亚欧地区经历了游牧世界对农耕世界的三次大冲击。第一次大冲击发生在公元前 2 千纪中叶以后，入侵者主要是来自北方以马拉战车为武装的游牧半游牧部族，包括印欧语系和其他语系诸民族，如赫梯、喜克索斯、加喜特、雅利安、亚述、斯基泰、乌拉尔图、胡里特、希腊人和中国的殷商。第二次大冲击发生在公元前 2 世纪，游牧世界与农耕世界的中国、印度和罗马等发生冲突，这次冲击以建立地跨欧、亚、非三洲的阿拉伯帝国而结束。到了 13 世纪，又爆发了第三次游牧世界对农耕世界的冲击，这是最后一次，也是范围最广的冲击。发动这次冲击的主要是蒙古人，作为主力的还有突厥人，冲击的范围包括东亚、中亚、南亚、西亚、东欧和中欧。14 世纪帖木儿对中亚、西亚、印度的入侵是这次大冲击的余波。② 但是，游牧帝国最终必然同化于农耕文明，而农耕文明与游牧文明的交往是促进欧亚大陆文明发展的重要途径。到近代，随着骑兵的最终衰落、海上丝绸之路取代陆上丝绸之路、逊尼派的中亚与什叶派的伊朗的隔绝，中亚日渐孤立而逐渐失去对周边农耕文明的军事优势，最终沦为俄国的殖民地。

日本学者杉山正明指出，出身于游牧民族的蒙古人同时显示出对海洋的重视。③ 元世祖时令人在北京郊区开凿会通河和通惠河，与原有大运河连通，开辟了从长江口的刘家港经黄海、渤海到达直沽的海运航线，以方便南粮北运和海运。元朝还建立海军，远征日本。

第五，影响中亚文明形成、演变的三大人文因素即国家、民族、文化（以宗教为核心）。一般而论，有利于文明形成发展的条件如下：国家，拥有相对完整有效的国家机器和良好的治理，以及强大的国力；民族，有能力建立国家，一般是多民族国家，而国家内部的主体民族一般而论具有较高的发展水平和较大的人口规模；文化，在古代以宗教为代表，拥有强大的社会整合能力和创新性。拥有上述条件的文明得以延续、传播。就中亚而言，同时拥有上述三大条件的民族不多。因此，本地区形成的国家少有

---

① 参见任洪生《霸权之间：世界体系与亚欧大陆腹地的发展》，北京大学出版社，2006。
② 有关游牧世界对农耕世界的三次大冲击，参见吴于廑《世界历史上的游牧世界与农耕世界》，《云南社会科学》1983 年第 1 期。
③ 〔日〕杉山正明：《游牧民的世界史》，黄美蓉译，中华工商联合出版社，2014。

长期稳定、人口众多的大国，一些幅员辽阔的游牧帝国往往存在时间较短，最终以政权解体或主体民族外迁而结束；① 同时，周边的农耕帝国则向中亚扩张，并为争夺中亚而屡屡兵戎相见。

第六，中亚地理位置和文明发展状况所导致的中亚对外文明交往的基本格局。中亚地区地处亚洲的中央，其社会经济和文化相对落后，而它在经济、社会、政治上可以划分为北方的游牧文明区和南方的农耕文明区，后者包括狭义中亚的南部及其南方和西南方的外围地区（伊朗东部、阿富汗、中国新疆、东北伊朗、巴基斯坦）。加上中亚以南的西亚、南亚和东亚，以西的希腊罗马及东欧—俄罗斯文明等五大农耕—商业文明区，形成了中亚的北方草原帝国、南方的农耕绿洲小国与中亚以外的农耕帝国三大政治力量的互动和交往，而丝绸之路把上述五个地区联系在一起，形成涉及整个欧亚大陆的陆上贸易和文化交往的网络。因此，中亚成为欧亚文明交往的大通道。中亚文化也受此影响形成了外来文化与本土文化相融合的综合性的特点，其宗教在古代早期以本土宗教（萨满教）为主，中期为基督教、拜火教、佛教、儒教和本土宗教并存，后期则形成伊斯兰教一统天下的局面。

第七，外来征服对本地区文明发展的影响。本地区社会经济和文化的相对落后导致了中亚形成"文明低地"，从而造成频繁的外来政治军事入侵、文化渗透和对本地区的统治（只有内敛型的南亚文明除外）。由此在中亚形成了以某个大国的建立、征服或影响为标志的地区政治、经济、社会、文化、国际关系不同程度的重组，从而形成地区文明交往的高潮，如历史上的波斯化、希腊化、佛教化、华化、伊斯兰化（包括阿拉伯、波斯、希腊、印度等多种文化）、突厥化、蒙古化、俄国苏联化等。拉丁文 PaxPersica 即"波斯治下的和平"（又名 PaxAchaemenia，"阿黑门（王朝）治下的和平"）描绘的大体就是这种情形。其他类似的拉丁文词组包括："PaxIslamica"，伊斯兰秩序；"PaxMongolica（又名 Pax Tatarica）"，蒙古治下的和平；"Pax Russica"，俄国治下的和平②。"华夷秩序"反映的也是类似的

---

① 不过，一些中亚民族在外迁后对迁入地区产生了重大影响，如中古突厥人对南亚、波斯和奥斯曼的影响。相比之下，南亚国家少有向中亚扩张的。
② PaxRussica 实际上是西方人指 2008 年俄国进攻格鲁吉亚一事，参见"PaxRussica" http://majorityrights.com/ weblog/comments/pax_russica/。

情况。

第八，中亚文明的跳跃式发展特点。由于社会经济的相对落后，上古时期中亚核心地区创新相对较少，创新主要发生在中亚外围。就中亚核心地区而言，文化发达的主要是其南方的农耕地区。英国著名历史学家汤因比认为，大叙利亚和中亚地区（大中亚）是亚洲文明发展的"交通环岛区"，尤其是在宗教方面。① 前者诞生了三大一神教，后者孕育了祆教和大乘佛教。然而，真正产生祆教的地区是伊朗东部和阿富汗，属于中亚的外围，而大乘佛教与中亚虽然存在某种关系，但后者的作用大小是有争议的。

不过，由于政治、经济条件的具备，中亚在一些时期通过融汇周边地区的文明进而实现创新，呈现出文明迅速发展的态势。例如，上古的犍陀罗艺术和阿拉伯帝国晚期的中亚学术（花拉子密、阿维森纳、比鲁尼、拉齐等知名学者足资证明）、帖木儿时期的城市建筑和艺术等均成为世界文化的瑰宝。经过近现代俄国和苏联统治，中亚再次实现超越式发展。

第九，战争在中亚文明交往中的作用。文明交往可以划分为和平的交往（经济贸易、文化传播、游学、传教等）和暴力的交往（冲突、战争等）。战争作为暴力形式的文明交往，具有重要的历史作用，在某个时期其作用甚至超过和平方式。例如，蒙古创造的亚洲统一对于促进欧亚大陆的文明交往产生了极其重要的影响。彭树智先生指出："游牧世界与农耕世界之间的暴力交往，实质上是游牧文明和农耕文明之间的冲突和交融，最终导致了游牧民族的农耕化。农耕民族之间的暴力交往，也使得文化的沟通和融合过程加快了。暴力交往是一种急风暴雨式的残酷交往形式，它具有和平交往所不具备的冲击力量，其结果是交往范围的迅速扩大和交往程度的空前扩展，并常常导致社会形态的更替。"②

第十，中亚文明交往的路线及其影响。陆上丝绸之路是古代亚洲最为重要的文明交往路线。在中亚，有丝绸之路的北线（草原丝路）与南线（沙漠绿洲丝路），前者为游牧民族和草原帝国所控制，后者则为绿洲国家所控制，并成为草原帝国与农耕帝国争夺的对象。例如，唐朝与突厥汗国和大食围绕着中亚南部的争夺以及唐朝与吐蕃围绕着河西走廊的斗争就属

---

① 参见〔英〕阿诺德·汤因比《历史研究》（修订插图本），刘北成、郭小凌译，上海人民出版社，2000，第44章。
② 彭树智：《论人类的文明交往》，《史学理论研究》2001年第1期。

于这类情况，而波斯对沙漠绿洲丝路的控制则引发了它与其他政治势力（如突厥为对付波斯与拜占庭结成了联盟）的冲突。

第十一，游牧文明与农耕文明反复冲突的影响。其后果是中亚农耕文明的发展一再被打断，难以实现累积性发展。游牧民族的征服也可能导致由此形成的农耕国家政治体制的不完善，这里充斥着王公贵族争夺权力的战争，最典型的例子是蒙古征服后中亚地区的混乱（海都、都哇之乱）。这导致稳定国家的缺位，并容易引发外来入侵。近代俄国的征服正是在这一背景下发生的。

第十二，中亚历史发展的周期性。由于自身社会经济发展的落后，中亚定期受到周边大帝国（波斯、希腊—马其顿、阿拉伯、俄罗斯等）的征服和统治。同时，也有本地游牧民族（匈奴、突厥、蒙古等）崛起而统一中亚，建立帝国，进而征服其他地区的情况。在辉煌一时的帝国解体之后，中亚往往形成各种小王国，如希腊化的亚历山大帝国解体后在西亚—中亚地区建立塞琉古王国，后者又分离出位于阿富汗的巴克特里亚王国；蒙古征服以后形成的伊儿汗国、察合台汗国；帖木儿帝国崩溃后形成的哈烈国、河中政权等。这些小国中的一些融合了部分的外来文化，在事实上反映了本土文明对外来文明的选择性吸收。上述情况与中国历史上的"分久必合，合久必分"有某种相似性，不同的是中国大体上保持了国家核心区域、领土范围和主体民族的稳定，从而显示了文明的继承性，而中亚则有所不同。

第十三，近现代中亚的发展转型。中古晚期，除了从事农耕的塔吉克人，在中亚开始形成新的突厥语民族，即从事游牧的乌兹别克人、哈萨克人、土库曼人，而近代俄国的征服和统治打断了中亚原有民族和国家的正常发展。中亚从此卷入了殖民化和俄罗斯化的发展，丝绸之路的路线也因为海上丝绸之路的发展和近代西伯利亚大铁路的修建而发生历史性变化。但是，传统的社会经济模式依然在发挥作用，如俄国的行政区划反映了中亚游牧文明与农耕文明并存的事实。上述趋势一直延续到苏联建立之后，如向中亚移民的继续、赫鲁晓夫时期在牧区的开荒等，而新兴工业也在迅速发展。因此，苏联时期的中亚出现了明显的跨越式发展，它在社会经济发展水平上甚至超过了一些中东国家。

近现代中亚地区形成了独特的民族国家构建方式，即现代中亚五国的形成，它与苏联的民族政策有关，而不同于古代的国家形成模式（自然竞争和淘汰等）。其具体基础包括：（1）政治上，批判泛伊斯兰主义和泛突厥主义思想，开展民族识别工作，先后组建哈萨克、乌兹别克、土库曼、塔吉克和吉尔吉斯五个加盟共和国和相应的现代行政机构；（2）经济上，积极发展粮食、棉花种植业和现代工业、能源生产，实现经济结构的多元化，整体经济水平迅速提高；（3）组织上，建立完整的干部队伍，积极培养民族干部；（4）居民构成上，积极推动俄罗斯人、乌克兰人移民，进一步形成多元化的居民结构；（5）思想文化上，推动具有世俗化特点的文教政策，全面压制伊斯兰教，对五个民族的宣传形成了其民众的民族意识。中亚因此从传统社会自上而下地演变为现代民族政治实体，为冷战后的最终分离奠定了基础。

以上是研究中亚文明交往历史的一些关键问题。它们是相互联系、密切相关的，其中个别问题是别的问题的一部分（如第二个与第三个问题的关系）。深入地探讨这些问题，有助于我们全面认识中亚文明交往的历史进程、特点和影响，更好地把握当今中亚局势的演变潮流。

书 评

伊朗"三环外交"战略透视*

——兼评冀开运教授的《伊朗与伊斯兰世界关系研究》

赵广成**

内容提要 伊朗位于中东地区的心脏地带,外部包着三个同心圆:周边国家、伊斯兰世界和有关大国。伊朗作为一个伊斯兰国家,一个具有大国抱负的小国,经常追求力所不及的目标,试图纵横捭阖于这三环之间。这种"三环外交"布局虽然有着深厚的传统,但超越了当今伊朗的力量所及和利益需要,经常使三环都呈现危机四伏状态。但是,伊朗在无可靠后盾的情况下,经常游走于危机之上与大国斗法,还能使局势不至于失控,展现出了高超的外交谋略。

关键词 伊朗外交 伊斯兰世界 三环外交

伊朗是中东地区的一个伊斯兰国家,但其影响力远远超出了中东地区和伊斯兰世界。伊朗人在伊斯兰教中信奉人数较少的什叶派,而且长期奉行反体系的革命主义外交政策,这使伊朗外交成了国际舞台上一道独特的风景线,其错综复杂的对外关系吸引了国际社会的广泛关注。伊朗政府的举动虽然经常牵动着国际社会的神经,但其对外关系受地缘和宗教属性的强大约束,中东地区和伊斯兰世界始终是伊朗外交的支点。以这两大支点为依托,伊朗才能与外部世界特别是各大国打交道。

冀开运教授是国内为数不多的专门研究伊朗问题的学者,长期以来对伊朗问题有着深入的研究和独到的见解。他的新作《伊朗与伊斯兰世界关系研究》(时事出版社,2012 年 9 月版)沿着时空交错、点面结合两条线

---

* 本文是 2012 年教育部人文社会科学研究青年基金项目"伊朗人视野中的伊朗外交理念及其实践"(项目批准号:12YJC770074)的阶段性成果。
** 赵广成,西北大学中东研究所副教授(西安 710069)。

索，对伊朗与伊斯兰世界的关系进行了全方位、多角度、深层次、立体式的考察，在研究视角、结构布局和史料支撑方面都进行了创新性探索，为我国的中东研究特别是伊朗研究奉献了又一部力作。该书聚焦于伊朗与伊斯兰世界的关系，重点是伊朗与其伊斯兰邻国的关系，其中贯穿着伊朗与各大国在伊斯兰世界的互动关系，为我们勾勒出了伊朗"三环外交"① 战略的清晰轮廓。

一　伊朗的"三环外交"战略

伊朗外交虽然吸引了世人的广泛关注，但长期以来是一个常规性题目，想写出新意并不容易。冀开运教授独辟蹊径，透过伊斯兰世界这一载体，清晰地梳理出了伊朗外交的立足点、优先方向和目标。他在《伊朗与伊斯兰世界关系研究》一书中提示我们，伊朗位于中东的枢纽地区，以伊朗为中心向外观看将会发现，伊朗的外交战略中并存着三个同心圆，分别是伊朗与其邻国的关系、伊朗与伊斯兰世界的关系以及伊朗与世界主要大国的关系。如果我们把伊朗的这种外交布局称为一种"三环外交"，那么，这种外交战略的成败取决于它能否实现这三环之间的平衡和协调。

伊朗有着5000多年的文明史，伊斯兰世界有多达57个国家，逐一介绍伊朗与伊斯兰国家的关系显然是不可行的。而且，伊朗与伊斯兰世界的关系并非孤立存在的，而是一向深刻地打着世界主要大国的烙印，《伊朗与伊斯兰世界关系研究》不能专章讨论伊朗与世界大国的关系，但又不能回避这一重大问题。为此，作者设计出了一个精巧的研究框架。在空间维度上，该书主要论述伊朗与伊斯兰世界主要国家的关系，重点是伊朗与中

---

① "三环外交"是英国首相温斯顿·丘吉尔1948年提出的英国战后初期的外交战略。旨在通过保持英国与美国、英联邦和联合起来的欧洲的特殊联系，维护英国的传统利益和大国地位。1948年10月9日，丘吉尔在保守党年会上说道："当我展望我国未来时，我认为，在自由民主国家中存在着三个大环。……对于我们来说，第一个环自然是英联邦和英帝国及其所包括的一切。第二个环是我国、加拿大和其他英联邦自治领域以及美国在其中起着如此重要作用的英语世界。第三个环是联合起来的欧洲。这三个大环是并存的，如果它们联结在一起，就没有任何一种力量或联合的力量足以推翻它们，或者甚至向它们挑战。现在假如你们想到这相互连接的三个大环，你们就会看到，我们是在这三个大环中都占一大部分的唯一国家。事实上我们正处在联结点上……"

东各大国的关系,特别是伊朗与周边国家的关系。在时间维度上,作者的研究时段是从伊朗融入伊斯兰世界开始到 2009 年,重点是 1979 年伊朗发生伊斯兰革命后与伊斯兰世界的关系,重中之重是 1979~1989 年伊朗与主要中东伊斯兰国家的关系。在关系内容上,涉及伊朗与相关国家关系的方方面面,但重点是双方的历史、外交和安全关系。在此框架内,作者没有专门讨论伊朗与外部大国的关系,而是把这种关系自然地穿插于伊朗与有关伊斯兰国家的关系中,从而呈现出了一个完整的伊朗"三环外交"图景。

伊朗外交的第一环是与其邻国的关系,这也是伊朗外交的重中之重。距离对于国家间关系有着决定性的影响,因为在空间上相邻或者实力上接近的国家,彼此打交道的机会多而且无法选择。根据地理机会(geographic opportunity)理论,一个国家的邻国数量与战争频率有着密切的关系,① 发生矛盾和冲突的概率远远高于其他国家;权力转移(power transition)理论②则预测,实力接近的国家必然爆发战争。所以,任何国家无论对其外交政策做何宣示,总是不得不把它与邻国的关系作为外交的第一优先方向。伊朗从古埃兰参与西亚北非争霸之时起,对外关系中就贯穿着两大主题:强盛时期塑造邻国的命运,衰落之时被邻国所塑造。这种塑造与被塑造不仅从根本上决定着伊朗人的历史命运,而且也深刻地影响着地区格局和国际关系。自从 19 世纪陷入内忧外患后,强烈的不安全感使伊朗人对于外来威胁高度敏感,③ 而这种防范意识首先是针对周边邻国。长达 8 年的两伊战争就是在这种背景下发生的。

当今伊朗共有 7 个陆上邻国,与海湾六国隔海相望。陆上邻国除信奉基督教的亚美尼亚外,伊拉克、土耳其、阿塞拜疆、土库曼斯坦、阿富汗和巴基斯坦均为伊斯兰国家,隔海相望的 6 个阿拉伯国家(沙特、科威特、巴林、卡塔尔、阿联酋和阿曼)同样属于伊斯兰世界。这就是说,伊朗与

---

① James Paul Wesley, "Frequency of Wars and Geographical Opportunity," *Journal of Conflict Resolution*, Vol. 6, No. 4, December 1962, pp. 387-389.
② 权力转移理论是美国密歇根大学教授奥根斯基(A. F. Kenneth Organski)于 1958 年在《世界政治》(*World Politics*)一书中提出来的。1980 年,他与古格勒教授(Jacek Kugler)合著的《战争总账》(*The War Ledger*)一书,对该理论进行了系统的阐述。参见 A. F. Kenneth Organski and Jacek Kugler, *The War Ledger*, Chicago: University of Chicago Press, 1980。
③ 赵广成:《从合作到冲突:国际关系的退化机制分析》,世界知识出版社,2011,第 127 页。

伊斯兰世界的关系首先是它与邻国的关系，包括它与大小7个陆地邻国和海湾六国的关系。1979年伊斯兰革命之后，伊朗与伊斯兰世界的关系趋于紧张，与这些邻国的关系更是龃龉不断，甚至一度攸关伊朗新政府的生死存亡。《伊朗与伊斯兰世界关系研究》共分9章，其中有4章专门讨论伊朗与伊拉克、土耳其、阿富汗和海湾国家的关系，还在第9章中重点讨论了伊朗与阿塞拜疆、亚美尼亚、巴基斯坦和土库曼斯坦的关系。伊朗与邻国的关系占全书一半的篇幅，体现出作者对伊朗与邻国关系的高度重视，也反映了伊朗与邻国关系在伊朗外交中的中心地位。

伊朗外交的第二环是其与包括邻国在内的整个伊斯兰世界的关系。伊朗的文明史长达5000多年，而伊斯兰化只是公元651年被阿拉伯人征服以后的事情。然而，在不足200年的对伊朗有效统治期间，阿拉伯人把伊斯兰教植入了伊朗人的头脑中，从而彻底地改变了伊朗的政治生态。伊朗人摆脱了阿拉伯人的统治后，致力于复兴包括古波斯语在内的本民族文明，但再也无法回到以前的宗教信仰（主要是琐罗亚斯德教）中去。伊朗人不仅仅是皈依了伊斯兰教，而是把（什叶派）伊斯兰教当成了他们自己的和原生的信仰。[1] 激进教士甚至不愿意承认伊斯兰化之前的波斯文明。伊朗前宗教领袖霍梅尼曾经写道："在伊斯兰教之前，伊朗因愚昧无知和统治者的暴政而灾难深重。"他认为"在我国的前伊斯兰历史中，没有什么值得炫耀之处"。[2] 阿拉伯人的短暂统治导致了伊朗不可逆的伊斯兰化，使伊朗成为伊斯兰世界不可分离的一员，伊斯兰教国家成为伊朗最重要的类属身份之一。[3]

伊朗虽然是伊斯兰世界的一个重要组成部分，但它属于伊斯兰教中的少数教派什叶派。什叶派与逊尼派之间的矛盾是结构性的，源于阿里和穆阿维叶争夺哈里发职位的权力之争，但承载着哈希姆家族与倭马亚家族之间的家族矛盾和伊朗人与阿拉伯人之间的民族矛盾，最后演变成伊斯

---

[1] 伊朗历史学家阿布杜拉·拉齐博士（عبدالله رازی）认为，伊朗人成为穆斯林并非刀剑的威胁所致，而是发现伊斯兰教与他们的精神世界完全一致，从而心甘情愿地接受了这一虔诚的宗教。参见دكتر عبدالله رازی، تاریخ کامل ایران از تاسیس سلسله ماد تا انقراض قاجاریه، تهران، اقبال، ۱۳۶۳، ص. ۱۳۸–۱۳۹.

[2] Fereydoun Hoveyda, *The Shah and the Ayatollah: Iranian Mythology and Islamic Revolution*, pp. 7–8.

[3] 赵广成：《从合作到冲突：国际关系的退化机制分析》，世界知识出版社，2011，第137页。

教主流派与少数教派之间围绕经典解释的宗教矛盾。① 阿拉伯人借助伊斯兰教把对伊朗的政治胜利变成了精神胜利，从而渗透到伊朗人精神世界的方方面面。但是，作为伊朗人在精神领域里进行抗争的结果，他们心甘情愿地接受阿拉伯人宗教说教的同时，把自己的文明和思想在阿拉伯人中间传播开来。② 伊朗是什叶派穆斯林的避难地和大本营，自 16 世纪初将什叶派伊斯兰教定为国教之日起，就与伊斯兰世界占主流的逊尼派国家处于冲突中。所以，伊朗作为一个虔诚的伊斯兰国家，伊斯兰世界虽然是其不可更改的外交立足点，但这个立足点向来并不稳固。在两伊战争期间，伊朗的敌人不仅是伊拉克，整个伊斯兰世界几乎都站在其对立面上，原因不仅在于伊朗是非阿拉伯国家，更在于其与逊尼派国家之间的宗教矛盾。

伊朗外交的第三环是其与外部大国之间的关系。伊朗处于伊斯兰国家的包围中，对外关系的首要对象是各个邻国，与外部世界打交道需要经由伊斯兰世界。但是，从公元前 2000 多年起，伊朗各族人民建立了一个又一个盛极一时的帝国和王朝，它们不仅称雄从地中海到印度、从阿姆河到波斯湾的广大地区，而且顽强地与同时代的其他世界强国争夺地区和世界主导权。在迄今为止的历史上，伊朗人的较量对手涵盖了各个时期的主要大国，包括亚述帝国、巴比伦王国、古埃及、古希腊、马其顿帝国、罗马共和国和罗马帝国、拜占庭帝国、阿拉伯帝国、奥斯曼帝国、莫卧儿帝国、沙皇俄国、大英帝国、苏联和美国。在这些大国中，有的本身就是伊斯兰国家，非伊斯兰大国也在伊斯兰世界中发挥着重要影响。这种状况决定了伊朗与外部大国和伊斯兰世界的关系是彼此交织的。正因如此，冀开运教授把伊朗与各个伊斯兰国家的关系置于伊朗与大国关系的背景下，"从历史纵深、地缘政治和国际格局角度"透视伊朗与有关大国在伊斯兰世界的互动关系。

伊朗的上述经历铸就了伊朗人的历史自豪感和大国情怀，这使现代伊朗仍然矢志不渝地致力于成为具有世界影响的地区大国，并且以一己之力

---

① 赵广成：《从合作到冲突：国际关系的退化机制分析》，世界知识出版社，2011，第 135~138 页。

② مشکور، جواد، دکتر: تاریخ زمین ایران از روزگار باستان تا انقراض قاجاریه، تهران: انتشار اشراقی صفار، ۱۳۶۶، ص. ۱۴۹-۱۵۰.

长期奉行与美国等大国对抗的外交政策。在巴列维王朝时期，伊朗依靠美国的支持赶走了苏联占领军，也收回了英国攫取的在伊特权，进而成为美国中东战略的支柱之一。伊斯兰共和国建立后，伊朗政府奉行"既不要东方也不要西方"的外交政策，把美国、苏联和法国分别称为"大撒旦"、"红撒旦"和"小撒旦"，把以色列和犹太复国主义称为它们的"私生子"，把所有的反对派团伙称为"撒旦的仆从"。① 这种革命输出和四处出击的政策使伊朗外交危机四伏，导致伊朗与美国等西方大国的关系长期紧张。进入新世纪后，核问题为伊朗招致了一轮又一轮的制裁，使伊朗的经济发展和人民生活受到严重影响。鲁哈尼政府上台后，采取了一系列缓和与西方关系的举措，才使伊朗与大国的关系走上了改善的轨道。

伊朗的"三环外交"战略有三个明显的特征。第一，伊朗是一个处于重要地理位置上的小国，这决定了世界各大国必然会长期保持与它发展关系甚至控制它的兴趣。与此同时，伊朗在中东地区却是一个不折不扣的大国，领土面积和人口分别位居该地区第二位和第三位，而且还有着长期称雄世界和与大国较量的辉煌历史，这决定了它必然会有着不可磨灭的大国抱负和与大国斗法的战略勇气。第二，伊朗位居伊斯兰世界的核心地带，处于伊斯兰教国家的包围中。无论是外部势力企图控制它，还是伊朗有意与外部大国发展战略关系，都必须通过伊斯兰世界这个中间环节。因此，伊斯兰世界既是伊朗走向世界的桥头堡，又是大国介入伊朗的中转站，对伊朗具有十分重要的战略意义。第三，伊朗以伊斯兰教中的少数派什叶派为国教，伊斯兰共和国又有着强烈的原教旨主义倾向，这注定了伊朗与伊斯兰世界的关系不可能一帆风顺，而且经常与各伊斯兰国家发生龃龉。

伊朗外交的核心课题是如何处理好上述三个方面的关系。为了处理好这三个方面的关系，伊朗政府的外交政策必须遵循以下三个原则：第一，必须奉行睦邻友好的邻国政策，处理好与13个海陆邻国的关系，否则将会陷入危机四伏、四面楚歌的困境。第二，必须坚持相对温和的什叶派宗教

---

① David Menashri, *Iran: A Decade of War and Revolution*, New York, London: Molmes & Meier, 1990, p. 10.

路线，通过凸显不同避免被主流的逊尼派伊斯兰教所稀释，① 通过温和和务实避免在伊斯兰世界孤立无援。第三，必须借重大国的力量维护安全和实现发展，但绝不能被国民认为充当了某个大国的附庸，否则将会使政权陷入合法性危机。

二 伊朗外交政策的演变及其特征

冀开运教授指出，伊朗的外交政策不同程度地受到了民族心理、历史传统、领导风格、革命信仰、意识形态、地缘政治、地缘经济、国际体系和国家利益的影响。② 在这些因素的综合作用下，伊朗的"三环外交"战略中贯穿着一些不变的主旋律。但在不同的历史时期，这些因素的优先顺序又有所不同，使伊朗的外交政策又表现出明显的阶段性特征。

伊朗历史上多次出现由盛到衰的转折点，阿夫沙尔王朝（1736～1796）是迄今为止的最后一个盛世王朝。阿夫沙尔王朝解体后，伊朗和整个伊斯兰世界一起，进入了新一轮的衰落周期，在北、南两个方向上长期面临着俄、英两国的威胁。伊朗不仅在俄、英两国手中丢掉了大片领土，还在两次世界大战中两次被这两个国家分区占领。在民族生死存亡的紧要关头，伊斯兰世界已经不再是稳固的后院，与大国的关系成为伊朗外交的头等大事。恺加王朝（1786～1925）不得不放弃历届波斯王朝的大国外交路线，转而奉行借力打力的"第三方外交"战略，试图借重其他大国的力量制衡俄、英两国的扩张。伊朗"第三方外交"的首选对象是美国，但因远水解不了近渴，伊朗政府只能另觅他途。

---

① 近代伊朗的崛起在很大程度上得益于萨法维王朝的开国君主伊斯梅尔强行将在伊斯兰世界中处于少数的什叶派定为伊朗的国教。因为萨法维王朝建立之时，奥斯曼帝国正处于鼎盛时期。奥斯曼帝国的苏丹同时又是伊斯兰世界的哈里发，而主流伊斯兰世界信奉的都是逊尼派伊斯兰教。伊斯梅尔作为一个非阿拉伯民族的领袖，如果不能在宗教上凸显与奥斯曼帝国哈里发的不同，就很难为伊朗作为一个平起平坐的大国自立于奥斯曼帝国的卧榻之侧找到宗教上的合法性。所以，伊斯梅尔强迫伊朗人改信了什叶派伊斯兰教。宗教争端招致了延续200多年的萨法维—奥斯曼战争，但正是这种宗教不同和长期战争使伊朗避免被奥斯曼帝国吞并。相似观点参见 Rouhollah K. Ramazani, *The foreign Policy of Iran: A developing Nation in World Affairs, 1500－1941*, Charlottesville: University Press of Virginia, pp.13－15; and Yahya Armajani, *Iran*, Englewood Cliffs, New Jersey: Prentice－Hall, Inc., 1972, p.91。

② 冀开运：《伊朗与伊斯兰世界关系研究》，时事出版社，2012，第494页。

巴列维王朝（1925~1979）继续奉行"第三方外交"路线，但其目标在抗衡外来威胁的同时，更多地转向了实现伊朗国家和民族的复兴。鉴于美国仍未摆脱孤立主义传统的束缚，礼萨汗将"第三方外交"的重点转向了德国。第二次世界大战爆发后，礼萨汗的亲德外交成为苏英分区占领伊朗的直接原因，但这场战争也促使美国外交由孤立主义转向世界主义，充分认识到了伊朗对自己的重要性，从而成为伊朗"第三方外交"的可靠支柱。然而，在执行的过程中，巴列维国王（1941~1979）充当了美国控制和称霸中东的工具，使"第三方外交"沦为了一种对美依附外交。[1]虽然巴列维王朝在维护安全和实现发展方面成效卓著，与邻国和伊斯兰世界的关系总体上也比较融洽，但对美依附违反了伊朗外交第三环的核心原则，成为伊斯兰革命爆发和巴列维王朝垮台的重要原因。

1979年伊斯兰革命成功后，霍梅尼外交思想迅速成为伊朗外交的主导因素。霍梅尼外交思想的核心是通过输出革命建立伊斯兰世界秩序，[2]并提出了"既不要东方，也不要西方"和"七个反对"的思想。[3]在这种思想的指导下，伊朗政府执行以反美为主的反西方外交、以反苏为主的反东方外交和输出革命的地区外交。四处出击导致伊朗在中东地区和国际社会四面树敌，在政治上成为美苏和伊斯兰世界遏制的对象，在经济上孤立于世界经济之外，在军事上打了8年的两伊战争，使整个国家陷入了内外交困的境地。到冷战结束之前，这条将意识形态置于国家利益之上的对抗性外交路线已经走入了死胡同，而1989年霍梅尼去世为伊朗政府调整外交政策提供了可能。

霍梅尼去世后，哈梅内伊出任最高宗教领袖，拉夫桑贾尼（1989年6月~1997年6月）和哈塔米（1997年6月~2005年6月）先后当选为总统。拉夫桑贾尼是务实派，哈塔米是改革派，而哈梅内伊是能够包容务实派和改革派的保守派领袖。[4]在此情况下，伊朗虽然没有明确放弃"输出革命"的思想，但对其激进的外交政策进行了重大调整。拉夫桑贾尼明确指出，伊朗对外政策的基本原则是"尊重（他国）领土完整以及其他国家人

---

[1] 刘中民：《当代伊朗外交的历史嬗变及其特征》，《宁夏社会科学》2011年第1期。
[2] 刘中民：《当代伊朗外交的历史嬗变及其特征》，《宁夏社会科学》2011年第1期。
[3] 王新中、冀开运：《中东国家通史·伊朗卷》，商务印书馆，2002，第341页。
[4] 冀开运：《伊朗与伊斯兰世界关系研究》，时事出版社，2012，第34页。

民的社会和宗教价值"。① 在他的努力下，伊朗改善了与中东特别是海湾国家的关系，缓和了与除美国之外西方国家的关系。哈塔米担任总统后，对内推动经济和民主改革，对外倡导"文明对话"，进一步改善了与邻国、阿拉伯国家和伊斯兰世界的关系，全面缓和了与欧盟的关系，对美关系也出现了松动迹象。

2001年"9·11"事件发生后，伊朗与美国的关系迅速恶化。美国政府发动了针对阿富汗的反恐战争，驻军阿富汗并在中亚建立了军事基地。与此同时，美国政府将伊朗列为"支持恐怖主义的国家"黑名单，布什总统还在2002年1月的国情咨文中将伊朗、伊拉克和朝鲜三国合称为"邪恶轴心"。实现了阿富汗的政权更迭后，美国政府向海湾地区增派军队，紧锣密鼓地筹备发动针对伊拉克的战争。由于美国将战火烧到了伊朗家门口，并在伊朗东、西两面驻扎重兵，伊朗的国家安全形势严重恶化。加之拉夫桑贾尼和哈塔米的内政改革和外交调整引起了伊朗国内保守派的反弹，哈梅内伊为维护政局稳定也日趋保守，伊朗政府被迫进行反击。2003年2月9日，在美国发动伊拉克战争的前夕，伊朗总统哈塔米发表电视讲话，宣布伊朗已经在亚兹德地区发现铀矿并成功地提炼出了铀，伊朗将开采铀矿并建设铀转换和铀浓缩设施，以建立一个完整的核燃料循环系统。伊朗核危机由此爆发，伊朗与美国的紧张关系迅速升级，伊朗与外部世界的关系进入了新一轮紧张周期。

2005年，艾哈迈迪·内贾德当选为伊朗总统。内贾德作为伊朗保守派势力的代表人物，对外奉行一种"革命主义外交"路线，试图向伊斯兰世界推广伊朗的宗教民主制，从法理上冲破国际核不扩散机制，挑战以美国为首的西方国际体系，否认以色列存在的合法性。② 内贾德在2005年竞选时就表示，伊朗在任何条件下都不会放弃和平利用核能的权利，就职后立即宣布重启铀浓缩活动，还撤换了核谈判小组成员。与此同时，内贾德屡屡发出惊天之语，宣称以色列应当被从地图上抹掉，伊斯兰革命的浪潮很快将席卷全世界。内贾德政府的强硬政策引起了国际社会的强烈反应。2006年3月28日，联合国安理会发表主席声明，要求伊朗在30天内中止一切核

---

① 刘月琴：《冷战后海湾地区国际关系》，社会科学文献出版社，2002，第206页。
② 田文林：《伊朗革命主义外交——理解第三世界政治的一种路径》，《现代国际关系》2006年第11期。

活动。7月31日，安理会又通过了第1696号决议，要求伊朗在8月31日之前暂停所有铀浓缩和后处理活动，否则将根据《联合国宪章》第7章第41条采取适当措施。此后，由于伊朗继续执行核强硬政策，伊核问题六国磋商机制未能取得进展，安理会从2006年12月到2010年6月对伊朗进行了四轮制裁，加剧了伊朗的国内经济困难和外交孤立。在2009年的第10届总统选举中，内贾德以有争议的得票率被宣布连任，引起了被称作"绿色革命"[①]的严重骚乱。这表明保守派的民意支持严重下滑，伊朗政府的内外政策面临着强大的调整压力。

2013年6月15日，在多数伊朗民众对极端外交政策的不满声中，温和保守派人士哈桑·鲁哈尼以绝对优势当选为伊朗新一届总统。鲁哈尼在电视讲话中表示："我从来不是极端主义者。我支持温和路线……这是智慧的胜利、温和路线的胜利和针对极端主义的胜利。"美国政府在第一时间做出积极反应，白宫在鲁哈尼当选的当天即发表声明，表示"美国尊重伊朗人民在最近伊朗总统选举中的投票，并对他们参与政治进程表示祝贺……为了给伊朗核问题找到外交解决方案，美国依然愿意同伊朗政府进行直接接触"。鲁哈尼8月4日宣誓就职后，提名温和派代表人物穆罕默德·扎里夫为外交部部长。扎里夫明确表示："新政府将执行温和的外交政策，与世界进行建设性和有尊严的互动，但绝不会在民族权利和国家利益上有任何让步。"

鲁哈尼上台前后的积极动向为伊朗调整对外政策提供了新的契机。上任一个月后，鲁哈尼于9月22日赴纽约参加联合国大会。鲁哈尼9月24日在联大的发言与前总统内贾德形成了鲜明的对照，他保证"伊朗不是世界或中东地区的威胁"，并声明伊朗已经准备好进行对话，甚至承认大屠杀是"纳粹施加在犹太人身上的巨大罪行"。11月24日，伊核问题六方会谈取得突破性进展，美国、俄罗斯、中国、英国、法国、德国和欧盟代表与伊朗代表达成历史性的《临时协议》，伊朗同意在未来六个月冻结5%浓度以上的核浓缩活动，停止高纯度浓缩铀工厂的建设，同意联合国核查人员对伊核设施进行日常监督；美国等国则代表联合国和国际社会承诺，在协议期

---

① 参见中国新闻网《媒体称穆萨维绿色革命失败伊朗改革希望幻灭》，凤凰资讯，http://news.ifeng.com/world/special/yilangdaxuan/conmments/200906/0615_6908_1202855.shtml。

限内不再增加新的制裁，同时协助安排进一步扩大人道主义援助，移除针对伊朗石油出口和国际金融的部分制裁措施。双方同意在六个月内就全面解决伊核问题进行细节谈判，从而达成最终解决伊核问题的"全面协议"。2014年1月15日，伊朗外交部证实，最高领袖哈梅内伊已经签署《教法决议》，禁止伊朗开发核武器。伊朗外交部表示，哈梅内伊一直对研发核武器持否定态度。他曾于2012年表示，伊朗不能发展核武器。他认为核武器是"罪恶的、无用的和危险的"。① 随后，各方开始向《全面协议》冲刺，在一年内密集地进行了多轮会谈。但由于在实质问题上难以弥合分歧，最后期限一再推迟，仍然未能达成《全面协议》。

作为上述演变历程的结果，当前的伊朗外交政策表现出三大趋势。

第一，从意识形态主导到国家利益为重。1979年的伊朗伊斯兰革命是一场"双重革命"，兼具超越领土的伊斯兰主义冲动和领土主权等民族主义关切。革命成功后，新政权一方面要实现国家的制度化，另一方面要在更大的范围内继续革命。② 然而，伊斯兰原教旨主义具有实用主义的一面。"表面上的什叶派教义（dissimulation-induced Shiism）由实用主义的民族气质武装起来，对外允许'好战的'意识形态与实际行动相脱节"。③ 新政权虽然宣称要"在全球每一个角落支持被压迫者反对压迫者的正义斗争"，但以"严格避免对其他国家的内政进行任何形式的干涉"为前提（伊朗宪法第154条）。霍梅尼去世后，伊朗政治领导层出现了"实用主义转向"的迹象，哈塔米的"文明对话"思想进一步缓和了伊朗与国际社会的关系。事实上，霍梅尼时期的革命外交是对巴列维时期依附外交的矫枉过正，终将在什叶派伊斯兰教"与生俱来的进行战术性妥协的调和能力"④ 作用下，实现意识形态主导向国家利益为重的回归。不过，由于历史惯性的作用和既得利益的束缚，意识形态在伊朗外交政策中的淡化是有限的、实验性的。

---

① 《伊朗称希望重启伊核会谈 就核问题达成全面协议》，中国新闻网，http://www.chinanews.com/gj/2013/01-16/4491271.shtml.
② K. L. Afrasiabi, *After Khomeini: New Directions in Iran's Foreign Policy*, Boulder: Westview Press, 1994, p. 15.
③ K. L. Afrasiabi, *After Khomeini: New Directions in Iran's Foreign Policy*, Boulder: Westview Press, 1994, p. 11.
④ K. L. Afrasiabi, *After Khomeini: New Directions in Iran's Foreign Policy*, Boulder: Westview Press, 1994, p. 11.

冀开运教授指出，伊朗的意识形态与国家利益有时高度结合，有时互相支撑，有时互相依存，有时分离，甚至相互对立、矛盾。意识形态有时以国家利益表现出来，国家利益有时以意识形态表现出来。①

第二，从四面出击到睦邻友好。伊朗伊斯兰共和国成立后，输出革命的激进外交导致伊朗与外部世界的关系迅速恶化。从19世纪初开始，伊朗就面临着俄、英两个大国南北蚕食的局面。恺加王朝和巴列维王朝将"第三方外交"作为首要对外战略，就是要破解这种险恶安全环境。然而，新政权奉行"不要东方，也不是西方，只是伊斯兰共和国"的外交路线，把伊朗置于东西两大阵营、美苏两个超级大国的对立面，使伊朗再次陷入被两个大国敌视的险恶环境中。在与两个超级大国和两大阵营关系恶化的同时，伊朗与伊斯兰世界特别是邻国的关系也频频告急，首当其冲的是伊朗与最重要邻国伊拉克的关系。两伊之间虽然积怨日久、矛盾复杂，但1980年9月两伊战争的爆发，主要是伊朗新政权的激进外交路线造成的。更加严重的是，两伊战争期间，美苏两个大国和阿拉伯世界几乎都站在伊拉克一边。严酷的现实使伊朗决策者痛定思痛，下决心对外交政策进行调整。1988年11月，伊朗国民议会议长拉夫桑贾尼明确表示，伊朗应当停止粗鲁外交以避免四面树敌。②两伊战争结束和霍梅尼去世后，在新任宗教领袖哈梅内伊所能允许的范围内，拉夫桑贾尼和哈塔米两任总统大幅调整了外交政策，使伊朗与周边国家、伊斯兰世界和除美国之外其他大国的关系都得到了不同程度的改善。

第三，从依附大国到独立自主。如前所述，巴列维王朝时期，伊朗通过"第三方外交"赢得了独立，并借助美国的支持崛起为中东的强国。然而，巴列维国王的亲美外交和西方化政策也产生了严重的负面效果，那就是触动了精英阶层和伊朗民众时刻警惕外来控制的敏感神经。事实上，这是伊朗各阶层支持伊斯兰革命的重要原因。革命成功后，新政权不仅清除了美国势力，还与东西方大国同时拉开了距离。新的大国政策使伊朗实现了独立自主，但严重恶化了与各大国特别是美国的关系，招致了来自美国的一轮又一轮制裁。伊斯兰共和国成立36年来，受敌对的伊美关系的制约，

---

① 冀开运：《伊朗与伊斯兰世界关系研究》，时事出版社，2012，第495、498页。
② 冀开运：《伊朗与伊斯兰世界关系研究》，时事出版社，2012，第504页。

伊朗与西方国家、伊斯兰世界和周边国家的关系始终无法走上正常化轨道。由于经常面临着来自美国的经济制裁和军事压力，伊核危机爆发后还出现了遭受以色列军事打击的可能性，伊朗不得不倚重俄罗斯的力量缓解安全环境。需要指出的是，由于伊朗政府始终奉行"既不要东方，也不要西方"的外交路线，俄罗斯多年来并未在伊朗国内培植起多少既得利益，一旦伊朗与美国和以色列爆发冲突，俄不大可能表现出叙利亚危机中的强硬。正因如此，伊朗外交由依附大国走向独立自主，实际上是走上了与大国斗法的道路。与以色列、朝鲜和冷战时的古巴相比，伊朗并没有哪个大国可作后盾，但却顽强地游走于挑战大国乃至国际体系的前线。伊朗与美国和以色列的关系时不时剑拔弩张，但始终没有像萨达姆和卡扎菲政权那样恶化到失控的地步，吸引着我们去深入挖掘伊朗"三环外交"的谋略和成败得失。

三　伊朗"三环外交"的成功与局限

自从公元前6世纪建立波斯帝国以来，伊朗历代国王和统治者对外交事务的指导原则持有大体一以贯之的看法。虽然时代和形势经常要求进行变通和修正，但取得外交成功的基本途径自阿契美尼德时期以来始终如一。由居鲁士确立的这些传统外交政策原则包括：第一，为了实现安全的最大化，必须尽可能地把伊朗的边界推向其"天然疆界（natural frontiers）"①。第二，作为第一条原则的直接结果，要在边界沿线建立和支持一批缓冲国，作为伊朗的附庸以构筑一条外部防线。第三，保护穿越伊朗版图的商业线路上的终点站，这是保证伊朗的福利和繁荣的关键。第四，尊重和容忍伊朗境内的文化自治，这是波斯帝国因为涵盖印度、两河流域、叙利亚、埃及和希腊五大文明而延续下来的一贯传统。②

上述四条原则与伊朗的"三环外交"战略具有高度的一致性。伊朗横跨古代世界的三条东西交通干线，这一地缘位置对伊朗安全和福利的影响可谓喜忧参半：商业、财富和异域文化沿着东西方交通线滚滚而来，四面

---

① 伊朗的"天然疆界"指的是北到高加索，南到波斯湾和印度洋，东到中亚的河中地区。
② 参见 Hafez F. Farmayan, *The Foreign Policy of Iran A Historical Analysis 559 B. C. – A. D. 1971*, Middle East Center University of Utah, 1971, pp. 5–6。

八方的迁徙者和征服者也利用这些交通线进攻或者过境伊朗。① 正因如此，在历史上，伊朗强盛时必然对外进行征服和扩张，衰落时则遭到异族的入侵甚至长期统治。为了维护本国的安全和繁荣，伊朗统治者必然要致力于控制周边邻国，确立自己在伊斯兰世界的领袖地位，并以周边和伊斯兰世界为跳板，通过与大国斗法获取和维护大国地位。在历史上和现实中，伊朗的"三环外交"积累了丰富的经验，既取得了极大的成功，也面临着一些不易破解的制约因素。

首先，伊朗是一个具有大国志向的小国，必然要纵横捭阖于"三环"之间。"第三方外交"本质上是一种小国外交，表明恺加和巴列维两个王朝已经承认其大国地位成为历史，只能以这种战略在大国夹缝中求生存、谋发展。为了在"三环"之间纵横捭阖，作为小国的伊朗在实践中锻炼成了平衡外交的高手。一是在卷入伊朗事务的大国之间保持平衡，不过分亲近任何一方，以使它们相互制约。二是当两大国在伊竞争时奉行"第三方外交"，以减少来自双方的压力。三是伺机开展"积极－消极外交"（positive-negative diplomacy），以弥补本国军事和经济实力的不足。② 伊朗伊斯兰共和国从"第三方外交"转向与大国对抗，这是小国外交向传统的大国外交的回归，也对伊朗政府的外交谋略提出了更高的要求。

其次，伊朗正因为是一个具有大国志向的小国，经常追求超过自身能力所及的目标。③ 伊朗人面对不尽人意的现实，经常沉浸在辉煌的帝国历史中寻求安慰。这种怀旧情结表现在外交政策上，铸就了伊朗决策者的大国情怀和收复失地冲动，驱使政府经常追求一些无法实现的目标。恺加王朝的法塔赫·阿里国王时期，伊朗与俄罗斯打了两场战争，不仅未能收复失地，反而丢掉了更多的领土和权益。立宪革命时期，民族主义者致力于实

---

① 这些交通线分别：北线是连接中国、中亚与小亚细亚和欧洲的丝绸之路，经过伊朗境内的雷伊和大不里士；中线经过雷伊和黎凡特；南线经过波斯湾和阿拉伯海的水路。参见 Yahya Armajani, *Iran*, Englewood Cliffs, New Jersey: Prentice-Hall, Inc., 1972, p. 5。
② "积极－消极外交"是针对大国的平衡外交的一部分。积极外交是周旋于大国之间，积极主动地实现本国利益；消极外交是向有关大国分别出让大体相当的权益，以实现涉伊各大国的相互制衡。Hafez F. Farmayan, *The Foreign Policy of Iran A Historical Analysis 559 B. C. - A. D. 1971*, Middle East Center University of Utah, 1971, p. 16。
③ Rouhollah K. Ramazani, *The Foreign Policy of Iran: A Developing Nation in World Affairs 1500 - 1941*, Charlotteville: University Press of Virginia, 1966, p. 32。

现"绝对独立",招致了来自俄罗斯的干涉。伊朗在两次世界大战中均遭到俄、英的分区占领,都与伊朗政府的不现实外交政策目标有直接关系。伊斯兰革命成功后,霍梅尼提出"不要东方,也不要西方"的政策,使手段与目标之间的脱节达到了极致。伊斯兰共和国成立已经36年,与美国和以色列的关系始终处于敌对状态,与欧美多数大国的关系也处于不正常状态。这种政策为伊朗招致了长期的制裁,国民经济和人民生活长期得不到改善,从长期看有悖于伊朗的国家利益。追求不切实际的目标经常使伊朗与外部世界的关系处于紧张状态,这其中就包括伊朗与周边和伊斯兰国家的关系。

第三,伊朗与伊斯兰世界的关系是"具有特色的常态国际关系"[1]。伊朗与伊斯兰世界的关系始于伊朗的伊斯兰化,9世纪中期后开始了伊斯兰教伊朗化的过程。伊斯兰教伊朗化表明伊斯兰教完成了在伊朗的本土化和民族化,伊朗在伊斯兰世界中表现出了自己的特色和优势,进而推动了中亚和南亚的伊斯兰化,最终成为什叶派穆斯林的精神祖国。[2] 可以说,伊斯兰教的伊朗化加剧了伊斯兰世界的分裂。在伊朗的多种国家身份中,波斯民族和伊斯兰国家无疑是最重要的。霍梅尼虽然极力贬斥民族主义,声称"伊斯兰教中没有国籍……伊斯兰教的主体是人而非他们的民族,阿拉伯人与非阿拉伯人之间没有任何区别",但事实上,他一向把伊朗的民族独立置于第一位,而把伊斯兰教的团结放在第二位,宣布"捍卫伊斯兰共和国是一项神圣的职责,是凌驾于其他一切职责之上的"。[3] 所以,伊朗与伊斯兰世界既有共同的精神纽带,又有难以调和的教派分歧和冲突。伊朗与伊斯兰国家的关系既有结盟型的(苏丹、卡扎菲时期的利比亚)、友好型的(土耳其、巴基斯坦、阿塞拜疆),也有敌对型的(沙特、萨达姆时期的伊拉克),与非相邻的多数伊斯兰国家则是正常的国家关系。[4]

以上是笔者结合自己的学习体会,简要论及《伊朗与伊斯兰世界关系研究》的主要贡献和精彩观点。最后,需要指出的是,本书还存在一些不足之处和值得商榷的地方。正如作者所指出的,伊朗与伊斯兰世界国家的

---

[1] 冀开运:《伊朗与伊斯兰世界关系研究》,时事出版社,2012,第524页。
[2] 冀开运:《伊朗与伊斯兰世界关系研究》,时事出版社,2012,第16、494页。
[3] K. L. Afrasiabi, *After Khomeini: New Directions in Iran's Foreign Policy*, Boulder, Westview Press, 1994, pp. 16 – 17.
[4] 冀开运:《伊朗与伊斯兰世界关系研究》.时事出版社,2012,第524页。

关系应当包括历史关系、宗教关系、文化教育关系、政治关系、经济关系、军事关系、传统安全和非传统安全关系等。在经济领域不仅包括贸易关系、投资关系，还包括交通关系和能源关系。当然也包括双边与多边关系。特别是在经济全球化和区域化的时代，多边关系非常值得研究。① 但是，书中论述的重点是政治、外交和安全关系，对其他关系多是一笔带过，对于多边关系则几乎没有涉及。从行文上看，文字的精练度有待提高，还有一些校对上的疏漏之处。此外，统观全书，感觉观点的理论性较低，但这似乎是史学著作难以完全避免的问题。

综上所述，当今伊朗作为一个小国，原本应当立足周边，重点经营伊斯兰世界。但是，伊朗人心中装着无法忘却的辉煌历史，这种历史包袱驱使着他们再现以往波斯帝国辉煌。所以，伊朗政府经常追求超越自身实力的目标，在周边尚不能高枕无忧的情况下，越过伊斯兰世界与世界大国打交道，企图在与大国斗法中重温大国地位。这种不现实的做法经常使伊朗外交惊天动地，但并不符合伊朗的长远和根本利益。然而，伊朗在没有可靠后盾的情况下长期与大国抗争，时常剑拔弩张但始终没有让局势失控，表明伊朗政府确实深谙与大国斗法的谋略。这是其他小国、弱国可以汲取的经验，也是冀开运教授提示我们关注的问题。

---

① 冀开运：《伊朗与伊斯兰世界关系研究》，时事出版社，2012，第16页。

Abstract

1. Transition of Arab Upheavals and Authoritarian Politics in Middle East

—Studies and Thoughts to Issues of Arab Upheavals
from Long-term Historical Perspectives

Wang Tai

Abstract: Arab upheavals is an outbreak because of long-term accumulations of political, economic, social and other multiple contradictions, and an inevitable reflections of essential shortcomings of the new liberalist model pursued by Middle Eastern countries under the backdrop of international political and economic structural adjustment. The upheaval is both a reflection of occasional characteristics of spontaneity in organization, new media, importance of youth and diversity, and long-term arduous characteristics of the transformation process of authoritarianism in Middle East countries. Considering the nature of upheaval and the history of the Middle East political transformation, the upheaval should be regarded as an Arab democratic revolution. In addition, it has geopolitical significance and impact in terms of the spillover effect due to number of problems derived from the upheaval, such as the stability of the Arab monarchic ruling, adaptability of "Turkey Model" to Arab political transformation and the adjustment of American Middle East strategy. As for the chaotic results from Arab upheavals and their future prospects, people must consider multiple factors of Arab political transformation in depth, which includes history, religious, culture and reality; and evaluate such relations as those between state and society, military and politics and people's livelihood and democracy as well from the macro-historical perspective, in order to explore a rational road of sustainable development in the Middle East.

Keywords: Arab Upheaval; Middle East politics; authoritarian political transformation; democratization

2. British Military Bases in Cyprus

Sun Degang

Abstract: Overseas Military bases are essential tools for the British to deter potential enemies, maintain regional balance, and seek global hegemony. Since the 1950s, due to the relative decline of its national strength, British government had to close these bases in Iraq, Libya, Egypt, the Persian Gulf, Aden, Yemen and Southeast Asia, but the bases in Cyprus have remained intact. The two bases in Cyprus have witnessed the great vicissitudes of the Cold War, US global war on terrorism, and the Arab Revolution, respectively. On one hand, in terms of political conditions, the British military bases in Cyprus are the crucial beachheads to project British military power in the Mediterranean and the Middle East, and they serve as essential platforms for the British to safeguard their overseas interests, and deter regional threat. On the other hand, in terms of legal conditions, the two bases in Cyprus are the legacies of British colonial rule, which are by nature hard bases, based on a military base agreement concerned. The political and legal conditions determine that the British military bases in Cyprus will exist in the foreseeable future, albeit they are confronted with challenges of base's politicalization.

Keywords: Overseas Military Bases; British Middle East Strategy; Cyprus; Mediterranean region

3. Prospects of Islamic State and its Perceived Menace

Wang Li, Wang Yingliang

Abstract: The US withdrew her troops from Iraq and transformed the security responsibility to Iraqi authorities in 2011. However, due to the inefficiency of the international system and the poor governance in the area, and the weak authority of Iraqi government, terrorist bodies like "Islamic State" (IS) became a real problem. Specifically, their brutality in violation of human rights, culture and law has shocked the world. Despite the difference of opinions on IS, the "double-standard policy" and unilateralism, in the struggle against terrorism, followed by the Western countries headed by the US has a responsibility difficult to shirk to this development. Now how can China which has important economic and geo-political relations with the region play a reliable and responsible role in this process? This paper looks back the situation and security dilemma in the Middle East and holds that China has enough ability and wisdom to make contribution to current international security and cooperation between countries.

Keywords: "Islamic State"; counter-terrorism; geopolitics; energy; international security

4. From Ethnic Communication to Ethnic Conflict

— Ethnic Political Interaction between Iraqi Baath Party
and Kurds during Period of "March 11" Declaration

Han Zhibin

Abstract: The "March 11" Declaration in 1970 shows that Iraqi Baath party tended to regard autonomy as the brace on Kurdish ethnic minority issue. A series of measures were taken, including the transferring of the part of the political power, protecting the ethnic equality and ethnic communication and alleviating strained inter-ethnic relations, in order to have the political support of Kurds and achieve the ethnic integration as part of national politics. The success and failure of "March 11" Declaration also shows the evolvement of ethnic political communication from inter-ethnic communication to ethnic conflicts between Iraqi Baath Party and the Kurds. The failure of the "March 11" Declaration originated from the feelings and response of the Iraqi Kurds for their unequal ethnic status and unfair interest share felt in the course of ethnic contacts manifests the Kurds' pursuing the dream of homogenizing in one nation state, and such action led to their political identity of repellency and their social psychology based on such identity.

Keywords: Iraqi Baath Party; Kurds; "March 11" Declaration

5. China's Foreign Policy on Iraqi Issues

Liu Zhongmin, Fan Peng

Abstract: The Iraqi issues discussed here include a series of international hot agenda, such as the Iran-Iraq war, the Gulf Crisis, the Gulf War, the Iraq War, post-war reconstruction of Iraq, "Islamic State" and so on. Firstly, China's policy on Iran-Iraq war mainly includes "to promote peace talks" unceasingly between the Iraq and Iran, and to persuade both of them prevent superpower intervening. China has been actively supporting and cooperating with the UN secretary general's mediation efforts, and promoting peaceful solution to the war under the UN framework. Secondly, China's foreign policy on Gulf Crisis and Gulf War were composed of several aspects, including continual efforts for peace through persuading Iraq and the sides concerned; and appeal against the Iraqi invasion of Kuwait and great powers intervention in Gulf affairs by force. Thirdly, China's foreign policy on Iraq War and the postwar reconstruction can be divided into three stages. Before the war broke out, China tried to solve the Iraq crisis politically under UN framework. During the war, China held her anti-war position, but didn't participate in anti-war camp, thus embodying a diplomatic art which combined both principles and strategy. By the end of the war, China has actively participated bilateral and multilateral cooperation of reconstruction, and carried out a responsible power's obligations. After U. S. troops left Iraq, Iraq was in political crisis and IS occupied many cities, China then actively supported the political reconciliation and counter-terrorist efforts. In short, the main factors which affected China's foreign policy on Iraq are related to the nature of the Iraq issues and their development, the change of international and Middle East situation, the basic principles of China's foreign policy, and the adjustment of China's overall diplomatic strategy.

Keywords: Iran-Iraq war; Gulf War; Iraq War; Chinese Diplomacy

6. Comparative Analysis between Chinese and American Aid to Yemen: Retrospect and Prospect

Jiang Tao

Abstract: Yemen is an important country in the Middle East and the Arab region, and so always caused attentions from great powers. For over 50 years, both China and the United States have provided assistance to Yemen. Generally, their aid to Yemen could be divided into four periods. Compared with the mature aid of the United States, China is a rising country in this respect. Both China's and the US's aid to Yemen have similarities, but there were also differences. Under new conditions, China should gradually make necessary adjustments to her foreign aid. In this procedure of adjustment, China can see Yemen as a pilot, taking appropriate reference and absorbing the experience from the United States, hence making foreign aid a better tool of China's foreign strategy.

Keywords: China; The United States; Yemen; Foreign aid; Comparison

7. Studies on the Overseas Chinese in the Middle East

Ji Kaiyun

Abstract: This paper discusses the theoretical and practical significances of the studies of overseas Chinese in the Middle East. It looks back the academic history and current situation of the researches in China on overseas Chinese in the Middle East, and summarizes various reasons why Chinese people emigrated to the Middle East. According to internet and document sources, this paper indicates the number of overseas Chinese in the Middle East, sums up their ethnic compositions and employment traits, and puts forward the measures, trains of thought, difficult points and focal points in studying it.

Keywords: Middle East; overseas Chinese; Chinese citizens

8. Noticeable Turkey-China Relations

Xie Lichen

Abstract: In recent years, the relations between China and Turkey have experienced rapid development, and the two sides have made substantial progress in cooperation on all fields. The main factors are as follows: successful docking between Turkish "Look East" strategy and China's "Go West" strategy; the "hard" and "soft" foundations in bilateral relations; and the change of international system itself. Anyway, the strategic cooperation between China and Turkey is still facing many political or economic challenges, and so Turkey-China relationship is still floated. So China and Turkey need to achieve five "ones" in order to deepen this strategic partnership.

Keywords: China; Turkey; Relationship

9. Social Structure and Despotism of Ptolemaic Dynasty in Ancient Egypt

Guo Zilin

Abstract: The social structure of the Ptolemaic Dynasty in ancient Egypt is mainly reflected in the complex ethnic relations and the relatively fixed grade and class relationships. As foreign rulers, the kings of Ptolemaic dynasty used legal and judicial methods to solve the contradiction between different ethnic groups and individual members. Without breaking the relations between the grades and classes, the kings allowed elites of different ethnic groups to have opportunities to enter the ruling class through establishment of both internal and external relations of ruling class as personal property, which made these elites follow the leadership of kings strictly and eased the conflicts of different ethnic groups. This is one of the important reasons that guaranteed nearly 300 years of autocratic monarchy's ruling of Ptolemaic Dynasty in ancient Egypt.

Keywords: Ancient Egypt; Ptolemaic Dynasty; social structure; autocratic monarchy

10. Origin of Harmonious Culture in Ancient Egypt

Zhao Keren

Abstract: Harmonious culture is an important content of Egyptian civilization. It includes not only the harmony between people and nature, people and society, but also the harmony within human beings. Harmonious culture is an important reason why the ancient civilization of Egypt could continue for more than 3,000 years of prosper. Harmonious culture was formed in the Nile, influenced by both natural and human factors. The natural factors were closely related to the environment of the Nile basin and oasis where ancient Egyptians lived their life. The human factors were mainly the institutional civilization originated from the irrigated agriculture of ancient Egypt, and the core of that civilization is the Egyptian religion.

Keywords: Ancient Egypt; Harmonious Culture; Origin

11. A Trial Analysis of Some Key Problems in Studies of Civilization Exchange of Central Asia

Huang Minxing

Abstract: The theory of Civilization Exchange put forward by Peng Shuzhi is an important theory of historic studies. In the perspective of Civilization Exchange, the following problems are quite important for the studies of Central Asian history: the influence of the geographical conditions and climate on the origin and development of local civilization; the features and interaction of different civilizations in Central Asia; the change of political civilization of Central Asia; the relations between and historical change of agricultural and nomadic civilizations in Central Asia; the interrelations between states, national groups and cultures in Central Asia; the basic pattern of civilization exchange between Central Asia and other areas, originating from its geographical location and development level; the influence of the foreign conquests on the development of civilization in Central Asia; the leaping development of Central Asian civilization; the role of wars in the civilization exchange in Central Asia; the routes of the civilization exchange in Central Asia and their influence; the influence of repeated clashes between agricultural and nomadic civilizations in Central Asia; the periodicity of history of Central Asia; and the transition of Central Asia in the modern times.

Keywords: Central Asia; history; Civilization Exchange; problem

12. Iranian Tri-circles Diplomacy: A Theoretical Analysis to Ji Kaiyun's Book Studies of the Relations between Iran and Islamic World

Zhao Guangcheng

Abstract: Iran is located in the heartland of the Middle East and surrounded by three concentric circles: neighboring countries, the Islamic world and the relevant major powers. As a small Islamic state with the ambition to become a major power, Iran has been pursuing continuously goals beyond her strength, thereby maneuvering among the above mentioned three circles. Though this Tri-circles Diplomacy has a grand tradition, it is beyond the reach of power and needs of interests to contemporary Iran, thus keeping the three circles in a state of crisis for Iran. However, in spite of the lack of reliable backing, Iran could always fight with major powers in crises with both open and secret means while not allowing the situations go wild; this in fact demonstrats the outstanding diplomatic strategy of Iran.

Keywords: Iranian Diplomacy; Islamic world; Tri-circles Diplomacy

西北大学中东研究所学术简讯
（2015年1~6月）

科研项目

王猛副研究员申报的"苏丹国家治理现代化的历史考察（1956—2011）"获批2015年度"国家社会基金一般项目"。

黄民兴教授主持的国家社科基金重大项目"文明交往视野下的中亚文明史研究"举行开题报告会。3月14日，陕西省社科规划办、北京大学、兰州大学、陕西师范大学的专家、课题组成员以及我校中东研究所和丝绸之路研究院的部分老师参加报告会。

学术成果

韩志斌教授的专著《利比亚伊斯兰社会主义研究》由浙江人民出版社出版。

获奖成果

中东研究所三项研究成果获得2015年"陕西高校人文社会科学研究优秀成果奖"一等奖，分别为：王铁铮教授主编的《全球化与当代中东社会思潮》（人民出版社2013年版）、黄民兴教授主编的《阿富汗问题的历史嬗变》（中国社会科学出版社2013年版）和韩志斌教授的《地缘政治、民族主义与利比亚国家构建》（《历史研究》2014年第4期）。

蒋真副研究员的《后霍梅尼时代伊朗政治发展研究》（人民出版社2014年版）获得"陕西高校人文社会科学研究优秀成果"二等奖。

人才培养

2015年中东研究所共录取博士研究生6人，硕士研究生15人。2015年前半年，中东研究所有3名博士生和15名硕士生毕业。3名博士毕业生及其学位论文分别是：张超博士的《现代伊朗社会转型中的中产阶层》（导师为黄民兴教授）、范文娟博士的《从多维视角看美国穆斯林移民之身份构建》（导师为黄民兴教授）、刘建华博士的《阿育王信仰的形成与演变》（导师为李利安教授）。

学术交流

2月2日，叙利亚计划署亚洲司女司长来中东研究所访问，与中东研究所部分教师就叙利亚问题座谈。

3月13～14日，兰州大学历史文化学院院长郑炳林教授和中亚研究所所长杨恕教授分别在中东研究所作了题为《晚唐五代敦煌僧尼出家与违戒》和《对我国周边关系的几点战略思考》的学术报告。

3月23日，美国印第安纳大学近东语言和文化系教授、北京大学访问学者约翰·沃布里奇（John Walbridge）教授应邀访问中东研究所，并作了题为《伊斯兰理性的过去和未来》的报告。

4月21日，黄民兴教授受邀主持上海大学（文史类）高峰高原学科建设实施方案专家论证会。

4月23日，英国埃克塞特大学著名学者蒂姆·尼布洛克（Tim Niblock）教授访问中东研究所，并作了有关中东问题的学术报告。

5月14日，韩国著名中东研究学者崔昌模（Choi Chang-mo）教授访问中东研究所，并作了题为《古地图：中东、中国和韩国》的学术报告。

5月26日，前驻伊朗大使华黎明先生应中东研究所的邀请作了题为《一带一路：战略意义 VS 挑战与风险》的学术讲座。

6月15～20日，中东研究所黄民兴教授应邀访问英国伦敦大学亚非学院中东研究所和埃克塞特大学伊斯兰研究所，分别与中东研究所所长哈桑·哈基米安教授、伊斯兰研究所所长加雷斯·斯坦斯菲尔德教授和蒂姆·尼布洛克教授就中东局势，以及与西北大学中东研究所的合作进行了深入的交流。

《中东问题研究》约稿启示

《中东问题研究》是西北大学中东研究所主办的综合性学术辑刊,每年出版两期。本刊以"历史与现状结合,基础与应用并重"作为办刊主旨,鼓励跨学科研究、学术创新、学术争鸣、学术个性与学派意识。主要刊发关于中东及伊斯兰世界的学术论文,栏目设置有中东史研究、中东国际关系、文明史研究、中国与中东关系、区域研究、外论译介、学术史及书评等。热忱欢迎国内外同人赐稿。

投稿要求

一、来稿应具有学术性与理论性,并且在选题、文献、理论、方法或观点上有创新性。

二、来稿一般不少于1.2万字,有相应的学术史回顾,正文前应附上中英文题名、内容提要(300字以内)、关键词(3~5个)。作者姓名、职称、学历、工作单位、通讯地址、邮政编码、联系电话、电子邮件应附于文末,以便联系。

三、本刊注释采用脚注形式,引用文献需严格遵守学术规范,注明出处。

四、来稿文责自负,本刊对来稿有酌情删改权,如不同意,请在来稿中注明。

五、请勿一稿多投,稿件两个月后未被采用,作者可自行处理。

六、来稿一经刊用即奉稿酬,并赠样刊两本。

通讯方式

投稿邮箱:zdwtyjbjb@ nwu. edu. com

通讯地址:陕西省西安市太白北路229号西北大学中东研究所
　　　　　《中东问题研究》编辑部

邮政编码:710069

电话/传真:029 - 88302829

《中东问题研究》编辑部

图书在版编目(CIP)数据

中东问题研究.2015年第1期:总第1期/西北大学中东研究所编.—北京:社会科学文献出版社,2015.8
ISBN 978-7-5097-7823-4

Ⅰ.①中… Ⅱ.①西… Ⅲ.①中东问题-研究 Ⅳ.①D501

中国版本图书馆CIP数据核字(2015)第167114号

中东问题研究 2015年第1期(总第1期)

编　　者／西北大学中东研究所

出 版 人／谢寿光
项目统筹／宋月华　郭白歌
责任编辑／郭白歌　周志宽

出　　版／社会科学文献出版社·人文分社(010)59367215
　　　　　地址:北京市北三环中路甲29号院华龙大厦　邮编:100029
　　　　　网址:www.ssap.com.cn
发　　行／市场营销中心(010)59367081　59367090
　　　　　读者服务中心(010)59367028
印　　装／三河市东方印刷有限公司
规　　格／开本:787mm×1092mm　1/16
　　　　　印　张:18.25　字　数:285千字
版　　次／2015年8月第1版　2015年8月第1次印刷
书　　号／ISBN 978-7-5097-7823-4
定　　价／79.00元

本书如有破损、缺页、装订错误,请与本社读者服务中心联系更换

▲ 版权所有 翻印必究